ユングの宗教論

キリスト教神話の再生

高橋　原

専修大学出版局

凡　例

本書で用いる略号は以下の通りである。

GW=*Die Gesammelte Werke von C. G. Jung.* Olten：Walter, 1971-. in 20 Bande.

CW=*The Collected Works of C. G. Jung*, N.J.：Princeton Univ. Press, 1967–78. in 20 vols.

ETG =C. G. Jung, *Erinnerungen, Traume, und Gedanken*, Walter Verlag, 1971.

JAP =Journal of Analytical Psychology

Letters I & II =C. G. Jung, *Letters I & II*, edited by Gerhard Adler, N. J.：Princeton Univ. Press. 1973&1975.

引用文の出典は引用箇所の直後に（著者名、刊行年、頁）で示す。

洋書の邦訳書がある場合は、末尾に漢数字で対応する頁数を併記する。訳文は邦訳既刊書に従った場合もあるが、適宜改変してある。

ユング全集の出典指示は、（略号、巻数、パラグラフ数、邦訳頁）の順に示す。

ユングの書簡集からの引用は日付のみを記す。出典は次のいずれかである。

C. G. Jung Briefe I–III, Walter–Verlag, 1989–1990.

C. G. Jung Letters I & II, N. J.: Princeton Univ. Press. 1973&1975.

はじめに

ユング心理学は宗教なのか。あるいはカルトか。それとも神学と呼ぶのがふさわしいのか。本書は、ユング（C. G. Jung, 1875–1961）の宗教論の特徴を、彼が生涯にわたって行なった対話と論争という局面において明らかにしようという試みである。ユングの心理学（分析心理学）が「宗教的」であるという印象はすっかり定着している感があるが、本書が注目するのはむしろ、「神学的」であると批判的に論じられるユングである。「宗教的」という言葉は、ユングの心理療法の特徴として用いられることが多く、また、文化を超えた普遍的な人間の宗教性を論じるユングに対して用いられている。一方、ユングが臨床的心理療法の枠を超えて、キリスト教の教義や象徴、神のイメージを論じるときに、「神学的」であるとしばしば批判的に評される。

ユングが展開した「神学」は異端的・異教的であり、時に、ユングは新宗教やカルトの教祖であると論じられる。たしかに、正統的なキリスト教神学の立場からすれば、それは妥当な評価かもしれない。しかし、本書はユングのキリスト教へのこだわりをいわば額面通りに受け取り、あくまでキリスト教徒として、キリスト教の神話を発展させようとした思想家としてのユングの一面に光を当てる。

ユングの論争相手として登場する主な人物は、ユングの父親パウル、一九世紀ドイツのプロテスタント神学者であるアルブレヒト・リッチュル、精神分析の創始者であり、かつての協力者でもあった――ユングの神学的傾向を指摘した最初の人物でもある――フロイト、「我と汝」で知られるユダヤ人思想家マルティン・ブーバー、カトリックの神学者ヴィクター・ホワイト等である。今日ユングの思想として知られているものは、こうした人物達を相手とする対話と論争によって形をなしていったのである。

本書は、ユングの没後半世紀近くになろうとしている現在にいたる研究の蓄積、論争史を視野に入れた総合的研究である。もっとも、「総合」といっても、あらゆる角度から論じられてきたユングについて本書が提示するのは、手探りの中でたどりついた一つのユング像にすぎない。多面的な思想家であるユングを無理に一枚の絵に収めようとすることは不可能であると思われるが、本書では、「情動をイメージに変換する。」「世界観が心を決定する。」「キリスト教の神話を発展させる。」といったユングのフレーズを理解の道しるべに、それなりに一貫したものとして、ユングの「神学的傾向」を描き出せたのではないかと思う。少なくとも、キリスト教文化の文脈においてユングの神学的言説が持つ意味を考察したという点においては、日本の読者にとっては新鮮な視点を提示し得たのではないだろうか。読者諸賢のご批判を待ちたい。

目次

目　次

目次

カバー絵　高橋正明

第一章　序　論

一　ユングの宗教性・神学性

牧師の息子、ユングは宗教に好意的であり、彼の心理学も宗教的であるという定説がある。ユングの心理学は「宗教の婢女」であると評されたこともある（ハイジック、一九八三）。この際に念頭に置かれているのは、「神なきユダヤ人」であるフロイトと彼の精神分析との対比である。大部のフロイト論の中で、フィリップ・リーフは次のように述べている。「フロイトは宗教の知的考察にほとんど言及していない。彼の議論はけっして神学と対決しなかった。彼は神学を一顧だにしていないからである。彼の議論の基盤はむしろ、ある情動的構えとしての宗教という見解に限定されていた」（Rieff, 1961, 288. 三二五頁）。一方、ユングは、よく知られた一節において、「宗教は、オットーがヌミノーゼと呼んだものを注意深く良心的に見つめることです。……『宗教』という言葉は、ヌミノーゼの経験によって変化した意識に特有の態度と言えます。」（CW11: 6–9. 一一–一三頁）と述べている。ここでユングは、宗教を教義の体系としてとらえるのではなく、非合理的な聖なるものの本質であるヌミノーゼを無意識に由来するものと位置づけ、それに向かう意識の側の態度を宗教であると見る視点は備えている。しかし、フロイトとは反対に、ユングは宗教の教義や神話にも積極的な意義を認め、神学的議論にも身をまかせていった。

リーフは別の著書で、「神学者たちがついにユングに追いつくときに、彼らはユングのうちに、長い苦しみの中で探し求めていた、神学の土台において砕け散っているあらゆる存在論の代理となるようなある心理学を見出すであろう。」(Rieff, 1966, 41) と述べている。たしかに、ユングの心理学（分析心理学）は、神学の後継者であるかのような相貌を現わすことがある。しかし、ユングが時に神学に足を踏み入れるにしても、そこには、「宗教は治療体系である」という前提があり、心理療法家としての経験が踏まえられている。その上で、ユングは、キリスト教の教義や儀式の心理学的意義を明らかにしたと主張し、そこからさらに、治療体系としてキリスト教がより十分に力を発揮するために、いかなる方向に発展すべきであるのかという議論に踏み込んでいく。ただし、ユングには神学に立ち入っているつもりはなく、自らの経験科学性を常に主張して、神学者たちの方が自分を形而上学的な議論に引き込もうとしていると述べている（*ETG*, 220–221. 2、二二三―二二四頁）。

本書では、分析心理学が宗教的あるいは神学的であるか否かという本質論よりもむしろ、ユングの思想がそのようなものとして受容されている現状を前提としつつ、分析心理学が宗教的、神学的となる必然性に光を当てることを目標としている。敷衍して言えば、ユングは心理学者であるにもかかわらず、神学的発言をしていると見做されている。つまり、ユングの思想には、心理学・心理療法としての極と、宗教思想としての極という二つの極があるが、両者はどのような必然性をもって連続しているのか、というのが本書の問いである。さらにいえば、本書ではユングを狭い意味での心理学者として評価するのではなく、むしろ心理学の語彙を用いた宗教的思想家として扱い、彼の思想が現代においてどのような意味を担っており、現代人にとってどれほどの力となりうるのかを問いかけたい。

ユングの思想が持つ宗教性、神学性は、独創的価値の源泉として評価されることもあれば、批判の焦点ともなりうる。いわゆるユング派の内部においてさえ、この問題に対してはかなりの温度差がある。F・X・チャレットは次のように述べている。

第一に、〔神学がユング心理学に取って代わられるという〕フィリップ・リーフの予言の成就を歓迎するユンギアン達がいる。なぜなら、彼らはユング自身が二十世紀の傑出した心理学者にとどまらない何者かであると信じているからである。実際、ユングは彼らにとって、救済をもたらし、「新しい天啓（new dispensation）」となるような心理学を唱道した預言者的人物なのである。……そして、ユングの『ヨブへの答え』は「世界の宗教の主要聖典」と同等の地位を与えられている。……

第二に、より臨床的方向づけの強いユンギアン達がおり、ユングのメタ心理学がしばしば心理学というよりは神学のような響きをもってしまっていると認識してはいる。しかしそれでもなお、ユングの心理学をメタ心理学から引き離すという厄介な課題は残されている。（Charet, 1990, 438–439）

ここでメタ心理学と言われているのは、なんらかの形而上学的前提の存在をうかがわせるような、臨床経験において直接的には観察されない、元型や自己についての理論である。ユング派内部においても、分析心理学の宗教的ないし神学的含みは認知されており、それをいっそう推し進めてユングに神話的イメージをまとわせようとする人々が一方にいる。また逆に、むしろそれを取り去って、経験科学的心理療法としての分析心理学の地位を確立すべきであるという批判もあるというのである。

「宗教的」「神学的」という形容詞について、あらかじめ図式を明らかにするならば、心理療法としての分析心理学が宗教の治療的機能を受け継いでいるという点で「宗教的」と評されることが多く、また分析心理学が伝統的キリスト教神学に抵触するような神話的世界観を形成する場合に、「神学的」と批判的に評価される。浩瀚な宗教心理学の概説書を著わしたデヴィッド・ウルフはユングが神学的領域への侵犯を犯しているという批判を次のようにまとめている。「ユングの批判者によると、ユングは宗教の価値を二つの点で切り下げている。一方で、ユングは、宗教的熱意の中心に横たわる真理探求に無関心であるようにみえ、他方では、形而上学や神学に対しては、それらの自己規定を否定している。」(Wulff, 1997, 464)

ウルフは、ユング心理学が科学的ではなく宗教的であるという批判を紹介してから、さらにこう述べる。「こうした非難がどれほど的を射ているかはともかく、たしかにユングは、自分が心理的プロセスのみに言及しているのだということを明示しないことが多い。時に、ユングが心理学ではなく神学を書いているのだと結論する読者を責めることはできない。これはとりわけ、『ヨブへの答え』に

当てはまる。」(Ibid., 465)

二　『ヨブへの答え』という著作

このように、ユングと神学の関係が問題になるときに常に焦点になるのが、『ヨブへの答え』(一九五二)である。これは、ペーパーバック版で一二〇頁あまり、厚さ一センチにも満たない小さな本であるが、著作改訂癖で知られるユングが、この本だけは一字一句そのままでよいと出来映えに満足した作品であると伝えられている(Franz, 1983, xxv)。『ヨブへの答え』は、現代人の無意識の観察から生まれた分析心理学に照らして、キリスト教の神話がどのように発展してきたか、これからどのように発展すべきかを正面から論じたものである。端的に言ってしまえば、この作品でユングは、白い服を着て天にまします慈悲深い神という型にはまったイメージにかわる、現代人を救うにふさわしい、新しい神のイメージを提示しているのである。また、この著作は、彼自身の幼少期の体験に端を発する宗教的葛藤へのひとつの解答ともなっている。すなわち、ユングの神学へのコミットメントが、単なる心理学者の勇み足といったものなどではなく、彼の思想的発展の必然的帰結であったことが、この著作に凝縮されてあらわれているのである。もちろん、ユングが一見、臨床的関心から離れて宗教を論じた著作は他にもあるが、現代的関心に立ち、大胆な歴史的展望のもとにキリスト教と分析心理学を対決させた著作として、『ヨブへの答え』は特異な地位にある。

以上のような理由から、本書でユングのキリスト教論、またユングの「神学性」を問題にする際には、常に『ヨブへの答え』が念頭におかれているので、ここで、あらかじめこの著作のポイントを概観しておくのは無駄ではあるまい。題名に引きずられて、この本が、もっぱらヨブ記における神の像や、神義論的問題を扱った著作だと考えると理解を誤ってしまう。ユング自身、この本が「ヨブ記のまったく不満足な結末を扱ったものである」(1954.11.8) と書いているが、力点は、『ヨブへの答え』にある。すなわち、ユングはこの著作で、旧約聖書から新約聖書、そして現代に至るまでのユダヤ・キリスト教世界における神イメージの変化について論じているのである。箇条書きにして示すなら以下のようになる。

(1)ヨブ記に描かれるヤハウェは、反省や道徳とは無縁で、「未開人」のように無意識的である。一方、無実の罪に苦しむヨブは、迫害者にしてなおかつ助け手であるという「対立物の結合」としてのヤハウェの本質を正しく認識している。こうして神は、意識性、道徳性という点で人間に遅れをとり、人間に追いつくために「人間化」しなければならない。

(2)神の人間化を示す兆候が、ヨブ記以降に聖書の世界に現われる、知恵を表わす女性的存在であるソフィア[1]、後のイエス・キリストを予感させる人の子[2]のイメージである。これは人間の側からすれば、反省的・道徳的になった彼らを救うにふさわしい、人間的な愛の神のイメージが欲されているということである。

(3)キリストにおける受肉は、キリストの人格においてヨブとヤハウェが結合した出来事であり、「ヨブへの答え」と呼ぶにふさわしい、神の人間化のピークである。しかし、キリストは人間よりも神に近い存在であり、またヤハウェの恐るべき暗黒面が忘れられているという点で、この人間化は不十分なものである。

(4)したがって、新約聖書の記述にあるとおり、聖霊が派遣され、普通の人間における受肉（神の人間化）が進展するべきである。これの意味することは、人間が神の対立性に気づき、それを自らの本質として引き受けることである。まさしくこれがヨブの体験であり、キリスト教徒が聖霊を通して体験すべきことである。

(5)このように、キリスト教の神話は、神のものである善悪の対立の結合を人間の意識のうちに実現するという方向で発展してきており、今後もそれが継続していくべきである。ヨハネの黙示録に描かれた恐ろしいヴィジョンは、この認識を促し、もっぱら善なる慈悲深いキリストのイメージを補償するためのものである。神を通してこのような対立性を認識することは、原子爆弾や毒ガス戦の恐怖と隣あわせの現代人にとってはとりわけ必要不可欠なことである。

(6)以上のような観点からすると、一九五〇年のローマ教皇による聖母被昇天の教義公布は、「宗教改革以来の最も重要な宗教的事件」である。聖母マリアが生身のまま天に迎えられたとすることの教義には、一般の人間への受肉が含意されており、なによりもキリスト教の神話が人々の魂の要求に応じて発展することが公に宣言されたという大きな意義を持っている。

こうした主張は、たしかに「心理学者」らしからぬものであるが、きわめてユング的ではある。そして、分析心理学のキリスト教解釈への「応用」というにとどまらず、ユング自身の人生の物語や、思想形成の営みに照らしてみるとき、ユングが『ヨブへの答え』を書いたことは必然的な帰結であったように思える。ユングは自伝において、キリスト教の神話を発展させる必要があると述べているが、『ヨブへの答え』の執筆はその具体的な表明であると言える。キリスト教の神話を発展させることこそがユングのライフワークであったというのが本書の観点である。

三　日本のユング研究

さて、こうした問題は日本においてはどのように取り上げられてきたのだろうか。ユングがキリスト教について多くの発言をしており、ユングの思想がキリスト教との葛藤から生まれてきたという認識はあったにせよ、それを主要なテーマとした研究はこれまで皆無に近かったといえる。[3] キリスト教の文脈が欠けている日本における、分析心理学の受容過程を考えると、これは無理もないことである。

二十年来、ユングについて書かれる文章のまくらなどに、「ユング・ブーム」であるとか、あるいは「こころの時代」というフレーズがよく用いられてきた。河合隼雄がチューリヒのユング研究所で日本人初の分析家の資格を得て帰国したのが一九六五年であり、翌々年に河合の『ユング心理学入門』（培風館）が出版されて「ユング・ブーム」が始まったのだと思われるが、依然としてこの本が版を重ねており、一般向けの入門書も次々と出ていることからすると、そのブームは少なくとも残り火のように続いているようである。

しかし、入江良平は辛辣に述べている。「かつて日本で、あるいは世界でユング心理学が大流行したことがあった。……ユング心理学が近代の閉塞状況を超克する手がかりになるかもしれないと本気で考える人々も少なくなかったものだ。……しかし、流行のつねとして、ユング心理学をめぐる熱狂も次第に醒めてゆき、もはやそうしたものはどこにも感じられない。……正直な感想を述べさせてもらうと、ブームの後に振り返ってみれば、後には何も残らなかったように思われる。私たちが得たものは、元型とか、アニマ／アニムスとかペルソナとか自己といった、意味のよく分からない一握りの言葉と、一種のロマンチックな気分、なんとなく文学めいた残り香だけだったのだ。」（入江、一九九九、三一四-三一五頁）

また、村本詔司は次のように指摘する。「河合隼雄とその弟子たちの仕事は、西洋文化の枠から起こったユング心理学を日本文化というまったく異なったコンテクストのもとで展開させる試みとして評価することができよう。ちょうどドイツからアメリカに移住した何人かの精神分析家が新フロイト派とか文化派と称されるのと同様に、新ユング派あるいは日本文化派と特徴づけることができるかもしれない。」（村本、一九九二、四九〇頁）

結局のところ、「ユング・ブーム」の発生は、「普遍的無意識」や「自己実現」を日本人にも通じるテーマとして巧みに紹介した、臨床家である河合隼雄の絶妙の語り口によるところが大きく、それは必ずしも、ユングの思想そのものの理解が進んだことを反映したものではないと評価がくだされているのである。日本文化論・日本人論との性急な結びつきが、分析心理学を西洋の思想史的文脈上に位置づける作業を怠らせてきたといえよう。

日本におけるこのような分析心理学の受容と展開を丁寧に跡付け、分類したのが、渡辺学の仕事である（渡辺、一九九四、一二一―一五二頁）。渡辺によると、分析心理学に対する理解は主観主義的理解と客観主義的理解に大別される。主観主義的理解とは、「ユングに対する実存的な読み込みを積極的に認める立場」であり、現代人の生き方の範型としてユングの生涯を評価するものである。客観主義的理解とは、「ユングを一定の枠組の中に置いて、そのなかでユングとその心理学という謎を明らかにしようとする立場」であり、ユングとの一定の批判的な距離を維持するものである。こうしてみると、上に引用した入江のコメントは、性急な主観主義的理解が先走りして、客観主義的理解がついていかなかったという事態を念頭に置いたものであるといえる。また、村本の指摘にも、客観主義的理解が軽視されてきたという認識がうかがわれる。ユングの著作の翻訳紹介を熱心に進めてきた林道義が、ユング心理学は神秘思想などではなく、ウェーバーの理念型に比せられる高度な学問的方法論に基づいているのだとことさらに論じるのも、そうした風潮を意識してのことであると言えよう（林、一九八七）。

四　キリスト教のコンテクスト

以上のような認識から、本書では当然ながら客観主義的理解の方向をめざすことになる。それはすなわち、ユングとその思想を、キリスト教というコンテクストにおいて理解することである。本書のアプローチは多くをピーター・ホーマンズの仕事（Homans, 1979/1995）に負っている。ホーマンズはユングの心理学の形成を、心理伝記的要因（とりわけフロイトとの関係）、宗教的要因（とりわけ思春期以前の宗教的体験）、社会学的要因（伝統と近代、公的領域と私的領域の分裂）といったコンテクストから読み解いている。本書は、ホーマンズの観点を受け継ぎつつ、論点をせまく宗教に限定している。しかし、ユングの死後半世紀にもなろうとする地点に立つ本書においては、彼の思想を、存命中の思想的営みをもって完結するものとしてではなく、死後にはじめて公刊された彼の自伝『思い出・夢・思想』（一九六一）に明かされた空想や夢をも不可欠の一部とする、ユングの思想として今日受け入れられているところの広義のものとして扱うことになる。

ホーマンズは「ユングの研究は、明白に公然と、現代世界、すなわち宗教がもはや個人生活と社会生活を組織化しない世界でいかに生きるかという理論であり続けている。」(Homans, 1979/1995, 14. 二七頁)と述べている。本書では、それでもなおキリスト教へのこだわりを棄てなかったユングの一面に光を当てていきたい。もちろん、ポスト・キリスト教時代の思想家であり、キリスト教に代わるものとしての心理学を提唱した人物というユング像があり、これは誤っていない。しかし、ユングがキリスト教徒としての自己意識を持っていたことは確かである。ユングはある書簡の中で、「私ははっきりとキリスト教の内部におります。そして、私が自己判定し得る限りにおいてですが、歴史的発展の直線上におります。」(1956.10.26. H. L. Philp 宛)と述べている。また、ユングは自伝において「神話のさらなる発展 (Die Weiterentwicklung der Mythus)」が必要であると述べているが (*ETG*, 335. 2、一八二頁)、ユングには、自分こそがキリスト教の必然的な発展の方向性を理解しているという自負があり、それゆえにあえて神学的論争に足を踏み入れたのである。これはひとつには、ユング個人の宗教的背景、宗教的体験によるものであるが、同時に、分析心理学そのものが神学に親和的であるためでもある。本書ではそれを、ユングの、あるいは分析心理学の「神学的傾向」と呼ぶ。

こうして、本書のテーマは、ユングが生涯を通じて続けたキリスト教をめぐる葛藤の跡を追いながら、分析心理学の神学的傾向とはいかなるものか、キリスト教神話を発展させるとはどういうことかを明らかにしていくこととなる。本書は特に、晩年の神学的論争にも焦点を当てることでユングにアプローチする。ホーマンズはユングとフロイトとの関係の決裂のインパクトを最重要視し、一九二〇年頃に完成したユングの思想がそれ以後は実質的には変化しなかったと述べている。分析心理学そのものについてはこの解釈は妥当なものであろう。しかし、ユングのキリスト教解釈——ユングの「神学」——は中年期まではなかば潜在的なものであったにすぎない。核となる思想は初期から一貫していたにせよ、ホワイト神父らとの議論を通じて、ユングの「神学」は成熟し、それが『ヨブへの答え』というマニフェストとして結実した。それが本書の観点である。

くわえて、本書では、著作に現われたユングの思想、ユングの関わった論争とともに、ユングの死後に巻き起こった論争をも対象として、キリスト教文化というコンテクストにおいて分析心理学がいかなるものとして存在するのかを考察したい。欧米では、分析心理学のキリスト教的背景にはある程度の共通認識があり、分析心理学の持つ宗教性、神学性を論じる研究がある程度蓄積されている。本書は、そのような研究を総合しながら、分析心理学が「神学的傾向」を持つ必然性について考えるものとなる。日本人による研究として、本書は、ユングの葛藤、論争を通じて、あらためてキリスト教文化——あるいは一神教文化と呼んでもよいだろうか——という異文化を対象化するものとなるだろう。

(1)箴言（8：23–31）、シラ書（24：3–18）、知恵の書（7：22–23、8：3–6他）。
(2)エゼキエル書（1：1–26、2：1–3）、ダニエル書（7：1–13）、エノク書（46）。
(3)例外として、ユングを西洋思想史の文脈からとらえた研究としては、湯浅泰雄『ユングとキリスト教』人文書院、一九七八年、湯浅泰雄『ユングとヨーロッパ精神』人文書院、一九七九年、村本詔司『ユングとゲーテ――深層心理学の源流』人文書院、一九九二年、村本詔司『ユングとファウスト――西洋精神史と無意識』人文書院、一九九三年など。

第二章　分析心理学は宗教か

——近年の議論から——

一　近年の資料発掘とユング批判

今日知られているような、いわば公認のユング像を形成する基礎資料は、ユングの死後に出版され、生前には知られていなかった私的体験の数々を明らかにした自伝、『思い出・夢・思想』（一九六二）、一九七〇年代までにほぼ全体が出そろった全集、書簡集である。その後、ここ二十年ほどの間に、新しい資料に基づいた研究が進み、ユングのイメージは徐々に修正されてきている。それは一言でいえば、「心理学史上のビッグネーム」というユングの捉え方が、ごく一面的なものにすぎないということの確認が進んだということである。

新資料の発掘という点でインパクトの大きかったのが、アルド・カロテヌートの『秘密のシンメトリー』(Carotenuto, 1980) である。この本は、精神分析草創期のロシア人女性分析家、ザビーナ・シュピールラインの書簡の偶然の発見に基づいている。彼女がユング、フロイトに宛てた書簡から明らかになったのは、シュピールラインがユングの元患者であり、かつ愛人であったという事実であり、次のような可能性が強く示唆された。第一に、そもそもユングがフロイトに接近したのは、シュピールラインという困難な症例への対応に苦慮したからであるということ(1)。第二に、自伝の「無意識との対決」の章で、ユングが内的な女性の声と対話してアニマと呼ばれる概念を作り上げていくことになったエピソードが語られているが、この概念（さらには「影」の概念も）の着想が、シュピールラインとの関係に負うところが大きいということ。もしこれが事実なら、「アニマ」や「影」は分析心理学の中心概念であることから、独創的な思想家としてのユングの地位は相対化されることになる。第三に、後期フロイトの概念として有名な「タナトス（死の本能）」の最初の提唱者がシュピールラインであったことである。

ユングが晩年に至るまで、女性弟子と半ば公然の愛人関係にあり、取り巻きにも女性が多かったことが、ユングの非凡さや魅力を示すエピソードとして語られることがある。(2) しかし、患者と一線を越えるということは、心理療法家の倫理からすれば醜聞にほかならず、その意味で『秘密のシンメトリー』は、フロイト派対ユング派という対抗関係において、ユング派の心理療法にはどこかまっとうでないところがあるという印象を与えるのに一役買ったであろう。あるいは少なくとも、ユングの理論が私的体験を色濃く反映したものであるとあらためて印象づけることになった。(3)

次に、挑発的なタイトルと過激な批判で一気に注目の的になったのが、リチャード・ノルの『ユング・カルト――カリスマ的運動の起源』（Noll, 1995）である。ノルの主張は、分析心理学は心理学というよりも、もともと、太陽崇拝を基調とする、ゲルマン主義ないし新異教主義の影響を受けた「カルト」であったということである。ユングは、自己神化の体験を基礎として、「自らの密儀宗教の福音を全世界に広めようとする意図」（Ibid., 283. 三九九頁）を持っていたとされる。現在知られている分析心理学は、錬金術の概念とキリスト教的なメタファーをちりばめてカルト的要素を隠蔽しているとノルは主張し、ユングの心理学は、変容体験を得るために金を支払うという点で、古代ヘレニズムの神秘主義的カルトに類似した私的宗教運動であるとする（Ibid., 292. 四一一頁）。

ノルが新資料として大きく依拠するのは、ユングが弟子や患者とともに一九一六年に結成した「心理学クラブ」の設立に際して行なった演説の筆記録であるとされるものである。従来未公開であったこの筆記録は、ノルによれば、ユングによる救済と再生のカルトが正式に誕生したことを宣言するものであった（Ibid., 250. 三五二頁）。

この筆記録では、キリストは集合的な魂の前進的傾向との同一化を象徴すると説かれる。そして、この「自己神化」の状態を克服して、無意識の前進的傾向から人格を解き放つことが説かれ、「分析クラブ」の定款が六カ条掲げられる。

……自己神化を克服した後で、人間性というものが人間自身に明らかにされ、人間が、人類の中に人間性を認識して初めて、真の分析的集合体（an analytical collectivity）について云々できるのです。それは、タイプや性別を越えて広がる集合体です。

自らを〈分析〉に委ねようとする人々が共有するのは、個の問題を解決しようという努力です。お互いがこの関心をともにしていれば、それで〈クラブ〉の設立には十分です。

……私は次に掲げるような諸原理を、分析クラブの定款に採り入れたいと思います。

一、クラブの目的…分析的集合体
二、クラブ全体への敬意
三、〔クラブ内の〕小集団への敬意
四、個人と、その個人が目指すものへの敬意
五、クラブに困難が生じたときには、それが小集団の問題であれ、個人間の問題であれ、分析の諸原理に基づいて解決されなければならない。
六、解決できない問題が生じたときには、分析による法廷に委ねること。(Ibid., 253–254. 三五五–三五七頁)

このように、分析という方法によって個の問題を追求しようとする諸個人が、あくまで個の問題解決という利益のために集合することが説かれているが、ノルは、この演説にワーグナーやゲーテへの言及があることを踏まえて、「ユング・カルトは、とりわけゲルマン民族の霊的再生を目指す民族主義運動として始まった」と結論している(Ibid., 250. 三六一頁)。

ノルの著作への批判のうち、もっとも本格的なものの一つが、ソヌ・シャムダサニの『カルト・フィクション』(Shamdasani, 1998)である。シャムダサニは、まず、ユングの心理学が古代の治癒祭祀と類似していることや、疑似宗教的カルトになる傾向を持つといった指摘はずっと以前からあり、特に目新しいものではないとした上で、ノルが『ユング・カルト』において大きく依拠している、心理

学クラブ結成時のユングの演説記録（一九一六）の資料としての信頼性を問題にする。内容や文体について検討した結果、とりわけこの筆記録に現われる「外向機能」「内向機能」という用語法の不適切[4]さなどを根拠に、この「演説」はユングによるものではないと結論する。結局、もともとこの筆記録は、ユングの元患者のアメリカ人、カッツ（Fanny Bowditch Katz）の遺資料に含まれていたという来歴通りに、カッツの筆によるものであろうと推測されている。シャムダサニは、ノルのいうような「カルト」は存在しなかったのだと結論づけている。

もっとも、ノルの仕事には、ユングのおかれていた社会的文脈を明らかにした一定の功績を認めなければならない。ユングが自らカルトを組織しようとしたかどうかは別としても、少なくとも、ユングという人物と彼の思想が、ポスト・キリスト教時代の新しい宗教的期待感を背負うものであったことは確かであろう。ノルの『アーリアン・クライスト』（Noll, 1997）では、第一次世界大戦以前にユングのもとに集まった人々が研究対象とされている。たとえば、ハーバード大学の心理学者であったヘンリー・A・マレー（Henry A. Murray）は、ユングの治療と指導を受けたが、マレーが愛人とともに、ユングへの賛辞や、ユングの著作の一節を唱えながら、魔術的儀式を執り行っていたことが示される（Ibid., 92．一四九頁）。また、英国の女性医師であり、ユングに傾倒していたコンスタンス・ロング（Constance Long）が、やがてユングを離れて、グルジェフの弟子として有名なウスペンスキーに近づいていく様子が丹念に描かれている。ロングは一時フロイト派とも接点があったが、ここからは、ユングがフロイト派との競合関係にあっただけでなく、当時の対抗文化的な流れの中で、キリスト教に代わる宗教を求めていた人々の一つの選択肢であったことが如実にうかがえる（Ibid., 200ff. 四二四頁以下）。

また、草創期の精神分析家で、薬物中毒のためにユングの患者となった、対抗文化の体現者オットー・グロースにも注目している。ノルによると、ユングはグロースによって新異教主義、神智主義、太陽崇拝の手ほどきをされ、いわば「禁断の木の実」を与えられたために、性と宗教を高く評価するようになったとされる(5)（Ibid., 84–87. 一三六―一四一頁）。

ノルは、知識社会学的な視点からユングをいわば非神話化して、世俗的な文脈に引き戻したといえるだろう。独自のヴィジョンを持った超俗的老賢者というユングのイメージの解体が進められたが、いずれにせよ、ユングがフロイトとたもとを分かって独自の道を歩みだした一九一〇年代後半において、ユングと彼の心理学は対抗文化の中の宗教的期待感をも背負っていたことが明らかになった。

二　精神分析的視点からのユングの宗教論批判

つぎに、精神分析的視点(6)からユングの宗教論が批判される例をとりあげる。ここでは、『ヨブへの答え』に代表されるユングの「神学」が、ユングの死後、時を経てもなお、ことさらに批判の標的とされているということに注目したい。これは、キリスト教圏においてユングの思想がなにほどかのインパクトを持ち続けているということの一つの証左となろう。

まず、新たに発見された資料にインスピレーションを得て書かれた、ハリー・スロッホヴァーの「ユングの『ヨブへの答え』における、ヤハウェとしてのフロイト」(Slochower, 1981) という論文をとりあげる。スロッホヴァーが依拠する資料は、彼のファイルの中にたまたま紛れ込んでいたユング発書簡（一九五五年一〇月二〇日付）である。[7] 書簡では、ユダヤ人特有の心理の存在について語られ、フロイトは決して自らを精神分析に委ねることをしなかったという点で、根っからのユダヤ人であるとされている。そして、これはまさに、自身の不正を棚に上げて法と慣習の番人を自任しているユダヤ人の神（ヤハウェ）の姿であるとされる。書簡はさらにナチズムに触れ、最善を尽くしながら最悪に陥るという人の常について述べ、最後に、「ここで触れていることは、私の『ヨブへの答え』に見ることができます。」と結ばれている。

この書簡には注目すべき新事実が現われているというわけではないが、スロッホヴァーは、この書簡と『ヨブへの答え』を引き比べて、ユングによるヨブ記解釈が彼のフロイト体験にルーツを持っていることを確信したという。つまり、『ヨブへの答え』に描かれるヨブとヤハウェは、ユングとフロイトに他ならないのである。ヨブ（＝ユング）は最善を尽くしながら、ヤハウェ（＝フロイト）との関係は最悪の道をたどる。ヨブとヤハウェがキリストの形姿において統合されるというストーリーは、ユングが抱いていたフロイトへの敵意と、和解したいという願いを表わしているという。

たしかに、ユングが晩年に至るまで、常にフロイトを意識した著述を行なっていたことを考えれば、そのような一面を指摘することはあながち荒唐無稽でもないだろう。ただし、この論文は、*American*

Imago という精神分析の雑誌の、「ユングのフロイトとの『秘密の』対決」と題された特集の巻頭論文である。したがって、「フロイト対ユング」という対立図式のなかでユングの宗教論を評価するという性格を持っている。晩年のユングの持っていた、現代における秘教的英知の体現者という評判を、一度フロイトの影響下に置き戻すことで、ユングの宗教的ヴィジョンの価値は相対化され、一方で、フロイトと精神分析の正当性を確認するという意味合いもあるだろう。

この論文を受けて、さらにテーマを掘り下げたものに、エリ・マルコヴィッツ「ユングの三つの秘密」がある（Marcovitz, 1982）。「三つの秘密」とは、ユングの自伝で告白された「地下の人食いの夢」「大聖堂を糞便で破壊する神のヴィジョン」と、フロイトとの往復書簡集で言及されている、「男性による性的虐待の記憶」である。マルコヴィッツは、最初の二つのヴィジョンはユングの少年時代の性の問題にからんだファンタジーであると分析し、三番目の性的虐待の記憶は、後にフロイトへの「宗教的憧れ」（1907.10.28. フロイト宛書簡）へと変わったとしている。要するに、ユングの語る宗教的体験を性に還元するという、まさに精神分析の面目躍如たる所説である。そして、ユングの父、神（ヤハウェ）、フロイトの三者がユングの心の世界において相互に織り合わさって一体となっていることが、『ヨブへの答え』に読み取れると論じている。

ユング派からの反論も掲載されている。ジョナサン・ゴールドバーグは、全てを神経症のように個人史に還元して理解しようとするフロイト派の態度に批判的である（Goldberg, 1981）。『ヨブへの答え』とユングの自伝をフロイトの影響から読み解くことは、心理的発達や創造性という局面を見逃すことになるという。ゴールドバーグは、この二著作は、現代人が神元型をいかに体験し、解釈するかを記述したものとして読むべきだという。つまり、ユングは、自身の体験に基づく新しい視座から伝統的な宗教を再解釈しようと試みているのである。自伝に現われるヴィジョンは、現代人の新しい意識の発達のありようを垣間見せるものであり、少年ユングが知覚したものは「心の宗教的次元」なのである。

やはりユング派の立場に立つジェス・グローズベックも、『ヨブへの答え』は、未解決の対フロイト、対父親関係を引きずっているというよりも、むしろ、こうした問題がついに解決されたことを示していると論じている（Groesbeck, 1982）。しかも、それは失われた女性性の回復を契機としている。フロイトとユングが相互に行なった分析においては、互いの愛人問題を回避するなど、女性性の問題は統合されるどころか、排除されたままであった。しかし、『ヨブへの答え』においては、ソフィア、あるいはマリアという女性の存在を介して最終的にキリストが生まれ、ヤハウェとヨブの対立が癒されるという解決が示されているのである。ユングの著作に個人の問題の存在を認めるとしても、その普遍的、元型的次元における解決の方を評価する姿勢はきわめてユンギアンらしいものである。もちろん、こうした方向性に対しては、神秘的に元型云々を語ることにおいて、現実の問題から目を逸らすことになるという批判が可能であろう。

ところで、ユングを精神分析するという試みは、彼の死後に出版された自伝を素材として初めて可能になった(8)。上述のスロッホヴァーのようにユングの著作を分析する試みの嚆矢は、精神分析医の

D・W・ウィニコットによるユング自伝の書評である（Winnicott, 1964）。すでに、ウィニコットの書評において、ユングを精神分析する論点はほぼ出尽くしている観もある。ウィニコットは、少年時代のユングが統合失調症であったと診断し、そして、ユングのような分裂した人格には、フロイトの唱えるような抑圧された無意識というものはなく、あるのは「偽りの自己」から分離した「真の自己」であると述べる。これは、ユングがフロイト説に同意することができずに離反したことへの説明ともなっている。

ウィニコットは、ユングに病的不適格者の烙印を押すのではなく、ユングの自伝における自己理解を高く評価し、ユングが同じような人格を持った人々への洞察に優れており、それはフロイトからは成しえない貢献であったとしている。しかし、ユングの「自己」の概念についての評価は手厳しい。ウィニコットによれば、晩年のユングは二つに分裂した人格のうち、第一の人格を捨て、第二の「真の自己」に同一化して生きるようになった。これは、より大きな人格の形成という目標から見れば後退であり、その結果、「自己の中心」に到達するというのは、「袋小路」に引きこもる行為に他ならない。そして、ユングが、人格の全体性、自己の象徴として重視する「マンダラ」について次のように述べる。「マンダラは、私にとっては真に恐ろしいものである。なぜならそれは、破壊性、カオス、人格崩壊（disintegration）、その他の狂気と折り合いをつけることに、まったく失敗しているということだからである。それは、人格崩壊からの強迫的逃避である。」

ウィニコットの主張は、「マンダラ」は創造性への契機としての破壊性を抑圧するものだということである。ユング派からは、破壊と混沌を補償する形で現われてくるのがマンダラの象徴であるという反論が可能であろうが、ともあれ、ウィニコットがユングの心理療法に一定の評価をしているとしても、「自己」や全体性の実現を重視するユングの宗教論には否定的であるということになる。

このウィニコットの書評が、近年にいたるまで、精神分析からのユングの宗教論批判のラインを決定づけている。以下にいくつかの例をあげる。まず、キャスリーン・ニュートンの「武器と傷――『ヨブへの答え』における元型的次元と個人的次元」(Newton, 1993) では、ユングは幼少時の母親の鬱病や両親の不仲が原因で、信頼できる安定した母親像、父親像が得られず、また、「大聖堂のヴィジョン」などを契機に、分裂した自己イメージを持つようになったとされている。そして『ヨブへの答え』は、「母親の裏切りと、後に父親と親しい関係が結べなかったことへの、ユングの引き裂かれ、鬱積したナルシシスティックな苦痛と怒りに表現を与えている」と論じている。

ロバート・C・スミスも『傷ついたユング』(Smith, 1996) において、晩年のユングの宗教論を幼少期のトラウマから理解するというアプローチを採用している。スミスは、善悪の対立物の結合というユングの特異な神観念を形成したものとして、「父親、フロイト、そして、もっぱら善なるものである伝統的キリスト教の神概念に対する怒り」と、「非情で、原始的で、呪術的で、ヌミノーゼの力に充ちた、彼の母親に由来する神イメージ」を指摘している (Ibid., 136–137)。(ここでユングの母親に付されている形容辞は、いずれも自伝に現われる、幼いユングから見たイメージである。)

英国国教会の司祭であり、セラピストでもあるクリストファー・マッケンナは「ユングとキリスト教――神との格闘」(MacKenna, 1999) において、ユングの大聖堂のヴィジョンの中で神が落とした糞便を、少年ユングの抑圧された怒りや劣等感として解釈している。マッケンナの分析によると、ユングは自尊心の傷つきを両親への怒りに転化し、「両親を地獄に追い落としたい」という願望を抑圧した。それが恐ろしい神の像に投影されているという。マッケンナも、ユングの少年時代の夢や空想を、両親の性的なトラブルや、ユング自身の性の芽生えと母親への欲望といった個人史的な要因から還元的に解釈することを選んでいる。そして、ユングが「散らばった光のかけらを集める」というグノーシス主義のテキストに共感したことなど、晩年に至るキリスト教をめぐる思想的営みを、外傷的体験を癒すための試みとして位置づける。そしてユングは、その外傷ゆえに、キリスト教のシンボルの重要な次元を理解できていないと評価し、『ヨブへの答え』は幼少時から引きずってきた問題を爆発させたものであるとする。

変わった方向性としては、分裂ポジションから抑鬱ポジションへ、という精神分析のいわゆる対象関係論に属するメラニー・クラインによる枠組みによって、ユングの描くヨブ記におけるヤハウェの変化を理解しようとするものもある (Hobdell, 1995)(9)。これも結局は、ユングのキリスト教論を個人心理のパースペクティヴに収めようとする還元的アプローチであると言えよう。

三　ユングの神学的著作の肯定的受容

以上、主として精神分析の陣営からの、ユングの宗教論・神学的著作を批判的に解体しようとする議論を概観してきた。その対極には、前に言及したF・X・チャレットの指摘のように、ユングの思想を宗教的メッセージとして称揚する人々が存在する。

ユング派の代表的な分析家の一人であり、数多くの著作があるエドワード・F・エディンガーは、『新しい神イメージ』の中で、西洋の神イメージは六段階の発展をたどってきたと述べる（Edinger, 1996, xv–xxii）。すなわち、一、アニミズム、二、母権制、三、階層的多神教、四、民族的一神教、五、普遍的一神教、そして最終段階に来るのが、六、心（psyche）の発見、個体化（individuation）である。言うまでもなく、この第六段階目を画するのが、ユングの分析心理学の登場である。つまり、ユングの心理学は、西洋宗教史の最終の発展段階に位置づけられるのである。

ここで言われる「個体化」の宗教的表現は、ユングが『ヨブへの答え』で展開して見せたような、対立物の結合としての神イメージが個々の人間の心において実現すること、すなわち「継続する受肉（continuing incarnation）」である。これによって、神と人間の関係はどのようなものになるのか。エディンガーは、別の著書（Edinger, 1992）で、ユングが書いた書簡の一節を、「新しいユングの神話（the New Jungian Myth）」の主要テキストの一つとして紹介している。

受肉によって人間の重要性が増すことになります。私たちは、神の生命に与ることになったので、新しい責任を負わなければなりません。……個体化とは、人間が動物とは違う真の人間になることのみを意味するのではなく、ある部分では神にもなるということを意味しているのです。……気まぐれな王を宥めようとするような賛辞や、愛する父親への子供らしい祈りに代わり、責任ある生き方をし、私たちの内にある神の意志を充たすことが、私たちの神の崇拝の仕方、神との関わり方になるでしょう。神の善は慈悲と光であり、神の暗黒面は力への恐ろしい誘惑です。(1956.6.30)

こうした新しい神話に表現を与えたのが『ヨブへの答え』であるとして、エディンガーは、次のように書いている。

我々の短い研究では、ユングの『ヨブへの答え』の意味を完全には理解できないかもしれません。私の見解では、この作品の意味を自分のものとして吸収するには何世紀もかかるでしょう。しかし、この本に向かう適切な態度というのは、常にその重要性を肝に銘じ、なにかが理解できないときに、それをユングのせいにしないことです。(Ibid., 19)

ここに批判的な観点はなく、チャレットの指摘どおりに、ユングの著作はあたかも聖典のように扱われている。

この種のユング受容のさらに極端な例としては、ステファン・ホウラーの『グノーシス主義者ユング』(Hoeller, 1982) が挙げられるだろう。ホウラーは神智学の観点からユングを高く評価している。


心的存在の深層のリアリティを真に知る者という一般的な意味において、そしてキリスト教時代の初めの数世紀のグノーシス主義を現代に甦らせた者というより狭い意味において、ユングをグノーシス主義者と見なすべきである。(Ibid., 23)

ホウラーは、グノーシス(霊知)を獲得した人間について、「意識性の重荷を喜んで背負い、それによって、同じようにのしかかる自由という責任を自ら喜んで引き受ける」(Ibid., 216) という理想を述べつつ、「言葉に尽くせないユングの偉大さ」(Ibid., 207) を手放しでほめたたえている。

以上のように、ユングの死後もなお、近年にいたるまで、彼の宗教論ないし分析心理学の宗教性は議論の焦点となり続けている。そこには、心理学者、心理療法家としてのユング評価の問題と、ユングの思想の宗教的観点からの評価が交錯している。前者はせまく心理学業界の議論とみてもよいだろうが、後者は、キリスト教文化のコンテクストにおいてユングをとらえる必要があることを意味している。

ユングを心理療法家として評価する場合、第一に、「フロイト対ユング」という対立の構図のもとに、ユングの宗教的・神学的主張を幼少期の心理的問題（またはユングの三十代におけるフロイトとの対立）に還元するタイプの批判がある。これは主として精神分析の立場からの批判であり、心理療法としての分析心理学への異議申し立てと、フロイト派（精神分析）の正当性の主張に転化しうるものである。宗教の価値に対して懐疑的な古典的フロイト派の立場からは、ユングのものであれ誰のものであれ、そもそも宗教的メッセージそれ自体を肯定的に評価することが問題にならないのは当然である。

第二に、本書では具体的に取り上げていないが、チャレットの示唆するように、ユング派内部にもユングの宗教論（神学的著作）については否定的ないし無関心な、臨床的方向性が強い立場がある。たとえば、アンドリュー・サミュエルズが『ユングとポスト・ユンギアン』において「発達派」として分類したユング派の分析家達はこのような立場に属するであろう。「発達派」とは、理論的には個人の人格的発達という観点を重んじ、臨床的には転移と逆転移の分析を重視する人々である（サミュエルズ、一九九〇、二七頁以下）。彼らは発達という観点において、むしろポスト・フロイディアンと関心を共有するのであり、ユングの心理学のうち、宗教色・神学色の薄い、臨床的発展可能性を有する部分を受け継ごうとする。

次に、ユングを狭義の心理学者としてよりも、むしろ、宗教思想家と見なす立場がある。リチャード・ノルは、臨床心理学者の肩書きも持つようであるが、彼はユングを心理学者・心理療法家ではなく、カリスマ的宗教指導者であると論じて批判した。ノルによれば、分析心理学はもともとゲルマン主義的な主張を掲げるカルト運動として出発したのであり、それが晩年にかけて錬金術やキリスト教のレトリックによって偽装されたとされる。しかし、ノルの主張にしたがって、当初の分析心理学が「ユング・カルト」であったと認めるにしても、ユングの自伝の記述を額面どおりに受け取り、牧師の息子であった彼が終生キリスト教にこだわり続け、最終的にはキリスト教の神話の再生と発展を追究したと考えるほうが理に適っているということはないだろうか。

最後に取り上げたエドワード・エディンガーは、ユング派の分析家として公認というべき地位にあるわけだが、新しい神話を提示する宗教思想家としてのユングの卓越性を強調する戦略をとっている。そして、こうした戦略がユングの人格崇拝とつながっていくとき、宗教的な一面とともに、ユングの心理学者・心理療法家としての一面も一体となって高く評価されるわけである。ユングの神学的・宗教的思想と、心理学・心理療法はユング個人の生涯において不可分の一体をなして、その総体が無条件の称賛の対象となっている。「ユング派」の中にはこのような種類の人々も存在し、臨床心理の世界で一定の勢力を確立し、アカデミックなポストも占めている。さらに、ユングの思想が、ポスト・モダンの宗教的メッセージとしてもてはやされ、出版リストの一角を占め、またさまざまなポップ・セラピーのマーケットにも影響を与えている。ユングの宗教論が批判される文脈として、こうした状況を考慮する必要がある。

四　分析心理学は宗教か？

一九九九年、分析心理学の雑誌、*Journal of Analytical Psychology* の第四四号に、「分析心理学は宗教か？」と題されたシンポジウムの記録が掲載された。ここには、一九九四年のノルの『ユング・カルト』を受けて、ユング派内部でも分析心理学の地位について反省の気運が生じたことを意味している。「分析心理学は宗教か？」という題目は、一九三七年のユング自身の談話記録（Jung, 1972）に由来するものである。一九三七年というのは、ユングが、いわば今日われわれが知っているようなユングになり始めていた時期である。すなわち、代表的宗教論である『心理学と宗教』の公刊はこの翌年であり、やがて、ユングは錬金術やグノーシス主義を視野に入れてキリスト教を論じることになる。

さて、すでにこの談話記録において、ユングは、自らの心理学が宗教の嫌疑をかけられていることを自覚している。ユングは、無意識が活性化していることが現代人の特徴であると述べ、それは、中世のような時代には人々の無意識を静穏な状態にくるみ込んでいたキリスト教神学の世界観が力を失ってしまったためだと示唆している。そしてユングは、各人が、キリスト自身と同じように試行錯誤を繰り返しながら、人生のヴィジョンを生きぬくべきであると主張し、それによってはじめて「神が私たち自身において人間になる」と述べている。ユングはスピーチの中で宗教の名を拒否しているものの、締めくくりは次のような言葉である。「私たちは、一人ひとりの無意識のうちに霊が生きているのを認識するとき、キリストの兄弟となるのです。」

たしかに、ここにはノルの言うような、自己神化を説く「カルト」の雰囲気を認めなければならないだろう。しかし確認しておきたいのは、このスピーチにおいてユングは宗教には無意識を制御する世界観を提供する役割があるとしているが、分析心理学がキリスト教に代わって引き継ぐのはその役割ではなく、無意識の内容とのつながりを、（主として視覚化の技法によって）確保するという役割である。すなわち、ユングがキリスト教の教義、世界観を自らに関わるものとして、キリスト教神話の語りなおしという課題を引き受けるのは、まだまだ先のことである。

さて、分析心理学は宗教なのか。そうであるなら、いかなる意味においてそうであるのか。一九九九年の「分析心理学は宗教か？」にもどる。まず、アンソニー・ストーは、ユングが子供時代に父親のプロテスタント信仰に幻滅を感じ、それにとって代わる宗教を必要としたことに分析心理学の起源を求める。そして、分析心理学の目標は、フロイトの精神分析と異なり、患者の症状を除去することではなく、人々が自分自身を受け入れられるように人生に対する態度を変えることであるとする。ストーは、この新しい態度は「宗教的」と呼んでよいものであり、「導きを求めて、夢分析を通じて無意識に向かうことは、神の導きを求めて祈ることとさほどかけ離れてはいない」（Storr, 1999, 535）としている。

次に、ソヌ・シャムダサニは、ユングをウイリアム・ジェイムズ、テオドール・フルールノアらの、宗教現象を人間心理の解明に不可欠なものと見做す心理学の系譜上に位置付け、ユングの心理学上の概念は宗教現象によって定義づけられているとする。そしてユングが「宗教生成過程の心理学」を発展させようとしたと述べ、その課題は、「個人のヌミノーゼの体験が、シンボルへ、そしてやがて組織的宗教の教義、信条へと、変換され、移行してゆくさまを描写すること」であるとする。言葉を補うなら、このプロセスのエッセンスを、個々の宗教の文脈から抽出して人間心理の発達過程として定式化したのが、ユングの提唱するいわゆる個体化過程だということになる。シャムダサニは、ユングの心理学には治療・教育の方法からなる実践的側面と、科学理論としての側面の二つの面があるというユング自身の説によりながら、「文化的なレベルでは、分析心理学は宗教的諸象徴を現代的視点に受け入れられるような解釈によって媒介することを目指した。個人的レベルでは、心理療法における癒しは、究極的に宗教的態度の発見もしくは回復に存するものであった。このことは、特定の信条への回帰を通じてでも、個体化過程を通じてでも可能であるが、後者は、無意識の象徴形成機能に向かうことによって可能になった」(Shamdasani, 1999, 543) と述べて、分析心理学が宗教的態度の回復によって癒しをもたらすとしている。

シャムダサニは、ストーとともに、分析心理学が宗教的であるということを治療という実践的局面において認定している。一方、「科学理論」たる心理学的宗教解釈は、宗教の現代的意義を明らかにするものと位置づけられている。これは、本書の観点では、後期の「神学的」宗教論に基礎を与えるものである。

また、分析心理学が宗教と異なる点については、図像体系（イコノグラフィ）が予め規定されていない点が、特定の神との関係を重視する宗教とは異なると指摘されている。つまり、個体化過程とは、固定化された特定のイメージと出会いながら進んでいく発達過程ではなく、[10]個人がそのつど無意識と出会い、その内容を統合していく過程である。もちろん、こうした体験は、宗教にとっても心理療法にとっても、共通の源泉を提供するものである。

もう一人の論者、ロバート・シーガルは、心理学と宗教、もしくはモダニティと宗教との関係についての立場を三区分している。第一がファンダメンタリストで、彼らは両者を対立させた上で宗教を選ぶ。第二が合理主義者で、彼らも両者を対立させるが、モダニティを選ぶ。第三がロマン主義者で、両者の和解を模索する。説明機能を宗教の本質と見る合理主義者とは異なり、ロマン主義者は、宗教が科学に駆逐される運命だとは考えない（Segal, 1999, 550–551）[11]。ロマン主義者にとって、宗教とは、意味付与機能を持つ神話として意義を有するのである。シーガルはユングを、科学者としての自己認識を持ちながらも、神話としての宗教を救おうとするロマン主義者に分類している。「ユングの戦略は宗教の残りの部分から神話（mythology）を分離し、それを心理学的な現象として提示することである。」（Ibid., 552）

その上で、シーガルは、分析心理学は宗教ではないとする。すなわち、（a）崇拝者のコミュニティ、（b）崇拝される神、（c）外的世界の説明、（d）倫理、という宗教が持つ四つの要件を備えていないというのである。[12]シーガルによると、ユングは、心理学と形而上学の混淆であったグノーシス主義や錬金術から心理学的機能を抽出するという、宗教の心理学化を行なった。シーガルは、分析心理学は宗教そのものではないが、神話としての宗教を心理学的に継承していると述べ、結論としては分析心理学と宗教の内在的関係は認めている。

上の三人の論者の主張に応答する形でフランシス・バウワーは、「ユングはプロテスタントから無神論あるいはグノーシス主義へと転向したのではなく、宗教改革のプロテスタントから、中世カトリックの神秘主義へと転向したように思われる」(Bower, 1999, 567) と述べ、プロテスタント的な信仰のみの立場や、外的、概念的な聖書に基づく神の信仰ではなく、内的な神体験を重視することが分析心理学の特徴であると指摘している。そして、シーガルの論にそって分析心理学は宗教ではないとした上で、分析心理学は「神学と心理学の、ドグマティックでない、神秘主義的統合」であると結論づけている。

以上の論点を総括するならば、シーガルのように外形的な要素から宗教を定義すると分析心理学は宗教でないということになるが、逆に、分析心理学が宗教的であると言われる場合には、分析心理学の臨床実践において、内面的体験によって治癒がもたらされる場合が念頭に置かれていることがわかる。バウワーが神秘主義的と言うのも、分析心理学の内面的体験重視の姿勢である。実際、分析心理学は「あらゆる宗教は心理療法である」(GW16 : 20. 二五頁) という観点をとり、自らの宗教的出自を自覚している (GW16 : 74ff. 七頁以下)。ユングは治療に際して、信仰を持つ患者には自分の教会への回帰を勧め、そうでない場合は、分析心理学の手続きによって患者自身の中に生きている神話的素材を弁証法的に発展させると述べており（GW16 : 21. 二五–二六頁）、心理療法と宗教が治療的機能において等しいことを示唆している。

これは、ユング自身の宗教観、治療体験とも一致している。ユングによる宗教の定義には次のようなものがある。

（宗教は）もろもろの霊、デーモン、神、法、観念、理想、その他……どのように名づけようとも、「もろもろの力」としてみなされるある種の力動的な要因を注意深く考慮して観察することによって、それらに心のこもった配慮を与え、充分に偉大で美しく意味深いものとして敬虔に崇拝することです。（CW11 : 8. 一二頁）

これに、ユングが自らの治癒体験を語る、晩年の自伝の一節を重ねてみる。

情動をイメージに変換する――つまり、情動の中に隠されていたイメージを見出す――ことができたかぎりにおいて、私は内的に鎮められ、安心させられた。……私の実験は、情動の背後のイメージを意識化することが治療的観点からいかに役立つかという洞察をもたらした。（*ETG*, 181. 1、二五三–二五四頁）

ユングは、無意識の大海に意識的自我の小島が浮かんでいるという比喩を使うことがあり、自我が容易に無意識に憑依され、飲み込まれると考えていた。この事態を防ぎ、また意識を豊かなものとして人格の全体を生きるためには、象徴を通じて無意識内容を意識にもたらし、関係を取り結ぶことが必要となるのである。この二つの引用からも、宗教の本質的はたらきとは、無意識の情動に適切な形を与えて意識に取り込むことによって心の安定をたもつことであるとユングが考えていたことがうかがえる。ここに、宗教と心理療法の一致点があると見られている。両者に区別があるとすれば、シャムダサニの指摘するように、見出されるべきイメージがあらかじめ教義などによって規定されているか否か、である。したがって、分析心理学は、特定の具体的な崇拝対象ないし人格的イメージを掲げることはしないが、その心理療法に関しては、代替宗教となりうるという自己認識があるといってよいだろう。

このように、心理療法としての分析心理学の宗教性をいう場合、シャーマンや呪医による治療的営みや、キリスト教にあっては司祭に対する告解であるとか、ミサの儀式といった、人々の心に働きかけ、癒すはたらきのことが念頭にあると言ってよいだろう。しかし、宗教には、神々を表象し、神話を語ることで、世界や人生の意味を明らかにする機能もある。分析心理学の宗教性を考えるとき、この一面を無視するわけにはいかない。分析心理学が積極的に神話を産みだし、神話的世界を支えようとするとき、分析心理学は宗教的というにとどまらず、大きく神学に傾斜することになる。ポール・ビショップは、最近の著書の中で、この「分析心理学は宗教か？」というシンポジウムにおいて『ヨブへの答え』への言及がないことを指摘し、『ヨブへの答え』が重視されてこなかったことの証左としている。このことが示しているのはむしろ、分析心理学と「宗教」というトピックにおいては、心理療法の実践と「宗教」との類似が第一に連想されるということである。『ヨブへの答え』のような著作は、「宗教」ではなく、「神学」というトピックとの関連で論じられるのである。

五　分析心理学の「神学的傾向」の指摘と批判

分析心理学が、キリスト教に救いを見出せない人々の治療に与るというだけでは、神学者との軋轢も生じないし、神学性を取り沙汰されることもないはずである。しかし、実際には、晩年のユングは神学的議論に巻き込まれていくことになる。やはり、分析心理学そのものに神学に抵触するなにものかがあると考えるべきなのではないか。

ユング派のジェイムズ・ヒルマンが、ユングには「一神教的気質（monotheistic temperament）」があるとして批判したことがある（Hillman, 1981）[13]。ヒルマンは、ユングの「アニムス・アニマの段階には多神教が照応し、自己に見合うのは一神教である」（GW9ii : 427. 二九七頁）という記述をとらえて、次のような議論を展開する。ユングは本来、無意識内に様々なイメージ——神々——を見出すことを重視して心の多中心的記述を行なったにも関わらず、不当にも、とりわけ自己（セルフ）のイメージを重視してアニマやアニムスといったイメージの上位に置き、もっぱら自己への統合を目標とする個体化過程を人格成長のモデルとして定式化するに至った。これは、異教の神々を排除して排他的に一神教の理想を掲げるキリスト教神学のバイアスによるものである。

ヒルマンはポール・ラディンの説を援用して次のように述べる。一神教が長きにわたって存続してきたからといって、それが多神教から進化したより高次の発達段階であるという根拠は無い。分裂から統合へ、多から一へという発展段階は宗教史上の事実ではなく、宗教史家の心理的偏向を反映したものに過ぎない。同様に、ユングが自我—自己軸に沿った直線的な個体化過程を主張するのも、同じ「神学的気質」の反映ではないか、と問われる。実際、ユング自身、「一元論的な傾向は内向型の構えに、多元論的な傾向は外向型の構えに属する」(GW6 : 536. 三四一頁) と述べ、気質と思想傾向を結びつけている。なお、ユング自身は内向型である。

ヒルマンの語法では、「一神教的」という形容詞が、ほぼ「神学的」と置き換えられる。「神学的」は「心理学的」と対置され、多様な魂の現実性を受け入れる姿勢が心理学的であるのに対して、理想や統一への接近を目指す姿勢が神学的であるとされる。そして、分析心理学が自己の実現という理想を掲げるときに、本来の心理学から、神学に傾斜していくとされる。ヒルマンは、この「分析心理学とキリスト教の奇妙な混合」(Ibid., 113. 一七四頁) を「プロテスタント的方向」と呼んでいる。本書はユングの「神学的傾向」を問題とするが、このヒルマンの着想から大きなインスピレーションを得ている。ただし、本書はヒルマンのようなユング批判の立場をとるわけではなく、特にプロテスタントに限定することもなく、「神学的傾向」というより包括的な用語の方を採用している。

ヒルマンのポイントは、自己の一元論が現代人の魂の適切な記述たり得ていないということである。ヒルマンの多神教的心理学は、フロイト的な還元的心理学を批判し、内省によって無意識をイメージ化する技術としての分析心理学を受け継ごうとしており、心理学的な概念装置ではなく宗教的カテゴリーを保持する戦略をとる。キリスト教によって抑圧されてきた、多様な神々を生み出すファンタジーが個々人の無意識の中に回帰してきた今こそ、それらのイメージを単に「自己」実現の前段階に位置づけるのではなく、それ自体の価値を認め、ひとりひとりが自分の見出した神に応じた神話を生きることを認めるべきだというのである。

このような多神教的心理学は、特定の神信仰と結びつくような排他的な神学を構成せず、したがって、キリスト教神学と対立関係に立つことはない（Hillman, 1981, 120ff. 一八五頁以下）。もちろん、多神教的であるからといって、神学との対立、競合を避けられるということはないであろう。しかし、一神教対多神教、セルフ対アニマ／アニムス、神学対心理学という対立図式を想定しているヒルマンの趣旨は、魂の現実性、心理学から出発せよということである。ヒルマンの批判は、ユングが硬直化した信条としての宗教に批判的であるのに似て、個体化論が一神教的信仰と結びつこうとすること――プロテスタント的方向――を批判の対象としている。ヒルマンは、ひとりひとりが多様な魂の現実を生きるべきだとする立場から、「もしも個体化のモデルが一つしかないのなら、本当の個性などありうるだろうか？」と反語的に問いかけている（Ibid., 116. 一七九頁）。[14]

次に、マレイ・スタインは分析心理学の解釈枠組みを分析して、ユングが心理学者と神学者の二つの顔を持つと論じている（Stein, 1990）。スタインによると、「魂の癒しとしての心理療法の真の成功は、それが還元的言説や内省から、宗教的、神学的様式へと転化されることにかかっているとユングは見ている。そこにおいては、コンプレックスをただ技術的に論じたり、歴史的構成要素へと分析し去ったりすることはなく、語られるのは、デーモン、神の意志、運命、シンクロニシティ、より大きな物事である。」（Ibid., 4）

スタインの見方では、ユングが還元主義を回避して宗教的、神学的カテゴリーを心理学に持ち込む時に、彼は神学者となるのだが、この変身はどのような論理に支えられているのであろうか。スタインは分析心理学の三つの教義を指摘する。第一条、あらゆる言葉は心についての言葉であり、それは主観的領域に指示対象を有する。この場合、「神」とは心における上位の表象である自己と等置される。ゆえに神についての言葉（theology）は、心についての言葉（psychology）でもある。第二条、心理学者は神についての神学的言説を評価する特権を有する。神についての言葉は、心理学的には自己を指示しているので、その限りにおいて、「神」が「自己」を十分に表現し得ているかという心理学的判断が可能になるのである。第三条、主観と客観の構造は対応している。客観の領域における最高価値を表わす神と、主観の領域における最高価値を表わす自己の構造が対応する。ゆえに、心の十全性（自己）についての言葉が、神についての言葉、すなわち神学ともなる。

スタインは、「自己」を語る分析心理学が神学の性質を持つことになる論理を以上のように説明した。そして、この第三条が、「心理学に基礎づけられた自然神学」とでも呼ぶべきユングの思想の基礎になっているという。[15] もっとも、ユングが共時性という概念を導入するにおよんで、主観的世界と客観的世界の「非因果的連関」を視野に入れているのは確かだが、その場合に神までも通常の物理的世界と同列に客観的世界に位置づけられるかは疑問である。ユングの強調点は心理学的分析が客体としての神そのものには及ばないということであり、この第三条は、ユングからさらに一歩飛躍している感がある。実際、ユングの方法論に解釈学的反省を加えるならば、夢の主観的な源泉であれ、個人が体験する神であれ、それは心的イメージの世界において現われるのであり、客観的世界、ましてや神そのものの構造を明らかにするものではない。[16] ユングの心理学的主観主義が独我論的な閉じた枠組みに拠っていることは渡辺学の明らかにしたとおりである（渡辺、一九九一、二四二頁以下）。しかし、いずれにせよ、神学の文脈から見れば、ユングの言説は、超越的啓示の観点を排して、人間心理の側から神を理解しようという試みであり、自然神学[17]の亜種というようなものとなるだろう。

六　分析心理学と神学との位置関係

ユングが自ら認めなくとも、ユングが神についての言及を続ける限りは、ユングの思想と神学との位置関係は議論の対象となるのは避けられないだろう。では、キリスト教神学側は、ユングの思想をどのように受け入れるのだろうか。たとえば、F・ワッツによる神学思想事典の一項目「心理学とキリスト教思想[18]」には、「ユングの神学（Jungian Theology）」という小見出しが立てられている。そして、保留つきながらも、ユングの思想が神学にとって実り多いものであるとされている。少なくともユングの営みが「神学」としてそれなりに認知されているのがわかる。もちろん、とりわけユングが『ヨブへの答え』を出版して以来、神学と分析心理学の関係は調和的なものというよりは、むしろ相容れないという見方の方が一般的であったと思われる。また、一口に「神学」といっても、多様な立場があり、神学のユング理解なるものをひとくくりに出来るものではないのは言うまでもないが、以下にいくつかの論点から考察を試みたい。

一九六〇年に、ロンドンの分析心理学協会で、分析心理学と神学の関係を論じる会合が開かれたが、その「議論を制するのはどちらだ——心理学者か、神学者か?」("Who shall have the last word: Psychologist or theologian?")」という題目は、両者の対立的関係をうかがわせるものとなっている。この機会に、神学を代表する形でコメントを述べているのはユングの協力者であったヴィクター・ホワイト神父である(White, 1960b)[19]。ホワイトはまず、どんな神学者も、議論にけりをつける最後の言葉(last word)など持たないと謙虚に述べ、また、神学は、精神医学の領域におけるユングの先駆的業績の重要性、分析心理学に精通することの必要性を確信していると表明している。しかし同時に、分析心理学を他の学科で訓練を受けたものが理解するには言語障壁が大きく、しばしば明らかな誤解を生むと述べ、神学と分析心理学の相容れなさを示唆している。これは、ユングとの間に、幾多の平行線を辿る議論を戦わせてきたホワイトにとっては無理からぬ見解であった。

ホワイトは神学と分析心理学の一致点と不一致点について、予め用意された質問に答える形でコメントしている。要約すればポイントは次のように整理できる。第一に、神学者の“soul”と心理学者の“psyche”は完全に食い違うわけではないが、異なる相を扱うのであり、神学者が、分析心理学者には開かれていないリアリティに特権的に近づけるというわけではない。[20] 第二に、分析心理学と神学は互いに相手を妥当でないものとして排除しあうことで自らの真理を守るのかというと、むしろ逆で、分析心理学と神学は互いに貢献できることが大である。第三に、分析心理学と神学が、同じ科学的方法に従い、宗教現象を解明するわけではない。神学は「宗教現象」以外のより幅広い諸現象をも扱わなければならず、分析心理学とは課題を異にする。互いに取って代わろうとすると衝突と争いが生じるが、協力、補助しあうことはできる。第四に、「自己と神格（Godhead）」の概念は、同じ実体を扱っているのか」、「キリストは自己の象徴であると見做されるべきか」、という問いについて。これは神学と分析心理学の将来の交流、また分析心理学の科学としての地位にとって重要な問題であるが、「自己」は純粋に理論的実体であり、神、あるいは神格とは同じではなく、比較もできないと考えるべきである。これによって分析心理学は心理療法の技術としてのみならず、現代科学としての体面を保てるし、新宗教ではないかという嫌疑も軽減できる。ユングのいう「自己」は、可視・不可視のあらゆるものの創造者たる神ではなく、自然神学によって合理的に理解できる神でもない。「自己」は静的な四位一体であるが、キリスト教の神は動的な三位一体である。「一方は対立物の間のバランスであるが、他方は対立物を超えている。一方は善と悪、光と闇を含んでいるが、他方は善悪の対立の彼岸にある。……一方はただ、遍在し、相対的なだけであるが、他方は遍在しており、かつ、超越している。一方は、人間の心理的―肉体的な全体性であるが、他方は聖アウグスティヌス以来一般的にそう見られているように、万物の創造者であり、維持者である」[21]。両者が、ともにヌミノーゼの経験を引き起こす象徴であることは事実であるが、だからといって、両者を同一視するというわけにはいかない。

これを要するに、神学は心理学者が「神学」を語るという「侵犯[22]」を受け入れる準備はない。ただし、ホワイトが「神学と分析心理学との間の接点を期待できるのは、キリスト教の神についての教義ではなくむしろ、人間についての教義においてである。」(White, 1961, 96) と述べているとおり、神学は、分析心理学の実践によって得られた、人間についての様々な洞察を活用するにやぶさかではない。問題になるのは、神についての言説である。もちろん、ユングは人間の心に映ったかぎりでの神のイメージについて分析するのみであると自己限定をするのであるが、この「経験主義的」ないし「現象学的立場」の主張は、神学者の抵抗感を解消する役には立っていないようである[23]。

ホワイト神父以上にユングと一時的にせよ接近した神学者はいないと言えるが、それでも、F・X・チャレットは、分析心理学は、カトリックよりも現代のプロテスタント神学と、より多くのものを共有しているという見解を述べている (Charet, 1990, 440)。チャレットは、現代プロテスタント神学は一九世紀の自由主義神学への反動という意味を持ちうるとしているが、確かにこの点では、後に見るようにリッチュル神学に対する批判を基礎とするユングのキリスト教論はプロテスタント神学と出発点を共有していると考えられる。

ユングの同時代の代表的プロテスタント神学者であるティリッヒ（Paul Tillich, 1886–1965）は、『牧会心理学（*Pastoral Psychology*）』誌の創刊十周年に際して、十年間の牧会心理学（信徒相手のカウンセリング活動）の歩みを振り返る文章を寄稿しているが、その中で、心理療法・カウンセリングの意義を高く評価している。ティリッヒによれば、心理療法は、要求が厳しくかつ遠く離れている神に代えて、献身的で近い神を強調するようになった。つまり、脅かす父親というイメージ――それはフロイトの宗教攻撃において重要なものであったが――が、抱擁し支える母親のイメージの諸要素によって修正されたという。ティリッヒはこう述べる。「大胆な示唆を許して貰えるなら、心理療法と牧会カウンセリングの経験は、プロテスタンティズムにおいて欠如が顕著である女性的要素を、神概念に再導入するのを助けてきた。」（Tillich, 1960, 19）ティリッヒは「自分自身を受け入れられない人を神が受け入れる」というキリスト教の中心的メッセージ――受容という福音――が、フロイト以来の知的風土の変化の中で再発見され、説教や牧会カウンセリングの神学的基礎となったと述べている。

ティリッヒが評価するもう一つの点は、説教を重視するプロテスタントによって軽視されてきた宗教的象徴の治癒力の評価が、無意識の心理学によって促されたということである。宗教的象徴と人間の無意識の活動の関係が明らかにされたことで、プロテスタントの救済観も変化したという。つまり、もっぱら客観的な、天上にある神による救済という観念から、主観的な信仰の力による救済＝治癒という観念への変化である。こうして、神学は神の霊と人間の霊の関係という問題へと導かれる。神の霊は人間の霊に入ることはないとする新正統主義（neo-orthodox）の観点と、神の霊は人間の精神の宗教的機能に過ぎないという人間主義（humanism）の解答は、ともに、心理療法によって不可能なものとなる。神学は、神の霊が人間の霊をとらえるということはどういうことなのかを明らかにするという課題を突きつけられ、そこから、成熟したキリスト教徒像、さらには成熟した人間像が現われることになる。神学は、心理療法の扱うような人間の様々な次元における救済を包括しつつ、それらを超越するような全人的救済を模索することになる。

ティリッヒは、以上のすべての点についてユングの心理療法に特定的に言及しているわけではない。しかし、ユングは早くも一九〇九年には、教区牧師達を対象にして精神分析のレクチャーをはじめたと書簡でフロイトに報告しており（1909.5.12）、公にも一九二〇年代からプロテスタントにおける牧会カウンセリングの必要性を説いていた（GW11 : 488–552）[24]。また、ユングは個人の発達において父親よりも母親を重視したと言われるし、キリスト教のシンボリズムにおける女性性の欠落も批判している。宗教的象徴の治療的効果ということもユングは繰り返し強調しており、神と人との合一というのは、ユングのキリスト教論において、生涯を通じての中心的テーマであった。このように、ティリッヒの議論の枠組み全体がユングの心理学に好意的なのは明らかであり、両者の比較研究もなされているが（Dourley, 1981）、ティリッヒの評価は、心理療法としてのユング心理学、また、ユングの象徴解釈の一般的姿勢の評価に集中しており、特定のキリスト教の象徴や教義についてのユングの解釈に賛意を示しているわけではない。

ティリッヒは、ユングを追悼する文章も書いているが、その中で、ユングがプロテスタント思想を

「継承された聖像破壊運動」であるとして批判するのを真剣に受け止めれば、豊かな実りがあると述べている（ティリッヒ、一九七八）。ティリッヒによる評価のポイントは、ユングの元型論による象徴解釈を、象徴が貧困化しているプロテスタントにおいて応用する可能性である。宗教の象徴は宗教の発展における可変的要素を提示しており、一方、その背後に恒常的要素として潜在しているのが元型であるという観点を、ティリッヒはユングと共有する。つまり、ティリッヒは、象徴の貧困化というプロテスタントの事情を前提として、しかも、個々の具体的象徴解釈の妥当性よりも、むしろ、元型というそれ自体は決して顕在しないものを評価しているのであるから、ユングとの「一致」に障害が少ないのはある意味当然といえよう。要するに、ティリッヒがユングと、「神学」において一致しているとまでは言うことはできない(25)。

ピーター・ホーマンズは、ユングの宗教論を「キリスト教の再解釈」と呼んで、なぜユングが「神学的」営みに至るのかという筋道を分析している（Homans, 1990）。すなわち、ユングは、まず個体化過程という心理学のレンズを通してキリスト教の教義や象徴を還元的に解釈する。この、いわば「懐疑の解釈学」によって、キリスト教の隠れた本質を明らかにしたと主張する。次に、その本質は、根無し草となった現代人に不可欠な経験を提供するものであるとして、キリスト教を肯定的に評価する。分析心理学とは、このような懐疑と肯定の二重の解釈運動を構成するというのがホーマンズの議論である。このうち、肯定の相において、ユングは自らの心理学とキリスト教の内的連関・連続性を積極的に認め、自覚的にキリスト教の神話を発展させようとするのである。ここにおいてユングの議論は「神学」に傾斜し、しかもそれがキリスト教側の自己理解と必ずしも一致しないために軋轢を生むのである。

ホーマンズは、伝統的信仰の中でやすらっている「よきキリスト教徒」、十分な自己意識を持ち、合理的であるが根なし草でもある「近代人」とともに、「ユング的人間（Jungian man）」（より一般的には「心理学的人間（psychological man）」）という人間像についても述べている。ユング的人間は、伝統的キリスト教をそのまま受け容れないほどには近代的であり、心理学的にキリスト教を再解釈する準備がある点では伝統的でもある（Homans, 1995, 185–186. 二六七－二六八頁）。彼らがなぜ伝統的キリスト教を受け容れられないのかといえば、彼らの内的体験は正統的神学によっては満足ゆく解釈を与えられないからである。このような人々が一定数たしかに存在してユングのキリスト教解釈を支持するなら、ユングが神学的傾向を発揮することが必ずしも心理療法の実践から遊離することを意味しないことになるだろう。

J・P・ダウアリーは、宗教研究に対する分析心理学の根本的衝撃は、宗教的経験それ自体の心理学的発生の力学を発見したという主張にあるとした（Dourley, 1989, 299）。これによって分析心理学は、人間には表現を与えられるべき宗教的本性があるということを明らかにして、宗教研究を正当化したが、一方で、神学者は自ら唯一のものだと確信していた信仰の見直しを迫られ、宗教学者も神学的な残存物との決別を迫られることになるという。ダウアリーは、分析心理学の宗教理解を、内在化、相対化、普遍化という三つの契機によってまとめている。つまり、宗教の生成は心的プロセスであり

（内在化）、どんな神話も、そこに表現を見出そうとする無意識の元型的エネルギーを表現し尽くしてはいない限定的で一面的なものであり（相対化）、しかし、あらゆる神話は、心の最奥部の動きを表現するものとして、普遍的意義を有し、現段階の宗教的意識を超えて、より新しく普遍的な、神話的意識へと向かうことができる（普遍化）。

ダウアリーによれば、分析心理学が宗教学者、神学者に突きつける問題は、第一に、ラディカルな内在主義、第二に、（『ヨブへの答え』に描かれたような）人間の意識において神が意識的存在となるという、人間による神の救済というパラダイムを受け入れるのか否か、である。ユングは神の超越性を拒否し、無意識ないし心内的な元型への還元を行なうが、これは超越的な神による恩寵という観念とも、信仰のみによる義という観念とも和解しがたいのである。分析心理学が、既存のキリスト教をはじめとする、特定の神話的・宗教的表現に無条件の最終性を認めず（上述の相対化の契機）、心理学的知見によって発展させられるべきだと主張する（＝普遍化）点が、神学との葛藤を招くことになる。ユングがキリストの受肉の歴史的一回性を否定し、来たるべき万人による神人合一を説くとき、分析心理学は神学の相貌を現わし、それ自体が新しい神話の担い手となり、キリスト教との競合関係にすら立つこととなる。

こうして見ると、ユングがまず第一に、個人の心内的プロセスとしての個体化過程、またその目標としての自己を定式化し、第二に、それによって宗教の本質を解明し[26]、第三に、それをキリスト教の分析に応用した、という図式による理解が多くの論者に共有されていると言えるだろう。このことは、ユングの著作に、臨床的方向性を持つものと、神学的方向性を持つものという二つの異なるジャンルが存在することを反映している。

このように、治療と直結する個人の内的体験に焦点を合わせる宗教論と、その応用としてのキリスト教論には分裂があり、前者においては神学者との良好な協働関係が築けるが、後者においてユングは、形而上学的または神学的であるという誇りを受けて神学者と対立することになる。この二つの方向性の相違は、前者は臨床的観察から出発し、個人心理における宗教の機能や宗教発生のメカニズムに基づいた、非歴史的次元での心理学的宗教本質論、または発生論であるのに対して、後者は、西洋人の意識の発達とともに歴史上に展開してきたキリスト教の神話を、現代という断面においてとらえるという点である。つまり、集合的無意識とその象徴の超歴史性は理論的前提としつつも、『ヨブへの答え』に比較的明瞭に見てとれるように、意識の進化という切り口を採用し、神話や象徴は、意識と無意識の特定の布置や発展段階の表現であるという観点から、キリスト教が分析されている。問題は永遠の真理にあるのではなく、あくまで、二千年目を迎えたキリスト教と、現代のキリスト教徒の魂の状態との相互作用が問題となっているのである。もちろん、ヨブの体験とユング自身に代表される現代人の体験を同一視するというような、時空を超えた人間心理の同一性という視点も備えてはいるが、出発点は現代人に特有の無意識の体験様式の臨床的観察である。たとえばユングは、患者が描くマンダラ図形を数多く観察しているが、神が中心を占めているものが全くないという。これは、現代人においては旧来のキリスト教の三位一体の神の像が、救いをもたらす象徴としてはもはや選ばれず、かわって、四位一体と呼ぶべき人間の全体性を表わす構造が自然に現われていることを意味する(CW11：136–139. 七九–八一頁)。ユングのキリスト教批判は、こうした洞察に基づくものであり、神学的、あるいは形而上学的と評される議論においても、現代人の治療という臨床的関心を維持している。そうであればこそ、ユングは、形而上学に関わらないと言明しつつ、現代人の心に映ったものとしての神の像とそれを支えるキリスト教の神話について、積極的に発言するのである。

(1)また、フロイトとユングの相互の夢分析が破綻したことは有名だが、その原因として、ユングはシュピールラインと、フロイトは義妹と、それぞれ不倫関係を持っており、そのお互いに触れてはならないタブーの存在が推測されている。

(2)Jungfrau と揶揄されるこうした女性達については次を参照。マギー・アンソニー『ユングをめぐる女性たち』宮島磨訳、青土社、一九九五年、(Maggy Anthony, *The Valkyries : The Women around Jung*, 1990.)

(3)ユングとシュピールラインに関してもっとも詳細に論じているのが次である。John Kerr, *A Most Dangerous Method : The Story of Jung, Freud, and Sabina Spielrein*, New York : A.A. Knopf, 1993. また、この題材をもとにした小説も翻訳されている。カシュテン・アルネス『ザビーナ――ユングとフロイトの運命を変えた女』藤本優子訳、日本放送出版協会、一九九九年。

(4)ユングは外向的タイプ、内向的タイプの構えについて述べているが、意識の「機能」は、思考・感情・直観・感覚の四つである。

(5)さらに、有名な「内向」「外向」の概念もグロースに負うものであったとされている。

(6)精神分析にとって、宗教心理とは端的に幼児的幻想の産物である。ゆえに、「精神分析的」というのは、ユングの宗教論ないし宗教的メッセージをそれ自体として評価するのではなく、幼少期にさかのぼる個人の心的体験の産物として分析する態度のことである。

(7)この書簡は、ユングの遺族からの公開への同意が得られず、論文中に抄訳のみが再録されている。

(8)すでに一九五〇年にフロムはユングの宗教観を批判しているが(Fromm, 1950)、これはユングの自伝はもとより、『ヨブへの答え』もまだ出版されていない時期であり、ここでは扱わない。

(9)また、『ヨブへの答え』に描かれている神体験が、境界例患者を苦しめる圧倒的情動の氾濫と迫害不安であると論じたものとして、次を参照。Schwartz-Salant, Nathan. *The Borderline Personality : Vision and Healing*, Wilmette, Ill. : Chiron Publications, 1989.(N・シュワルツ-サラント『境界例と想像力』織田尚生監訳、金剛出版、一九七七年。)

(10)影、アニマ・アニムス、老賢者、自己といった順で無意識内の人格像に出会うべきだという個体化の理解がここでは否定されている。

(11)詳しくは以下を参照。Segal, *Gnostic Jung*, Princeton Univ. Press, 1992, pp. 11–19.

(12)これらの基準によってなお、分析心理学は宗教であるとするのがノルの主張であろう。

(13)次の拙稿を参照。高橋原「ユングの宗教心理学再考――ヒルマンの多神教的視角を手がかりに――」(島薗進・鶴岡賀雄編『〈宗教〉再考』ぺりかん社、二〇〇三年)。

(14)ヒルマンは、一粒のドングリが樫の木になるべく定められているように、人間は生まれながらに個性的な霊を持っているという「ドングリ理論」を展開している(Hillman, 1996a)。

(15)スタインはこの論文で、ユングの三つの教義から派生する文献を四種に分類している。第一に宗教的、神学的テキストの心理学的解釈、第二に神学的思想の心理学的批判、第三に心理学的経験の神学的批判、そして第四のものが主観の構造に基づいた自然神学である。

(16)ユングの説明の仕方については、たとえば次の箇所を参照。ここでユングは、エックハルトに注釈を加えながら、神を無意識内容の人格化であるとしている。GW6 : 275–460ff. 訳、二六八頁以下。

(17)「自然神学とは、すべての理性的人間が特別で超自然的であるとされるいかなる啓示にも依存することなく、到達しうる神（と例えば霊魂の不滅性のような関連ある題目を含む）認識である。」Macquarrie, John. "Natural Theology", Alister McGrath(ed.), Alister McGrath(ed.), *The Blackwell Encyclopedia of Modern Christian Thought*, Oxford [UK] : Blackwell, 1993, p. 402.『現代キリスト教神学思想事典』一九六頁。

(18)Watts, Fraser N. "Psychological Science and Christian Thought", Alister McGrath(ed.), *The Blackwell Encyclopedia of Modern Christian Thought*, Oxford [UK] : Blackwell, 1993, pp. 533–534.『現代キリスト教神学思想事典』二九九–三〇〇頁。

(19)なお、当日ホワイトは病気で欠席。また、今日、この当時すでにホワイトとユングとの関係が完全に悪化していたことが書簡などから知られている。

(20)"soul"と"psyche"の用法についての考察は次を参照。White, 1960a, Ch. 1.

(21)この見解は、あくまで神学の三位一体論の立場からユングの自己概念を批判的に描写したものであり、ユングの見解を忠実に要約したものとは言えない。

(22)ホワイトは心理学者が理論的、実践的に神学者の領域にかかわることをinvasionまたはintrusionと呼んでいる(White, 1961, 81, 88)。

(23)ランバートは、神学者達がユングの著作に困惑を覚えている点の筆頭にユングの所謂経験主義的・現象学的立場を挙げている。他の点は、教会におけるドグマの用いられ方に対するユングの批判、そして、神と人間の相互依存関係、善悪の相対性、神格 godhead における悪の存在、女性性の神格への導入、自己と神格の同一視などである。Lambert, 1960, 129–145.

(24)以下は、牧会心理学、およびプロテスタントの象徴の貧困化について論じたものである。Jung, "Über die Beziehung der Psychotherapie zur Seelsorge", 1932, GW 11：488–538；Jung, "Psychoanalyse und Seelsorge", 1928, GW 11：539–552.

(25)両者は神を人間の生命への内在としてとらえる点では概して一致しているが、たとえば、三位一体論、善の欠如についてのユングの見解（後述）はティリッヒの同意を得られるようなものではない。Dourley, 1981, 56–57, 78. また、Dourley, 1990 も参照。

(26)もちろん、第一の個体化過程の解明そのものが宗教研究の成果であり、第一と第二の段階は循環している。

第三章　心理療法と世界観

――ユング自伝に見る神話としての分析心理学――

一　心理療法と世界観

分析心理学の治療的実践が、宗教的であると言われ、さらにそれが神学へと転化する必然性について、ユングの治療論を手がかりに考える。ユングは、心理療法と世界観の関係を論じる中で、ノイローゼの症状自体は生理的基礎を持っているが、その原因となる抑圧をもたらすものは、「高度な」心的秩序に属すると述べている。つまり、心を全体的に捉える視点に立つと、心の生理的極の反対に位置する、時代状況に応じた哲学的・宗教的な問題、世界観の問題を無視することはできず、それどころか、世界観こそが「心の最上級の支配者として最終的に心の運命を決定する」（GW16：180．六七–六八頁）と主張される。さらにユングによれば、世界観――それが病的な現われ方をすると妄想や強迫観念となる――は、心の根源的パターンである元型において本能と結びついているので、世界観と本能的衝動は相互に影響しあい、コントロールしあう関係にある。端的に、世界観が治療的機能を持つのである。

ユングの考えでは、伝統的に、本能と世界観のバランスをとり、混沌とした衝動の世界に秩序を与える役割を宗教が果たしてきた。したがって、心理療法家は、まずは、患者が自分の宗教に救いを見出せないかどうかを検討することになる。ユングによれば、宗教の儀式や教義は、無意識の危険に対する防護壁の役割を果たしている。人間の意識は強い感情を体験すると、容易に無意識に呑み込まれ、制御を失ってしまう（GW9i : 47. 五〇-五一頁）。教義や儀礼は、感情を一定の型にしたがって体験できるように工夫されており、人間は無意識と直接触れ合うことなしに、それを制御することができるのである。たとえばカトリックのシンボル体系においては、集合的無意識の持つエネルギーが、様々な儀式やイメージの中にくまなく取り込まれ、決められた水路にそって流れていく（GW9i : 21. 三八頁）。しかし、ユングの診断によれば、プロテスタントが偶像破壊の歴史を歩み、キリスト教の神話を発展させることを怠ってきたために、現代人は伝統との接点を失い、宗教に救いを見出せないようになってしまったという。そして、もはや宗教によっては救われない患者の場合には、「心理療法家は患者とともに善かれ悪しかれ先入見なしに探求の旅に出て、その激情状態に相応しい宗教的―哲学的観念を発見しなければならない。」（GW16 : 184. 七〇頁）もちろん、これを行なうのが分析心理学ということになる。

ユングはこうした心理療法家の営みを「発生期の宗教 *Religion in statu nascendi*」（GW16 : 181. 六八頁）と呼び得るものだとしているが、これを、かつて宗教が担っていた、世界観を与える機能も自覚的に引き受ける覚悟と解してもよいであろう。宗教の象徴体系が力を保っていれば、そもそも無意識の心理学など無用のものである。ユングは、患者の無意識をふさわしく表現する象徴的イメージを「先入見なしに」探求すると述べている。ユングが、無意識から現われてくるイメージを、病的なものに過ぎないと解消しようとしたり、フロイト派などの心理学的概念に還元して理解したりする道を退けているのはもちろんであるが、旧来のキリスト教、あるいは諸宗教のイメージを安易に受け入れて理解することも戒めるということである。

これはユングによれば危険で険しい道である。心理療法家と患者は、夢の分析、能動的想像などを通して、無意識の内容をイメージ化する作業を粘り強く続けなければならない。時に個体化過程が少数の選ばれた者の道だと言われるのはそのためである。かつて、フロイトとの決別後の精神的危機の時期に、この道をたった一人で歩んだのがユング自身であった。自伝の「無意識との対決」の章に描かれているこの自己治癒体験において、ユングは理論的前提を白紙にして試行錯誤しながら、夢や空想の解釈に臨んでいたとされる。しかし、実際には、解釈という行為の性質上当然のことながら、全くの無前提で空想に向かうのではなく、ユングは聖書をはじめとする神話的イメージを類比的に参照しながら空想を普遍的に意味付けていくやり方をとっており、ジークフリート、エリヤ、サロメ、古代エジプトの霊魂概念であるカー等への言及が見られる。そして、この精神的危機の時期のフィナーレ的な意味を持つ「死者への七つの説教（*Septem Sermones ad Mortuos*）[1]」においても、ユングはグノーシス主義神話の体裁をとって、死せるキリスト教徒達に神秘的な教説を説いている。ユングは少年時代から、自分の特異で異教的な神体験を正統的なキリスト教信仰といかに折り合わせるかという解釈学的な葛藤に身をおいてきたが、最終的に、キリスト教を超えて、グノーシス主義など異教の神話にまで視野を広げて空想を意味付け、理解する方法を確立したことになる。この方法を患者の治療に応用するのが分析心理学である。

ユングは自分の患者の約三分の一は神経症というよりも人生の意味や目標の喪失に苦しんでいると述べているが（GW16 : 83. 四二頁）、その意味はどのようにしてもたらされるのであろうか。ユングは、患者自身の宗教にまず救いを求めるよう勧めており、また、西洋人が安易に異教に飛びつくことを戒めている。すると、やはり患者自身がその中で育ってきたキリスト教的文脈が第一の参照点となるべきであろう。つまり、分析心理学における治療の営みは、患者自身の空想の母体となる既存のキリスト教の意味世界の文脈に、患者の空想を繋ぎ止め、編み込んでいく営みとなる。ゆえに、心理療法家がキリスト教の世界観に精通することが必要となり、さらには、治療的観点から、いかなる世界観がより相応しく無意識に象徴的表現を与えるのか、という問いが発生することになる。

意味の病に苦しむ患者の空想を同化するべきキリスト教が、現代の西洋人の心理を適切に表現し得なくなり、治療体系としては機能不全に陥っている。そのような認識に立ってユングが創りだした分析心理学は、キリスト教の代替物として機能することになるが、同時に、ユングは、キリスト教そのものも、現代に相応しいものとなるために新たに発展すべきであると主張する。つまり、キリスト教の側を、患者の空想に同化させようとするのである。分析心理学はこのような仕方で神学的営みに連なる。

ユングの自伝の「晩年の思想」と題する章には短い但し書きがつけられており、読者にとっては「理論的」に過ぎるとしても、「理論」は自分の伝記に不可欠のものであると述べられている。そして、議論はただちにキリスト教の教義に分け入ってゆき、創世記からはじまるキリスト教の神話が二十世紀以降も発展していかねばならないと主張される（これは、『ヨブへの答え』の内容に対応する）。英語版につけられた脚注によると、ここでユングが「理論」といっているのは、ドイツ語でいう「世界観」と同義であるという（*MDR*, 327）。ユングの思想と、世界観を語ることは不可分なのである。ユングは、自らの思想がキリスト教文化の中から生まれ、キリスト教徒に向かって働きかけるものであると自覚しており、キリスト教の神話の発展を語ることによって新しい世界観を模索する。そのとき、分析心理学は心理学の枠を超えて神学へと傾斜するのである。

二　「神話」という語の用法

さて、ユングによれば、本能的衝動とともに世界観は心の状態を決定する要因の一つである。そして伝統的に、世界観を与える役目は、宗教が神話という手段によって果たしてきた。ユングが宗教を論じるときに実際に分析の対象とするのは、多くの場合神話、あるいは「神話的」イメージである。また、患者の夢や空想を解釈する場合にもその意味を拡充するために常に世界各地の神話が参照される。キリスト教の神話、すなわちキリスト教の聖書によって表わされている世界観が宗教論の焦点となるのは晩年にさしかかってからであるが、それ以前のグノーシス主義や錬金術の研究も、結局はキリスト教の神話の潜在的メッセージを十全に明るみに出すことが目的であったと考えられる。

分析心理学は宗教の治療的機能を自覚的に引き継ぎ、影、アニマ・アニムス、老賢者、グレートマザー、トリックスター等々の擬人的カテゴリーを保持したために、自らが神話的な体裁をとるに至った。さらに、ユングの自伝においては、分析心理学の体系とユング自身の人生が密接に絡み合い、一体化して、個体化過程を歩むユングの人生の物語そのものが、神話的なパラダイムとして提示されているといえる。

以下に、いくつかの用例を確認しながら、ユングにおける「神話」という言葉の持つ意義について考察したい。ユングが神話研究に着手したのはフロイトと協力関係にあった一九〇九年頃であるという（*ETG*, 137. 1、一九二頁）。実際、ユングはフロイト宛の書簡で「神話や文明史なしには神経症や精神病の奥義を極められないであろうことは、今の私にはほとんど確信に近いものになっています」(1909.12.25) と書いている。神話研究に熱中し、いわゆるオカルティズムや占星術にも研究対象を広げていったユングに、フロイトは「あなたがオカルト研究に深く傾倒なさっていられるのに私は気づいていましたし、豊かな戦利品を携えて凱旋なさるのを疑うものではありません。それについてとやかくいう筋合いのものではありません。……もっとも、この熱帯の植民地にあまりながく御滞在にならないでください。本国統治こそ本筋なのですから。」(1911.5.12) と書簡を送り、ユングが「神秘主義者」のレッテルを貼られることへの懸念を表明することになる。ユングにとって神話は、意識の発達していない未開人の心理の表明であり、宗教の起源を心理学的に明らかにするものであった。神話の中に克服すべき幼児心理を読み取ったにすぎないフロイトとは対照的に、ユングは、集合的無意識の仮説を立て、神話の中に人間の普遍的体験を見出していくことになる。
たとえばユングは次のように述べている。

神話とはその起源においては前意識的な魂の現われであり、無意識的な魂の動きが我知らず表明されたものであって、決して物理現象のアレゴリーではない。(GW9i : 261. 一七五頁)

最後の部分はマックス・ミュラーなどのいわゆる自然神話学の説明を意識したものであるが、ユングは神話の起源探求のエートスを引き継ぎつつ、神話の起源に関しては、神話とは心理的経験の表現であるという立場をとる。ユングは「無意識の中には『神話を形成する』構成要素があるに違いない」(GW9i : 259. 一七三頁)とも述べているが、無意識の中にあって、特定の神話やイメージを産み出すものをユングは元型(Archetypus)[2]として定式化した。元型とは一般的には、「典型的な経験が無限に繰り返されていくうちに刻印されて心的構造となったもの」(GW9i : 99. 一九頁)である。ユングのロジックによると、典型的経験の繰り返しによって元型が形成され、それを根拠にして特定の型の神話、あるいは神話的イメージが成立する。ユングによると、未開人はきわめて主観的であるので(GW 9i : 8. 三一頁)、ここでいう典型的経験とは内的な感情経験に他ならず、元型はそれと深く結びついている。要するに神話は人間の自然で典型的な心理の現われなのであるが、神話の機能に関しては次のように述べられる。

民話や神話は無意識的諸事象を表現している。だから民話や神話などを繰り返し聞かせることは、無意識的諸事象に再び生命をよみがえらせ、それらを思い出させることとなり、そうすることによって意識と無意識は再び結合されるわけである。(GW9ii : 280. 二〇二頁)

すなわち、無意識で生じている出来事が意識に伝わるように表象したものが神話であり(また神話として残されているということはそれが典型的に繰り返される心理的経験であることを意味しているのだが)、神話に触れることによって、当のその神話を生みだした心理的経験が感情を伴って象徴的に再現されるのである。元型の存在が、神話によって特定の感情経験が呼び起こされることを可能にする根拠となっている。こうした考え方は、たとえばジョゼフ・キャンベルの神話学に受け継がれている。(3)

さて、ユングは神話についてのこうした見解を宗教の教義にも適用する。デヴィッド・M・ウルフは、宗教を教義と等置するフロイトと対照させてユングの立場を特徴づけている(Wulff, 1999, 213)。ユングにとって宗教とはまず内的経験であり、それを神話と同じ流儀で保存しているのが教義であることになる。ユングは次のように述べている。

教義は、神話(Mythologie)一般と同じように、内的経験の精髄を吐露している。(GW9ii : 271. 一九六頁)

（信条とは）もとの宗教経験が成文化され、教義になった形である。（CW11 : 10. 一三頁）

こうして、ユングにとって、宗教の教義とは広義の神話として理解され、また宗教と神話は不可分のものと捉えられるのである。「宗教というものがそもそも何かを意味しているとしたら、まさに我々を永遠の神話に結びつける機能を意味している」（GW11 : 647. 七四頁）という表現においては、神話が主で宗教が従の位置を占めているが、人間の普遍的な心理的経験が神話に書き残されており、個々の人間をそれに結びつける回路が宗教であると理解すべきであろう。

ユングは、人類の精神が長い歴史の中で発達してきたと考えており、「個体発生は系統発生を繰り返す」という所謂ヘッケルの法則を人間の心理にもそのまま応用する（*ETG*, 350. 2、二〇二頁）。つまり、人類が辿ってきた精神の発達史が個人の心によって繰り返されると考えている。つまり、人類の精神の歴史は、無意識から自我意識が生じて以来続いてきた意識化の歴史であり、個人において個体化過程として完遂されるものである(4)。したがって、神話に象徴的に描かれている心理的経験とは、太古から繰り返されてきた人類の普遍的経験であると同時に、個人心理において生じるべき経験なのである。

さて、ここから帰結することは、人類が意識化を進め、無意識体験のありようが時代によって変化してきたとするならば、それを記録する神話もまた、それに応じて変化し、発達すべきであるということである。人類が長い歴史の中で時間をかけて進めてきた意識の発達の成果は、そのつど神話の中にしっかりと刻まれてきたし、今後もそれが継続すべきなのである。神話は過去の経験の貯蔵庫であるだけではなく、未来にも開かれていなければならない。この後の節で見るように、ユングは自伝の中で、キリスト教の神話が発展させられずに放置されていると嘆いている。キリスト教が単に二千年前の宗教体験を保持しているだけならば、それは古び、死んだものとなる。新しいワインは新しい革袋に入れなければならないというわけである。

もちろん、キリスト教の聖典である聖書そのものを変更することは無理な相談であるが、ユングの見方によれば、聖書は人類の意識の発展に合わせて豊かな解釈を加えられていく可能性を蔵している。旧約聖書の時代から新約聖書の時代、そしてその後の時代へと神のイメージが変化発展していくというのがユングの聖書の読み方である。ゆえにユングは、民衆の間に広まっていたマリア信仰を踏まえて、一九五〇年に聖母被昇天の教義が公布されたことをとりわけ歓迎し、「宗教改革以来の大事件」(GW11：752.一四七頁)と持ち上げたのである。新たな感情体験を喚起する神話的イメージが公的に宣言されることで、多くの人々の世界観、心のありようにも影響を及ぼすのである。

三　私的神話としての自伝『思い出・夢・思想』

ユングの宗教論を全体として理解する上で、ユングの死後に出版された自伝『思い出・夢・思想』のもつ重要性ははかりしれない。編者のヤッフェは序文において、「回想録は、ユングが神について、また個人的神体験について語った初めてで唯一の場所である」（*ETG*, 6. 1、一一頁）と述べている。実際、自伝には、少年時代に始まるユングの様々な体験――神秘体験、心霊体験、超常現象体験まで含まれる――が語られている。しかも、その中には生前は公にされなかった独自の神体験など、ユングの宗教観を理解するうえで不可欠となるエピソードも少なくない。そして何よりも、ユングの自伝それ自体が、「神話」として読めるのである。以下では、自伝を概観しながら、ユングの思想が、そうした私的体験によって深く規定され、私的体験に透かしてみることによって意味が明らかになるような、「私的神話（personal myth）」(5)という一面を持つことを確認したい。

自伝は次のように始まる。

私の人生は、無意識の自己実現の物語である。……こうした歩みを叙述するのに、私は科学的な言葉を用いることはできない。というのは、私は自分を科学的問題としては経験しないからである。

内的に見たとき、人とは何であるのか、また人類とは永遠の相の下ではどのようなものに見えるのか、それは、神話を通じてしか表現できない。神話とは個人的なもので、生を科学よりも正確に描きだす。……

そこで私が今日、八三歳となって企てたのは、私の人生の神話を物語ることである。もっとも、私にできるのは、直接的な確信を述べること、つまりただ「物語（Geschichte）」を語るだけである。それが真実かどうかは問題ではない。問題は、ただそれが、私のメルヘン、私の真実であるかどうかだけである。（*ETG*, 10. 1、一七頁）

「私の人生の神話」という言葉は、どのような意味で用いられているのだろうか。しばしば指摘されるように、自伝には、通常の伝記にあるような客観的事実の記述は乏しく、むしろ、ユングの主観的な内面世界が描写されている。上に引用した部分においても、「神話」という言葉には、客観的事実に拘束されない、主観的・私的なストーリーという意味が込められているようである。(6) しかし、「神話」の語はユングの宗教論における鍵概念の一つであり、そのような消極的な意味合いでは尽くせない、積極的な意味を持たされている。以下に別の用例を見てみる。

今日のいわゆる神経症患者の中には、もっと早い時代であったら神経症、つまり、自分自身と分裂することになっていなかったであろう人々が少なくない。もし彼らが、祖先たちの世界や、単に外側から見られるのではなく真に体験される自然と、神話によってつながっているような時代と環境に生きていたら、自分自身との分裂を経験せずにすんだであろう。ここで問題なのは、神話の喪失に耐えられず、ただ外的な世界、つまり自然科学の世界像への道を見出せず、かといって、真実とはこれっぽっちも関わりのない、言葉を用いた知的な空想との戯れに身をまかせることにも満足できない人々である。（*ETG*, 149. 1、二〇九頁）

ここで、神話は、祖先たちの世界、自然の体験と人間とをつなぐものであるとされ、それによって人間は自己分裂せず、神経症に陥ることがないとされている。神話とは、自然科学や知的言語活動とは別種のモードであり、人間に生きる指針、人生の意味の基礎を与える「生きるよすが[7]」となる物語であることが示唆されている。ここで患者と言われているのは、無論、ユングが診療したキリスト教圏に暮らす人々である。そして自然科学の「世界像（Weltbild）」と対置されていることから、神話とは特定的には、聖書の内容を基礎に形成されているキリスト教的世界観を指しているといってよいだろう。そしてそれは「喪失」されつつある。神話が生きるよすがとなるということについては、ユングがフロイトと彼の精神分析運動と袂を分かった時期の「方向喪失状態」の中での自問自答にも示唆されている。

当時私は、しばらくの間、並外れた明晰さを体験し、その中でそれまでに歩んで来た道を振り返った。私は考えた。今やお前は神話学（Mythologie）への鍵を手に入れた。そして無意識的な人間の心へ至る全ての扉を開く可能性を手に入れた。しかし私の中で囁く声があった。「なぜ全ての扉を開くのか？」すぐに、いったい自分は何を成し遂げたのかという問いが浮かんできた。私は過去の民族の神話を解明した。私は英雄についての本を書いた。人間がずっとその中に生きてきた神話についての本を書いた。「しかし、人間は今日、どのような神話の中に生きているのか？」「キリスト教の神話の中に、とも言えるだろう。」「お前はその中に生きているのか？」そのように私の中で問われた。「正直に言えば、否、だ。そのような神話の中には私は生きてはいない。」「では我々はもはや神話を持ってはいないのか？」「そうだ。明らかにもう神話など持ちあわせてはいない。」「では、お前の神話は何か？　その中にお前が生きている神話は？」そこでもう堪え難くなった。そして私は考えるのをやめた。私には限界だった。(8)（*ETG*, 174-175. 1、二四五頁）

ここでユングが、諸民族の神話と神話学の概念を前提としてキリスト教の神話も同じ機能を持ちうると考えていることが分かる。つまり、神話は人間の無意識内容を表現するものであり、また、人間が「神話の中に生きる」ということは、神話が、人間が生きる世界像、人生の意味を与えるものであるということである。そして、ユング自身にとっても、問題は、もはやキリスト教をそのようなものとして感じられなくなりつつあるということである。ユングが独自の心理学を模索するなかで、キリスト教でもなく、精神分析でもない、「自分がその中に生きる神話」とは何かを問題としていたことに注意をしておきたい。

しかし、ユングがキリスト教にまったく絶望してしまったわけではないこともまた事実である。ユングはキリスト教の将来の可能性について言及している。

今日、悪は目に見える大きな力（大国）となっている。人類の半分は人間の推論によって作り出した教説（Doktrin）に依存している。もう半分は、状況に相応しい神話の欠如に苦しんでいる。キリスト教国の人々に関するかぎり、そのキリスト教は何世紀にも渡って微睡みつづけ、その神話をいっそう発展させることを怠ってきたのである。キリスト教は、闇の中で蠢き、成長していた神話的観念に表現を与えた人々には耳を傾けなかった。フィオーレのヨアキム、マイスター・エックハルト、ヤコブ・ベーメのような多くの人々は、一般的には陰の人物にとどまっている。唯一の希望の光は、ピウス一二世と彼の教義（聖母被昇天）である。……我々の神話は黙し、答えを与えてくれない。神話は聖書にしっかりと残されており、それゆえ罪は神話にではなく、ひとり我々にある。我々は神話を発展させて来ず、むしろそうした試みを抑制してきたのだ。神話のもとの形（版）には十分な発展可能性が見出せる。（*ETG*, 334–335. 2、一八〇－一八一頁）

要するに、本来、キリスト教も右に述べたような効用を持つ神話の一面がある。そして、それにもかかわらず、現代においては、キリスト教の神話は機能不全の状態であるという認識が示されている。ユングの主張においてきわめて重要なことは、聖書を正当に解釈すれば、キリスト教の神話にはさらなる発展の余地があり、現代において新たな意義を獲得し、甦りうるとされていることである。こうした主張は、ヨアキム、エックハルト、ベーメといった、キリスト教のいわば底流をなしてきた神秘家たちの経験が、現代人の心理学的経験と相通じるという観察を根拠にしている。もちろん、その現代人の経験の典型がユング自身の経験ということになる。ユングが「唯一の光」と評価するピウス一二世による聖母被昇天の教義は、キリスト教の神話の発展を一歩進め、ユング自身の経験をその延長線上につなぐものであるかに見えた。これについてユングが持論を展開したのが『ヨブへの答え』であるが、それについては後に詳しく検討する。

四　秘密の神体験——神話としての回心

キリスト教をめぐるユングの主張を、彼の個人史にさかのぼって理解しようとすると、幼少期に始まる独自の宗教体験と、スイス改革派の牧師である父親が体現するプロテスタントの信仰との間の葛藤を調停しようとする試みとして位置づけられる。ピーター・ホーマンズはユングの宗教の体験様式の特徴を「私的（personal）・神秘的・ナルシシスティック」と要約している（Homans, 1995, 116）。これは、内面的、プライベートであり（私的）、神イマーゴとの合一に似た特殊な関係を強調し（神秘的）、ユングの自己評価と理想化欲求と強烈に関わっている（ナルシシスティック）という趣旨の指摘である。以下、この三特徴を念頭に置きながら、自伝に現われたユングの初期の体験を概観したい。[9]

自伝において、ユングの父親は平凡だが気のいい、ただし信仰に疲れた牧師として、母親は、二重人格的で神秘的な威厳を具えた人物として描かれている。ユングは、女性が当てにならないのに対して、「父」は信頼、そして無力さを意味していたと語っている（*ETG*, 15. 1、二三–二四頁）。両親の仲が必ずしもうまくいっていなかったこともあってか、幼少期のユングは不安を抱え、父親の代表するキリスト教にも肯定的なイメージを抱くことができなかった。母親に教わった夜のお祈りは安心感をもたらしたが、やがてイエスに対する不信感も醸成するものであった。

翼を広げて下さい、イエス様、私の喜び。あなたの小さな雛を召し上がって下さい。サタンがそれを飲み込もうとしたら、天使達に歌わせて下さい。この子を傷つけてはならないと。（*ETG*, 16. 1、二六頁）

子供を食べるイエス様、墓を掘る黒い服の男などのイメージが連想によって結びつき、さらに父が同僚とイエズス会士の活動について話をするのを聞いたことから、ユングにとって、「イエス」という言葉は、女のような黒い服を着たイエズス会士の姿とともに、恐怖の対象となった。ユングはこの頃三、四歳であったが、何年ものあいだ恐怖感とともにまとわりつき、生涯忘れられないこととなる悪夢を見た。これはＤ・Ｗ・ウィニコットが、「真のユング」が現われていると指摘するものである(10)(Winnicott, 1992, 322)。夢の中でユングは、地下に通ずる穴から石段を降りていき、隠された部屋に入っていった。赤い絨毯の先の台座に玉座が据えられており、その上に何かが立っていた。

私は最初、それが背の高い木の幹だと思った。直径は約五、六〇センチで、四、五メートルの高さがあった。しかしそれは奇妙な形状をしていた。皮と生きた肉からできており、その上には顔も髪もない、丸い形の頭のようなものがついていた。頭のてっぺんには目が一つあり、動きもせず、上を見上げていた。

……その物は動かなかったけれども、私はそれが今にも虫のように玉座から這いだして向ってくるのではないかという気がしていた。私は恐怖のあまり身がすくんでいた。耐えられなくなった瞬間、突然、外の上の方から母の声が聞こえた。「そうです。さあ、よく見なさい。それが人食いなのです！」（*ETG*, 18–19. 1、二八–二九頁）

この、その後誰にも話されることのなかった秘密の夢に現われたものは、言うまでもなく男根を象徴しており、エディプス期に差しかかった男児の不安と関係づけることもできるだろう[(1)]。もっとも、ユングは「いずれにしてもこの夢のファルス（男根像）は、地下の、人に知られることのない神のように思われた。」としており、そのような児童心理学は一顧だにしていない。その後、主イエス・キリストの話を聞くたびに、不気味な、十字架にかけられた血だらけの死体である、死の神のイメージが浮かぶことになった。カトリック教会に迷い込んで転倒して怪我をした経験も相まって、ユングは大人になるまで、カトリックにまつわるネガティヴな感情を引きずることになる（Ibid., 23. 三五頁）。またキリスト教について学ぶにつれ、「地面の下のあれはいったい何なのだろうか。」という疑問がついてまわり、「しかし秘密の別の何かがあって、みんなはそれを知らないのだ」という思いが去ることはなかったという（Ibid., 28–29. 四二–四三頁）。青空の上方で黄金の玉座に腰掛けて、黄金の冠と白い服を身にまとった神とイエス様というユングの想像の中のイメージ（Ibid., 20. 三一頁）は、地下の不安な対応物につきまとわれることになったのである。ユングが幼い頃から異教的な神イメージに惹かれていたことを示すエピソードは他にも自伝に書かれている。まだ字が読めなかったユングは、ヒンドゥー教についての絵本を読んでくれと母親にせがんだという。ユングはブラフマン、ヴィシュヌ、シヴァなどの挿し絵に惹かれ、「根源的啓示」のような感じを覚えたという。（Ibid., 24. 三六頁）

　こうしてユングは人には言えない暗い秘密とともに成長していったのだが、もう一つ、大きな神体験がユングを待っていた。一八八七年、ユングが一二歳になる夏のある晴れた日、陽光に輝くバーゼル大聖堂を前にして「世界は美しく、教会も美しい。そして神がこれら全てを創られ、青空の上方彼方で黄金の玉座に腰掛けている。そして……」と考えたところで、穴（地下のファルスに通じるもの）のことが頭に浮かび、ユングは息苦しくなったという。そして、ユングは「何か恐ろしいことが起ころうとしている」という漠然とした不安に苛まれることになる。何であるかはわからないが、地獄行きに値するような、聖霊に反対する罪を自分が犯そうとしているという確信にユングは三日間苦しみ続けた。三日目の晩に、ユングは自分の思考が大聖堂と神のまわりを巡っていることに気づき、ベッドの上で、逃げずに考えぬく決断をした。

　自伝において、ユングの思考は神義論的問題として跡を辿りなおされている。自分が何か邪悪なことを考えなければならないのは何故か。その原因は善良な両親にはなく、また祖父母に由来するものでもなく、結局、アダムとイブまでさかのぼることになる。神の完全なる創造物である彼らが、最初の罪を犯したのは何故なのか。それは神がその可能性を予め開いておいたからである。したがって、「彼らが罪を犯したのも、神の意志であった。」(Ibid., 44. 六四頁) このように理解したユングは、自分の不安も神から課せられたものであることを知り、苦しみから解放された。さらに、ユングは神が自分に何を求めているのかを考え続け、ついに、神の意志に従うことができるか、神がユングの勇気を試しているのだという結論に達する。

私はまるで地獄の業火に飛び込もうとしているかのように勇気をかき集め、思考の流れを解き放った。眼前の青空の下には、美しい聖堂がそびえ、神は黄金の玉座に座して地上をはるか高くにおられた。そして玉座の下からはおびただしい量の糞便が、新しく色鮮やかな聖堂の屋根になだれ落ちてゆき、屋根を砕き、壁を粉々に破壊した。

途方もなく心が軽くなるのを感じ、名状しようのない救いを感じた。予想していた破滅の代りに、神の恩寵が私の不意をつき、それとともに私のかつて知らなかったほどの言いようのない幸福感がやってきた。私は幸福感と感謝のために涙を流した。神の英知と善とは、私が容赦のない命令に屈伏したということを私に啓示されたのである。私は啓示を体験したかのように感じた。

(Ibid., 45–46. 六六頁)

ここでの神体験の意味は、第一に、「黄金の冠と白い服を身にまとった」上品で輝かしい神が、排泄物で聖堂を破壊するという冒瀆的な相貌を現わし、相矛盾する二面をユングに見せつけ、その神がユングに恩寵と救いの体験をもたらしたということである。第二に、そうした救いの体験が、神の意志に従うという人間の側の決断によって可能になるとされていることである。

ユングはこの決断を、旧約聖書の息子を神に捧げるイサクや、不当な法廷へと敢えて歩を進めるイエス・キリストの姿に重ねている（Ibid., 52. 七六頁）。ユングの神は、自らの意志に従順に従う勇気があるかどうか、人間を試す畏怖すべき神である。

誰が、大胆にも、ファルスをあんなふうに裸で、しかも寺院に据えておいたのか。神が御自身の教会を破壊するなどという忌まわしいことを私に考えさせたのは誰なのか。あんなことを仕組んだのは悪魔だったのではないか。（Ibid., 53. 七七頁）

これはユングにとって両価的な体験であり、単に救いをもたらしたものではなく、劣等感を刻印するものでもあった。ユングはしばしば、自分が人の間には居らず、ただ独り時間を超えて神とともにあると感じたというが、自分の欲することではなく神の欲することをなせと要求されているという確信をユングは持ち続けた。この、「他者」との対話とユングが呼ぶものは、もっとも深い体験で、「一方では血みどろの戦いであり、また一方では最高の陶酔であった。」（Ibid., 53. 七八頁）

この体験をどのように評価するべきか。渡辺学は、次のように述べる。

ここでの体験の要点は、ユングが自らの抵抗や恐怖心を取り去って、なすがままにまかせることによって、自らの純粋受動性を実現したときに、神の純粋な能動性があらわになったことにある。つまり、ここでは、相対者の純粋受動性と絶対者の純粋能動性とが合致している。言い換えれば、脱自的直観において啓示があらわになっている。（渡辺、一九九一、三七〇頁）

この指摘は、ユングが宗教を「神が私にする何か——神の側の行為であり、神の方が強力であるために、私はただ従う他ない」ものとして位置づけている箇所（*ETG*, 62. 1、九〇頁）などを読むとなるほど的を射たものであり、ユングがこの体験を記述したすぐ後で、「私に恩寵をもたらしたのは従順であり、あの体験以来、私は神の恩寵とは何なのかを知った。」（*Ibid.*, 46. 六七頁）と述べていることからも、ユングの「純粋受動性」と神の側の「純粋能動性」という記述は正しくこの体験の境位をとらえていると言える。

しかし、エーリッヒ・フロムのようなユング批判者にとっては、このユングの体験の描写は、もっぱら否定的な宗教観の表出にすぎないとされるだろう。フロムは、『精神分析と宗教』（一九五〇）において、ユングにとっての宗教体験とは「ある種の情緒的体験——神であれ無意識であれ、より高い力への屈服」（Fromm, 1978, 二五頁）であり、あらゆる大宗教の説く倫理的理想とは相容れないものであるとしている。これは、宗教とは、人間に支配的影響力を及ぼすヌミノーゼを見つめることが宗教であるとするユングの有名な宗教の定義を踏まえてのコメントであり、それ自体として誤っているものではないが、しかし、この部分は権威主義的宗教を人道主義的宗教との対比において批判する章に続くものである。フロムの意図を汲んで敷衍するなら、ユングにとっての宗教体験とは、人間の力を強調し、人間による自己実現を理想とする人道主義的宗教とは正反対に、権威主義的宗教と同じく人間の無力さを強調するものだということになる。[13] ユングの大聖堂の体験にも同じ判断がくだされることであろう。しかし、ユングが掲げる個体化過程において、意識の関与が軽視されることはなく、ユングが単に無意識への服従のみを説いたとするのは誤解である。後述の『自我と無意識の関係』に見られるように、個体化とは、無意識に分け入りつつ、無意識的空想と自我自身を区別し、分離する過程でもある。それは、意志的な努力と決断なくしては不可能な営みである。ユングの神体験についても、「啓示」は、神の意志におのれを明け渡すという決断をもってはじめて訪れたのであり、また、そのようにして開示された神の姿を受け止める意識的自我の存在も失われてはいないのである。

さらに、このユングの体験を、もっぱら病理学的に捉える視点も成り立つ。精神分析家のD・W・ウィニコットは、ユングの自伝の書評において、ユングが人格の分裂を病んでいると診断し、ユングの神体験を、エディプス期と重なった両親の不仲を原因とする人格の乖離に関連づけて理解している(Winnicott, op. cit)。また、英国国教会の司祭であり、セラピストでもあるクリストファー・マッケンナによる分析は、基本的にウィニコットの枠組みを踏襲していると思われるが、ユングのヴィジョンの中で神が落とした糞便を、抑圧されたユングの怒りや劣等感として解釈している（MacKenna, 1999, 173–190）。自伝のこの体験の記述の直前には、ユングがボート遊びをして友人の親に叱責され、自分が取るに足らない貧しい牧師の息子であることが身にしみたというエピソードがあり、さらにユングが一八世紀に生きているもう一つの人格を生きているという人格分裂の感覚が生じたと書かれている。このもう一つの人格は、自分を叱っている相手と同じくらい権威のある老人であるとされ、唐突に、ユングの祖父がゲーテの私生児だったという伝説への言及がある。マッケンナの分析によると、ユングはこうした内的感覚にもかかわらず、自分が叱責に値する、価値のない存在であるという事実に直面させられ、自尊心の傷つきは両親への怒りに転化された。そして「両親を地獄に追い落としたい」というユングの願望は抑圧され、それが恐ろしい神の像に投影されたのだという。マッケンナは臨床家としての洞察から、上述の地下の男根像の夢を、両親の性のトラブル、ユング自身の性の芽生えと母親への欲望といった個人史的な要因に還元して解釈している。マッケンナは、ユングが「散らばった光のかけらを集める」というグノーシス主義のテキストに共感したことなど、後年のキリスト教をめぐる思想的営みを、この外傷的体験を癒すための試みとして位置づけて、『ヨブへの答え』は未解決の問題が爆発したものであるとしている[14]。

こうした分析には一定の説得力があり、本書も、ユングの少年時代の神体験のモチーフが晩年にまで継続し、その一つの結節点となったのが『ヨブへの答え』であるという観点に立っている。また、少年時代から感じていた人格の分裂と統合というテーマがユングの解釈枠組みを方向づけていることにも同意する。しかし、この体験は、他ならないユングの「人生の神話」「自己実現の物語」である自伝の中に置かれているのである。ユングがこの体験を、自らの心理学が提示する人格発展のパラダイムすなわち個体化過程の一部をなすものとして提示しようとしていると考えるべきではないだろうか。上述の通り、分析心理学においては、世界観の治癒力が重要な役割を果たす。とすれば、人生の初期でユングが体験した治癒をもたらす神の像が、ユングの体系を密かに支えていると考えるのは当然の筋道である。もしもこの恩寵体験がユング個人の病的素質や特殊な環境要因に排他的に還元されてしまうとすれば、心理療法としての分析心理学全体の地位が危ういものとなるであろう。今日に至るまでユングの心理学が一定の支持者を集めているという事実を考慮すれば、このユングの体験が、普遍的な治癒体験へつながるものであると考えてもよいであろう。そもそもユングの体験は、神と聖書についての熟考を伴っていることから明らかなように、キリスト教の文脈を前提として生まれたものであり、ユングがこの恩寵体験を自らの体系に組み込むとするならば、分析心理学はキリスト教徒の苦悩を癒すひとつの宗教的世界観となりうる。そこに、分析心理学が神学に近付く必然性が生じるのである。

このように考えてくると、この神体験をユングの「回心」と呼ぶことも出来るだろう。罪悪感に苦しんだすえ、神の救いを感じ、解放されるというプロセスは、その形式だけに注目すれば、スターバックの古典的回心研究の定式に一致する（Starbuck, 1901, pp. 81–89.）。さらに、この経験が思春期に、強烈な感情体験を伴い、突然的なクライマックスとともに訪れたという諸点も、ユングがそれを意識していたかはともかく、初期の回心研究の回心観に一致するものである（Hood, et al., 1996, p279ff.)。ユングのこの「回心」が、『ヨブへの答え』などに現われているユングの「神学」を支えているという意味において、そして、死後出版であるとはいえ、自伝の非常に印象的な一部を構成しているという意味においても、この体験は「神話としての回心」になっている（島田、一九九二）。すなわち、多くの回心の物語がそうであるように、ユングの体験には、後に続く者が従うべきモデルとしての含みがあるのである。

しかし、そうであればなおさら、神学の立場からは批判的なコメントが現われることになる。マッケンナは、ユングが神を知るための内的体験の意義を教えてくれたなどという賛辞を述べながらも、ユングは独自の体験による傷跡のためにキリスト教のシンボリズムの重要な次元を理解できなかったという結論を出している（MacKenna, 1999, 187)。聖職者であるマッケンナのこのような結論は、分析心理学が、正統信仰に立つキリスト教神学に抵触する思想、もう一つの神学となりうることを示している。

五　キリスト教の神話

ユングの少年時代の特異な神体験は、ユングが著作の中で記述した一般的神体験のあり方の、いわば種明かしとして、自伝において初めて明かされたのだが、ユングはその体験を、グロテスクな現われにもかかわらず、現代人にとって普遍的なものとして提示しようとしたと言える。しかも、それはキリスト教の二千年間の歴史のひとつの帰結であり、また今後の発展の出発点となるものとして、キリスト教の神話の中に位置づけられるものである。たとえば、ユングは大聖堂の体験に関連して、もしも当時、ヨブ記九章三〇節（「雪解け水でからだを洗い、灰汁で手を清めても、あなたはわたしを汚物の中に沈め、着ているものさえわたしにはいとわしい。」）に出会っていればそこに慰めを見出していただろうと述べ、自分の体験がヨブ記を参照することで理解できることを示唆しているし、またこの視点は『ヨブへの答え』の冒頭にも「ヨブ記はじつに、我々の時代にとって特別に重要な意味を持っている神体験のあり方の、範型の役を演じているのである。」（GW11：562. 一四頁）と表明されている。

この事情は自伝の「晩年の思想」と題された章にコンパクトにまとめられている。この部分は、『ヨブへの答え』の趣旨を理解するための導きの糸としても非常に重要なので、ここで順を追って見ておく。上述のように、ユングはこの章の冒頭において、「理論」という言い方で、「世界観」について語っているのだが、キリスト教の教義は永遠不変の真理を述べ伝えているのではなく、あらかじめ「教義の中に、神性の変容すなわち〈彼岸の世界〉での歴史的変遷が予想されている」（*ETG*, 330. 2、一七四頁）という。ユングによるとキリスト教の神話は三段階の発展を辿ってきた。第一段階は、創世記の楽園における不和である。創造主と蛇の敵対を通して、人間の意識的知識の増大が約束される。第二段階は旧約外典のエノク書に描かれている天使の堕落である。これは人間の意識に無意識内容が侵入することを意味する。第三の、そして決定的段階は、イエス・キリストにおいて神が人間の形をとって自己実現したことであり、これは「無意識の全体性が内的体験という心理的領域に浸透してきて、人間はその真の形態に入り込んでくる全てのことを認識させられることになった」と評価される。創造主は最高善（summum bonum）となった（Ibid.）。

ユングが聖書の歴史を、人間の意識の発達の歴史として読んでいることがわかる。アダムとイヴの堕罪以前の楽園は神の設計図通りの完全な世界かもしれないが、人間の意識はまったく未分化な段階を表わしている。これをユングはグノーシス主義におけるプレーローマと対応させる（後述）。また、ユングは聖書の偽典にも正典と同等の資格を与えているが――グノーシス主義や錬金術、神秘主義者によるテキストも同等に扱うのだが――、ここに、ユングがキリスト教の神話というときに、いわゆる正統信仰のみならず、広くその底流をなすものも含めて、キリスト教世界の「世界観」全体を視野に入れて語っていることがわかる。

さて、イエス・キリストによって画される神話の第三段階は、十一世紀頃から新たな段階への発展の兆しが見え始め[15]、二十世紀末になって世界的な破局をもたらしたという[16]。第三段階によって人間にもたらされた神は、実は善なる半面でしかなかったが、人間は、もう一方の影の面に直面させられているのである。それはとりわけ、ナチスの暴虐やボルシェヴィズムの専制政治として表面化したものである。したがって、人間は新しい方向づけを必要としている。このような現実を前にしては、悪とは「善の欠如（privatio boni）」であるなどという楽観的教義は説得力を持たない。人間はどれほどの善を自分がなしうるか、どのような罪を自分が犯す可能性があるかをともに知らなければならない。

「我々は対立するもののどちらにも、善にも悪にも屈してはならない」のである。そこで、状況に相応しい新たな神話が必要となってくるのである。聖書のメッセージを正しく読めば神話を発展させるための手がかりは書かれているのに、それがなされていないのである。

神話の第四の段階――「神話のさらなる発展」（*ETG*, 335. 2、一八二頁）――は、聖霊が使徒達、そしてそれに続き普通の人々にも入ってきて、彼らが神の子になることによって始まるとユングは示唆している。三位一体の教義によれば、聖霊という格においても神はまったき形で存在しているので、普通の人々に聖霊が遣わされるということは、彼らが各々、対立物の結合体として表わされる神の全体性を受け入れることになる。このような全体性としての神イメージが求められている一つの証拠が、ユングが臨床的に観察してきた、円で表わされるマンダラ象徴である。(17) またもう一つの外界に投影された証拠が、空飛ぶ円盤（ＵＦＯ）であるという。こうして人間は神の全体性のイメージを通じて自らの人格の全体性をあますことなく体験することができるのである。

このような全体性のイメージは人間の意識によって作られたものではなく、無意識から飛来するものであるので、マナ、デーモン、神といった神話的用語で呼びならわされてきた。実際、とりわけ人格化されたイメージは、情動を喚起するので、中立的な心理学用語よりも全体性の実現という目的に適している。しかし、ユングはそうした人格的イメージよりも「無意識」という用語をあえて選ぶ。それは、後述するような、心理学者が形而上学へと不法に越境しているという批判を避けるためでもあるが、キリスト教に特有の文脈のためである。すなわち、「神」という言葉はキリスト教徒にとって、全知全能で慈悲深い父であり、その神が受肉したイエスも原罪を免れた神人であるために、およそ、「全体」を表わすには不適当なのである。したがって、全体性という理想と、一神教とを矛盾なく調和させるには、ニコラス・クザーヌスの「対立物の結合」やヤコブ・ベーメの道徳的アンビバレンツといった思想――さらにグノーシス主義や錬金術の思想――を取り入れなければならない。こうしてはじめて、「神の受肉の神話――キリスト教のメッセージの本質――を人間の、対立物との創造的な対決として、また対立物を自分の人格の全体性である自己に統合してゆくこととして理解できる」(*ETG*, 341. 2、一八八―一八九頁)。「自己」の経験に立つならば、対立は、神と人との間にではなく、神自身のイメージの中に含まれたものとなるのである。ユングは述べる。

これが唯一の目標、あるいは一つの目標である。これは創造の中に人間を意味深く組み入れ、それによって、創造に意味を与える。これが長年の間に私の中に徐々に出来上がってきた、ひとつの説明を与える神話である。これは私が認め、尊重する目標であり、したがって、私に満足を与えてくれるものである。(Ibid.)

このように、ユングはあえて自らの心理学上の発見を、「神話」として語ることを選び、キリスト教の文脈に位置づけている。ユングはさらに述べる。「神話的な発言への欲求が満たされるのは、世界内の人間存在の意味を説明する見解を我々が持つときである。……無意味さは生命の充足を妨げ、したがって、病を意味する。意味は多くのこと——たぶんすべてのこと——に耐えしめる。どんな科学も神話に取って代わることはできないだろうし、神話はどんな科学からも作り上げることはできない。というのは、『神』が神話なのではなく、神話とは、神の生命の人間の内への啓示なのである。」(Ibid., 343. 2、一九一頁)

こうして、神話として語られる無意識の心理学が、現代人に意味を与えるものであり、それは既存のキリスト教を超える世界観を構成するという所信が述べられている。「神の生命」というのはユングにとっては無意識の全体性に他ならず、ユングは、依然として経験的心理学を行なっているのだと主張することができる。神学の立場からの反論は、例えば、「全知全能で慈悲深い父」である神が、ケノーシス（神性放棄）によって人間になって十字架にかかることで、葛藤に苦しむ一面的な存在である人間を救うことを示したという逆説にこそ、キリスト教の本質的メッセージを認めるべきだというものであろう。しかし、ユングは「経験」の立場から、人間において神の全体性が「自己」として経験されることに、キリスト教神話の完成を見るのである。

ユングはこのようにして、キリスト教の神話が辿る道筋を心理学的に説明した。あるいは、キリスト教の語彙を引き継ぎながら、自らの体系を記述したと言ったほうがより正確かもしれないが、いずれにせよここでは両者は一体をなしている。

六　死後の生

ユングの自伝は、もとより内面世界の描写に傾きがちで、その結果、ユング本人の自己実現の過程がそのまま思想の発展、人生の歩みとして描かれていると言える。それはユングが、自伝を神話、物語として語ると述べている通りであるが、自伝のそうした性格は、「死後の生」と題された章でいっそう鮮明になっている。というのは、たとえばユングが神について語るときは、臨床的観察経験に基づいた、心的イメージとしての神の像について記述されるのであるが、この章では科学的な裏付けや、予想される学問的批判に対する防衛などという足枷を外して、死後の生命や幽霊体験、知人の死の予知などについての私的な確信、印象が淡々と語られているからである。それでも、ユングはことさらに、この章の冒頭近くで、「今になっても、私は物語りとして語る――神話化する――以上のことはできない」(*ETG*, 302. 2、一三七頁)と述べている。

しかしこの章は単なる私的な表白ではない。ユングは「理解を超えた事柄について話しあうことは大切であり、有益だ(heilsam)。」(Ibid., 303. 2、一三八頁)として、神話を語らなくなった人間は多くのものを失っていると述べている。[18] 不死の問題が「科学的あるいは知的な問題」としては不適格だということは認めつつも(Ibid., 304. 一四〇－一四一頁)、人間の生が、地上の人生や意識の限界を超えて無限に連続しているというイメージを持つことの大切さを語り、それは夢など、無意識から送られてくるヒントに助けられて可能になるという。心理学的にも、死者について語ることはおおいに意味があるのである。

ユングは、「無意識は神話的な死者の国、祖先の国とも対応する」と述べ、死者を「答えを得ていないもの、未解決のもの、救われていないものの声」であるとしている（Ibid., 195. 二七三頁）。無意識の世界と死者の世界の対応は以下のように対応する性質を持つ。ユングによれば、無意識は自我と接触しないかぎり変化をしない。無意識はグノーシス主義におけるプレーローマと似て、それ自体としては自足的な、無時間の全体性である。それが自我に触れられることによって刺激され、無意識の内容が意識の場にもたらされるところから変化と発展がもたらされる。無意識それ自体には変化も発展もないが、意識が成長するための母体となる。ユングは自伝で、二度の夢において出会ったサロメとエリヤの像が、二年間の間隔を経ても、なんの変化もしていなかったということをヒントに、この洞察を得たと書いている。これは、ユングの母が死ぬ直前に、二六年前に亡くなった父が結婚の心理について相談に来たという夢にも共通する。父は、死者の世界で再び母と結婚生活を送るに際して、ユングにアドバイスを求めに来たわけだが、その二六年間、死者の世界の父は成長していなかったということである。

さらに、ユングは、死後に娘から心理学のレクチャーを受けている友人の夢や、死後も聖杯の研究を続ける妻の夢を紹介し（Ibid., 311–312. 一五〇－一五一頁）、死者達も発達したがっていると述べている。「無意識からの像は『教育されていず』、知識にまで達するためには人を必要とする。すなわち、意識との接触を必要とする」(Ibid., 309. 一四六頁)。これを劇的なヴィジョンのかたちでユングに知らしめたのが、「死者への七つの説教」(一九一六)である。これについては後で扱うこととなるが、キリスト教によって救われなかった死者達がユングを訪れて教えを請うという内容である。

さて、以上のことは、次のように帰結する。「この世のどこかにおいてこれまでに達成された意識性の程度が、死者が到達し得る知識の上限をなしていると私には思われる。多分このために、地上の生命が大きい意味を持つのであろう。そして、人間が死に際して、あの世に何を〈持ち込める〉かが重要なことになるのであろう。この世、地上の人生においてのみ、対立物が衝突し、意識の一般的な水準をあげることができる」(Ibid., 314. 一五三頁)。つまり、死者の知的成長は、死者を想起する生者による意識化に依存しているのである。もちろん、死者は、生者にとっては無意識に沈んでいる一つのイメージにすぎない。そのイメージは意識化される限りにおいて変化し、発展するのである。比喩的に言えば、死者は生者の意識に上ることによって救済されるのである。

ところで、「この世のどこかにおいてこれまでに達成された意識性の程度」を備えた死者とは、どこに存在するのだろうか。単に個人の記憶(個人的無意識)の中に、というのであれば、その意識性の程度とは、その個人の意識化の程度を反映しているに過ぎない。集合的無意識の中に、というのも適切な答えであるとは思われない。集合的無意識とは全人類の心的生活の基盤となるものだが、それは無時間的な、原初の全体性であり、時代時代の意識化の段階を踏まえて変化するものではない[(19)]。意識と無意識の関係(布置 Konstellation)は変化すると言えるだろうが、では、この世に生まれてきた各個人の心には、その時代までの意識化を反映した布置が形成されているのだろうか。私の考えでは、それは先天的なものではなく、文化の中に象徴として表現されている。宗教的象徴や神話の機能とは、「この世のどこかにおいてこれまでに達成された」人類の意識化の程度を表現し、保持することである。各個人はそれに触れることによって、未開人の段階に戻ることなく、しかも無意識の諸内容とのつながりを失うことなく、人類の達成してきた意識という財産に与ることができるのである。ゆえに、神話は発展しなければならないのである。

もっとも、ユングがこれらのことを、学問的な——経験科学的な——次元に位置づけていないのであるから、「死者」を分析心理学の体系に矛盾なく位置づける必要はない。ユング自身、上の引用に続けて次のように述べる。「このことは人間の形而上学的な課題であり、それは『神話化』することなしには部分的にしか達成できない。」(Ibid.)。しかし、以上のように考えるならば、「死者達」とは、個体化が完了していない、過去の人類の意識化の程度を象徴していると言ってよいだろう。生者と死者との交流、死後の生の問題は、形而上学的な「神話」の形をとらざるを得ないが、その神話を通じて、無意識が意識化されて人間の生を豊かにする(この後半部分はユングの言う経験科学の範囲となる)。ユングが老人心理について語ることも同様の事情を反映している。「老人は死についての神話を持たねばならない。『理性』は彼が向っていく暗い穴のように、何も指し示してはくれないのである。しかし、神話はそれとは別の、死者の国での生について、有益で豊かなイメージをもたらしてくれる。[20]」(Ibid., 309. 一四六頁) 自伝では、「死後の生」の直前に、「幻像」の章が置かれ、個体化過程の究極の完成と言えるような神秘的な臨死体験が記されている。これもそのような「死の神話」として読まれることを想定したものであろう。ユングはこの一九四四年の神秘体験を経験してはじめて、新しい公式を採用して主要著作を書くことができたという(Ibid., 300. 一三五頁)。

ユングが、自分の死後に分析心理学そのものが、この自伝から見渡されることになるとどの程度自覚していたかはわからない。しかし、いずれにせよ、分析心理学は、今日、自伝というレンズを通して理解されている。つまり、死後世界まで視野にいれたユングの人生の神話として我々に提示されており、すぐれて世界観的なものとなっているのである。

(1)*ETG, pp.* 388–398.『ユング自伝2』所収。

(2)渡辺学によればユングの元型概念は七通りに分類できる。渡辺、一九九一、一四〇頁以下。

(3)キャンベルは、人間に必要な、今生きているという経験をするためにはどうしたらよいかという質問に答えて、「神話を読むことです」と答えている。ジョゼフ・キャンベル『神話の力』早川書房。

(4)意識化という場合、自我意識の強化という意味合いが強くなるが、個体化過程という場合、無意識内容を意識に取り込み、関係を結び直すということに強調点がある。

(5)personal myth という言葉はユングの思想の一面をよく捉えた表現であるが、自伝の英訳で使用されている訳語で、邦訳もそれを踏襲して「私個人の神話」などと訳されている。原典では meiner der Mythus, Mythus meines Lebens といった表現である。*MDR*, p. 3, 199; *ETG*, pp. 10, 202. なお、邦訳で「私の神話」と訳されているのは原典と英訳でそれぞれ mein Marchen, my fable であり、注意が必要である。*ETG*, p. 10. 訳1、一七頁。

(6)日本語の神話の語感は「神々の物語」といったものであろうが、欧米語の myth, mythos は、神々（gods）の概念を伴わずに定義されうることを確認しておく。一例として、ある英語辞書の myth の定義の筆頭は次のようなものである。「超自然的存在、祖先あるいは英雄を扱う伝統的な、典型的には古代の物語であり、自然界の諸側面を説明したり、社会の心理、慣習、理想などを描写することによって、一民族の世界観における基本的な型の役割を果たす。」*The American heritage dictionary of the English language*, 3rd ed., Houghton Mifflin, 1992.

(7)神話のこうした理解はジョゼフ・キャンベルがユングから引き継いだものであろう（Campbell, 1973）。

(8)同じ内容の自問自答が、一九五二年の『変容の象徴』第四版の序文にも再現されている（GW5 : 13. vii 頁）。

(9)Imago とは、『リビドーの変容と象徴』*Wandlungen und Symbole der Libido*, 1911–12においてユングが導入した用語で、精神分析においても採用されている。内面化された両親等のイメージのことであるが、分析心理学においては神のように外界に参照物を持たない対象についても言われる。

(10)ユングは、真の自己と偽りの自己へと人格を分裂させていくが、この分裂した片割れの「真のユング」である。

(11)このイメージが、ユングの父親、あるいは別の男性の性器を目撃したことに由来するのは疑いないように思われるが、ユングは、「この解剖学的に正しい直立したファルスがどこから来たのか知らない」として、それが集合的無意識に由来するものだと示唆している。

(12)「宗教は、ルドルフ・オットーがヌミノースムと呼んだものを注意深く良心的に見つめることである。ヌミノースムとは、力動的存在もしくは作用であり、意志的行為によっては引き起こせない。逆に、その作用が人間という主体をとらえ、支配するのである。人間はその作用の創造主というよりはむしろ、生贄なのである。」（GW11 : 6. 一一–一二頁）

(13)フロムの「人道主義的宗教においては神は人間のより高い自己の像であり、人間の可能な姿の、また人間がなるべき姿の象徴」(Fromm, 1978. 六二頁)であるという表現は、内実はまったく異なるものでありながら、ユングの神理解と奇妙に重なり合う。

(14) MacKenna, 1999, 184. ユングの『ヨブへの答え』をユングの幼児期の心理学的問題に還元して解釈した論文に次のものがある。Newton, 1993; Capps, 1997.

(15) カタリ派などの異端運動の勃興が念頭にあり、この運動はマイスター・エックハルトにおいて頂点に達する。『アイオーン』第六章、第一三章参照。GW 9i: 139f.; 301–302.

(16) ユングのこのような神話の発展段階説はフィオーレのヨアキム(一一三五–一二〇二)にならったものである。ヨアキムは独自のヴィジョンに基づき、律法前の時代、律法の時代、恩寵の時代という標準的な三段階の歴史理解に代えて、父の時代・子の時代・聖霊の時代という三区分を置き、一三世紀に聖霊の時代が到来するとした。Reeves, Marjorie E. "JOACHIM OF FIORE", *Encyclopedia of Religion*, Vol.8, Ed. by Mircea Eliade, N. Y. Macmillan, pp.95–96.

(17) マンダラは心が分裂状態にあるときに現われる、分裂を補償するイメージである。

(18) heilsam は治癒・救い "heil"をもたらすという意味である。

(19) ユングが元型を、典型的な経験の繰り返しによる刻印として説明していることにこだわれば、集合的無意識の構造にも時間的契機が含まれていることになるが、元型を刻印するのにかかる時間は百年二百年という単位をはるかに超えるものであり、たとえばキリスト教の二千年の間の意識の発展が無意識内に記録されているとは考えにくい。

(20) ユングは別のところで、老人の心理に関して次のように述べている。老人の空想が若者に比べて、追憶的な性格を多く持つことは言うまでもないが、それでも、驚くほど多くの未来の予想——死とその後についての空想——

が老人に見られる。意識がどのような態度をとろうと無意識は死に備えて準備を進めている。したがって、無意識の心は死に際して動顛することもなく、人がどのような意識状態で死ぬのかに関心を持っている。死は単なる停止ではなく、生の意味を充実するものであり、真の意味において生の目標である（「魂と死」GW8 : 443–455)。この考え方は「魂と死」の翌年、一九三五年にユングが独語版に序文を寄せることになる「チベットの死者の書」の思想である。そこでは、死の瞬間に解脱の最高のチャンスが訪れると説かれる。次を参照「チベットの死者の書の心理学」GW 11 : 831–858.

第四章　初期のキリスト教批判

——父とＡ・リッチュルとの対話——

ユングの思想的営みは、一方では経験科学としての自己主張をしつつも、他方では神話的な世界観構築の営みであった。その営みは、自己すなわち心の全体性の実現を目標とする心理学を基礎に、キリスト教の神話を発展させる試みでもあった。では、「発展」の余地があるというキリスト教の側にはどのような問題点があったのだろうか。この章では、学生時代以前の時期に注目して、ユングのキリスト教批判を概観する。とりわけ、晩年に「神学的」と評されるようになるユングと、神学そのものとの出会いに注目する。

一　父との対話

ユングは恐ろしい神の啓示によって恩寵を体験したわけだが、それは、ホーマンズが「プライベート」と評したとおり、抵抗感と戦いながら得た、他人に明かすことができない秘密であり、劣等感と結びついていた。ユングが自分の体験した恩寵を理解するための第一の助けとなるべき、牧師である父はまったく頼りにならなかった。ユングは自分の体験を誰にも打ち明けず、父親が体現するようなキリスト教信仰と対比的に、その意味を模索していくことになった。

父や親族の牧師達の説教が神について語ることがユングにはすべて的外れに聞こえ、父の蔵書から、神、三位一体、聖霊、意識について書かれたあらゆるものを読んだが、何も手がかりは見出せなかった（*ETG*, 48. 1、六九-七〇頁）。教会に通うのも徐々に苦痛になっていった。それは、ユングが心の底から確実に知っていた、あの言葉には表わしがたい秘密を信じるようにと、恥知らずな説教が声高に行なわれていたからである。「恥知らず」というのは、牧師をはじめとする誰も、信じるように勧めているその秘密を知らないことがユングには明らかだったからである。啓示によって知られる神の意志に従えば恩寵が与えられると説かれていたが、ユングにとっては、神の意志とは簡単に分かるようなものではなく、もっとも知りがたく、人間が日々探求しなければならないようなものであった。

宗教的戒律とは、とりわけ神の意志を理解させないという目的のために、神の意志——それは意外で恐るべきものでもあるのだが——に代わるものとして課せられているのだとしばしば思われた。（ibid., 52. 七五頁）

ユングにとっての宗教とは、人間に対して恐ろしい神の意志が示されるという事態であり、それ以外の教えや儀式は興味を惹くものではなかった。したがって、堅信礼に備えて父に教授された教理問答書も退屈きわまりないものであった。唯一の例外は、謎めいた三位一体についての記述で、ユングは、父とそれについて話すのを心待ちにしていた。しかし、「さあ、三位一体のところに来たが、ここはとばすことにしよう。本当のところ私には理解できないのだ。」（ibid., 58. 八四頁）という父の言葉がユングを大いに失望させた。ユングが希望をつないだのは、堅信礼の聖餐式だった。パンと葡萄酒が主の肉と血となって身体に入ってくるという厳かな式には、何か大きな秘密が隠されているはずだという期待をもって、ユングは式に臨んだが、顔なじみの老人が名親となり、父が見慣れた服で祈りを捧げ、いつもの店から仕入れたパンと葡萄酒は味気なく、結局、期待していたような素晴らしいことは何も起こらず、この聖餐拝受はユングにとって「致命的体験」となった。「教会は私の行くところではない。そこにあるのは私にとっては、生ではなく、死なのだ。」(ibid., 66–61. 八八頁) とまでユングは述べている。聖餐式の失敗のためにユングは、「神のせいで私は、教会、父、そしてあらゆる他者の信仰から切り離されている」(ibid., 62. 八九頁) と感じるようになった。

ユングは、自らの体験の意味を求めて書物に向かうが、そこでも失望を重ねることになる。ユングは父の書斎にあったビーデルマン著『キリスト教教義学[1]』の、「人間が神との個人的関係を確立することに存する霊的行為」という宗教の定義には満足できなかった。ユングにとっての宗教とは、「神が私にする何か——神の側の行為であり、神の方が強力であるために、私はただ従う他ない」(Ibid.) ものであった。さらに、神についての「人間の自我とのアナロジーになぞらって考えられた人格」という説明には、強く抵抗を感じた。ユングは自身の自我が分裂していると感じており、しかも分裂した二側面のどちらにも肯定的な感覚を持てなかったからである。ユングにとっての問題は、「神の暗い側面、すなわち神の復讐心と、野蛮な激昂、その全能が創った創造物に対する不可解な行為」(Ibid, 63. 九二頁) であったが、これが人間の自我のアナロジーであるとしたら、そのような人格をなんと呼べばいいのか（ユングは後年、『ヨブへの答え』において、そのような旧約の神ヤハウェを「心理学的には「無意識」、法律的には「責任能力の欠如」と呼ばれるべきである。」（GW11：638. 六七頁）と評している。）。また、神が自然界を愛で充たそうとしているにもかかわらず、この世が堕落し不完全である理由、悪についての説明を求めたが、やはり何も見出せなかった。ユングは、教義学書を「空想的な戯言」であり、これに何か目的があるとしたら真実を隠蔽することでしかないという結論に達して憤慨し、そして、聖餐式の後に感じたのと同じ、父への憐憫の情を催したという。「父はこんなわけのわからないこと（mumbo-jumbo）の犠牲になったのだ。」（*MDR*, 59. 1、九四頁）[2]

自伝において、ユングの父親は、聖職者でありながら信仰に徹することができず、人生に疲れた敗北者といった描かれ方をしている。[3] ユングが教会に行かなくなってもそれを咎めず、息子の進路選択に際しても神学者以外なら好きなものになってよいというような父親であった（*ETG*, 80. 1、一一六頁）。ユングは父が祈っているのを聞いたときに、父が信仰を求めて絶望的にあがいていると感じ、驚くとともに腹を立てたという（Ibid., 98. 一四二頁）。この怒りは、父が神へ至る道を閉ざし、父を見捨てた教会や神学に対するものである。ユングは自らの恩寵の体験の基盤に立って、父を救おうと議論を試みたが、父と息子の対話は決してうまくいかなかった。象徴的なのは、ユングが一八歳の時に父との間に交わしたやりとりである。「ばかばかしい。おまえはいつも考えようとしている。考えるべきではない。信じるべきなのだ」と言う父に対して、ユングは、「経験し、そして知らなければならないのだ」と考え、「ではその信仰を与えて下さい」と応じたという（Ibid., 49. 七一頁）。ユングはやがて、父が自分にはあまりにも明白なあの神体験に恵まれなかったのだということを肌で感じるようになる。

私は、父が理解したことのないもの――神の意志――を経験したのだ。それを父は、もっともな理由で、そして最も深い信仰からそれに抵抗したのであった。それが、すべてをいやし、すべてを理解可能にする神の恩寵の奇蹟を父が体験しなかった理由である。父は聖書の掟を自らの原理にしていた。つまり、父は聖書が規定し、代々父親達によって教えられてきたような神を信じていたのである。けれども父は、全能で、自由で、聖書と教会の上に立ち、自らの自由へと人間を誘い、神の要求に絶対に従うために、自分の見解と信念を棄てることを強制することができる、生きた直接的な神は知らなかった。(Ibid., 46. 六六頁)

晩年のユングは、父親について「キリストによって示され、予告されていた苦悩を、文字通り死ぬまで生き抜いたが、これはキリストに倣いていてということの結果であることをはっきりと自覚することはなかった」(*ETG*, 219. 2、二一頁)と述べている。父は信じることに甘んじて理解を犠牲にし、自分の苦悩が医者にでも相談するようなことであると考えて、それがキリスト教徒に普遍的なものと考えることができなかったという。(4) 父の信仰は唯物論や精神医学に太刀打ちできるほどの強さを持っておらず、(5) 父は自分の苦悩を神にぶつけることができなかった。かわりに自分自身や家族と争い、疲れ果てて死んでいったというのがユングの見方である（*ETG*, 97–98. 1、一四〇－一四二頁）。父が死んだのは一八九六年、ユングがバーゼル大学に在学中のことであった。ユングは、父を救うものとなっていたであろう体験がキリスト教によっては与えられず、錬金術を経由することによって与えられるということを示唆しているが、ユングが錬金術の研究に励むのは一九三〇年代であり、若いユングが父親を前にして言えることはただ、神を体験しなければならないということだけであった。

二　ツォーフィンギア・レクチャー

自伝に綴られている内省的で陰鬱な生活はバーゼル大学医学部入学とともに終わり、ユングは「学問の世界や学問の自由への黄金の門が開かれた。」（*ETG*, 100. 1、一四四頁）と書いている。ユングはツォーフィンギアという学生友愛会に加入し、その集会で議長を務めるまでになり、一八九六年から一八九九年にかけて合計四回の講演を行なっている。この講演は一九八三年になって、英語版ユング全集に加わることによって初めて日の目を見たのだが、その第四講演「キリスト教の解釈をめぐる考察――アルブレヒト・リッチュルの理論に関して」（一八九九年）（CW A）は、若きユングが当時影響力の強かったリッチュルの神学思想を批判したものである。ユングはいまだ複雑な語彙を身につけておらず、議論は粗削りであるが、そのためにかえってユングのキリスト教批判の切り口が見えやすい。ユングの基本的関心が最初期から晩年まで一貫していることがわかる。

また、この講演は、最晩年の視点から六十年以上前を振り返って書かれた自伝の記述の「正しさ」を裏付けることでもある。すなわち、自伝には、若きユングが牧師である父親のキリスト教信仰を批判的に評価する場面が少なくないが、実際に大学生のユングがこのような批判を繰り広げているのが読めるわけである。この講演でユングは、アルブレヒト・リッチュル（Albrecht Ritschl, 1822–1889）を槍玉に上げながら、他界して三年になる父パウルへの、生前には言葉を尽くせなかった思いのたけを吐きだしているという読み方も可能である。(6) 実は、パウルはゲッティンゲン大学において、雅歌のアラビア語訳の研究で学位を取得しているが（Ryce-Menuhin, 1994, 233ff）、リッチュルは一八六四年から死に至るまで同大学に在職している（Lotz, 1987, 403; Mackintosh, 1937, 139）。パウルが学位論文を提出した正確な年度は明らかではないが、いずれにせよ、パウルがリッチュルの名声に間近に接していたことは間違いない。(7) ユングがリッチュルと父親の接点をどの程度意識していたかはわからないが、この二人はユングの人生の初期に、プロテスタント信仰を私的世界と公的世界のそれぞれで代表する人物であったのである。

講演の内容に即してユングの初期のキリスト教観を検討する前に、当時のキリスト教界におけるリッチュルの位置を概観しておく。リッチュルの活躍した一九世紀後半は、精神科学において歴史学と心理学が主導的地位を手に入れた時代として特徴づけられる。一方、教会は民衆に対する指導力を失い、依然としてシュライエルマッハーを模範としていた神学は、もはや説得力を失っていた。また、キリスト教思想にとっての一九世紀はイエス伝の時代であり、すでに一八三五年には福音書から神話的表現を削除して「史的イエス」探求の道を開いたシュトラウスの『イエス伝』(David Friedrich Strauss, *Das Leben Jesus, Kritisch Bearbeitet*) が世に出て、いわゆる自由主義神学の流れが起こっていた。このようなキリスト教の苦悩を背景にしてリッチュルは登場した(森田、一九七四、四二五頁)(8)。リッチュルの神学はヘーゲル哲学への依存を自覚的に脱してこの形而上学排除の流れを新たな段階へと進めるものであり、新自由主義神学とも呼ばれる(小田垣、一九九六、六七頁)。リッチュルはすぐに批判的に超えられていくことになるが、一九世紀の最後の四半世紀の神学界において、影響力の幅広さにおいても力強さにおいても、彼に比肩しうる人物はいなかったと言われる(Mackintosh, 1937, 139)。

リッチュルはシュライエルマッハーを批判的に継承する位置にあるとされるが、その特徴は、有名な「二焦点説」によって表わされる。すなわち、シュライエルマッハーが絶対依存の神秘的感情に基づいて、キリストの贖罪を焦点とするキリスト教理解に立つのに対して、リッチュルの神学はそれに加えて、「神の国」の実現というもう一つの焦点を強調する。すなわち、リッチュルの「神の国」思想とは、「イエス・キリストにおいて宣教され、開始された『神の国』(=「神の支配」)を、神の愛に対する応答としての人間の行為によって完成しようとするものである。それはカントから受け継いだ倫理主義(人間の道徳的行為による「自由の王国」の実現)とシュライエルマッハーからの目的論的宗教意識を巧みに結合しつつ、一九世紀の希望にあふれた人間肯定的な宗教的思想的状況を代弁」(金井、一九八二、二二頁)するものであった。リッチュルは、宗教は歴史的な事実に基礎を置かなければならないと考えており、思弁的合理主義と、主観主義を排除しようとした(Mackintosh, 1937, 142–

149, 156)。つまり、ルター主義の視点に立って、カトリック教会の神秘主義や、自然神学、敬虔主義、ロマン主義を退けたとされる（森田前掲、四二七頁）。リッチュルは神学から形而上学を駆逐するのに熱心なあまり、「釘を強く打ち込みすぎて材木を割ってしまった」と評されることもある（Mackintosh, 1937, 142）。一方、ユングはといえば、ロマン主義に根を持ち、内的神体験を重視する立場に立つという点において神秘主義的であり、主観主義に分類され得るので、まさにリッチュルが排除しようとした側に立つのである。

リッチュルのキリスト論は、キリストの十字架上の死そのものよりも、キリストの「生涯を通して罪に打ち勝った人格的力」に意義を認めるものであり、キリストは神の子というよりもむしろ、「神の意志を具現する預言者的啓示者」「神によって選ばれた最初の最高の祭司的人間、教会の頭」（森田前掲、四三〇頁）と位置づけられる。また、リッチュルの神論は、「神はキリストを通して愛の国、すなわち愛の人格的交わりを実現しようとする愛の意志力」であるとするものである。ここでは、妬み怒る神という旧約聖書の神イメージは全く度外視されているが、こうした点でも、リッチュルの神学にユングがまったく飽き足らなかったであろうことがうかがわれる。自伝の記述にあるとおり、少年時代に独特な神体験をしたユングは、新約聖書には慰めを見出すことができなかったと述べているし、晩年のユングに『ヨブへの答え』を書かせたのもヨブ記の荒ぶる神であった。

リッチュルの思想は「文化的プロテスタンティズム」の系譜上に理解されることがある。この語は、広義にはシュライエルマッハーからトレルチに至る時期の一連のプロテスタント神学全体を指すが、せまく、リッチュル主義の形容として用いられることもある（グラーフ、二〇〇一、二九頁）。金井新二はマックス・ウェーバーの文化的プロテスタンティズム的宗教観について論じているが、文化的プロテスタンティズムとは要するに、倫理としての宗教が文化を形成する土台となるという楽観的確信を捉えた呼称である。もっとも、金井によれば、ウェーバーはヨハネス・ヴァイスの終末論的聖書解釈に影響を受けて、リッチュル的な意味での文化的プロテスタンティズムを超えていく側面を具えていた。すなわち、「人間的現代文化は、前世代の文化的プロテスタンティズムが主張するような宗教と文化の結合（宗教による文化形成）の楽観的な展望を持ち得ないことになる。もし文化を現実とするなら、宗教（福音）は非現実的となる。すくなくとも両者は本来的に対立するものとなるのである」（金井、一九九一、六頁）。ユングはウェーバーに約十年遅れて生まれたが、文化的プロテスタンティズムの批判的超克という世代的背景を共有していると言える。ユングの場合は、倫理としての宗教が、かえって個人の救済を妨げているという視点から、内的体験としての宗教を強調するのである。

もっとも、プロテスタントの立場からリッチュルの神学を肯定的に捉えることもできる。ティリッヒによれば、ロマン主義哲学によって、無制約的なる神は制約されたものである人間世界に根拠づけられてしまっていたが、リッチュルは、自分で恩寵を創り出そうとするロマン主義の試みに抗して、ロマン主義から神学を解放したと評価し得る（ティリッヒ、一九七八、二〇八‐二一一頁）。もっとも、これは「倫理的意識と新約聖書的歴史の孤島」への退却、あくまで損失を伴う退却であり、キリスト教史はじまって以来の「簡略化」であった（同）。ティリッヒは、リッチュルが赦しとしてのみ恩寵を理解したために、恩寵における神と人間の絶対的逆説性が失われているという指摘も忘れない。「彼の恩寵思想は、パウロ、アウグスティヌス、ルターの恩寵思想から後退し、……常に倫理的合理主義に急転する危険に曝されているのである。」（同、二一五頁）ティリッヒは、その責めを負うべきはリッチュルの弟子達であるというが、リッチュル没後一〇年目に行われているユングの講演においても、批判の矛先は、実質的にはリッチュルを信奉する神学者達や神学生達に向けられていることになる。若きユングはまだ十分に分節化され、洗練された語彙を持ち合わせていないが、リッチュル批判においては、ほぼティリッヒと同じ視点に立っていると言えるだろう。

自伝によると、学生時代のユングが最新のプロテスタント神学、当時隆盛だったリッチュルの神学を学んだのは、亡くなった父親の代理牧師（Vikar）[9]を務めた神学者からであった（*ETG*, 79, 104. 1、一一四頁、一四八頁）。ユングはリッチュルの歴史主義的解釈、とりわけその列車のアナロジーに苛立ったという。これは、機関車が最初の車両を押すと、それに連結した車両が次々と進んでいくことに譬えて、決定的な啓示はイエスにのみ起こり、後の世界にはただ教会組織を通じて愛のメッセージが伝えられていくという趣旨である。ユングは自伝のこの箇所で、「私はキリストを最前面に押し出し、神と人間のドラマの中での唯一決定的な人物にすることを承服できなかった。こうした見解は、キリストを生んだ聖霊がキリストの死後に、キリストに代わって人間のもとに送られるだろうというキリスト自身の見解に全く反する」（Ibid., 105. 一四八頁）と述べている。大聖堂の体験でキリストが役割を果たしていないことからも、ユングのキリスト教理解が、キリスト論的なものというよりは、むしろ神、あるいは聖霊を焦点とするものであったことがわかる。[10] また、ユングがキリスト教の神を旧約のヤハウェのイメージで捉えていたことも自伝において示唆されている（Ibid.）。

まわりの学生達はリッチュルにならって、キリストの生涯が生みだした歴史的効果にまったく満足しきっており、ユングの主張には耳を貸さなかったとされる。この時期のユングが、思弁的話題で周囲を辟易させていたという旧友の証言もある（Oeri, 1977, 8）。それでもユングは一貫してリッチュル批判を公言していたようで、カントに拠りながら唯物論を攻撃し、霊魂の存在を主張した第二講演「心理学に関する諸考察」（一八九七）[11] においても、リッチュルへの批判的言及が見られる。

ヘーゲル哲学や公認の正統信仰が流行らなくなってから、ありとあらゆる目新しい考えが人目をひいていますが、そのうちの少なからぬ部分があのリッチュルから出たものです。しかし彼らの説教からは、誰が大切なことを本当に教えてくれるのかよくわかりません。……今日、大衆はもはや信仰など求めていないのです。……彼らもまた、知ることを望んでいるのです。このような場合、言葉が何の役に立つでしょう。そもそも観念論が何の役に立つでしょう。宗教の再生には行為こそが必要とされているのです。奇蹟が、奇蹟的な力を持った人間が、必要とされているのです。預言者が、神が遣わした人間が必要なのです。宗教は、無味乾燥な理論家や、感傷的な観念論者からは決して生まれてきません。宗教というものは、自らの行為をもって、神秘の世界や「超感覚的領域」の実在を証明した人間によって、作り出されるものなのです。（CW A : 138）

さて、今回問題にする第四講演「キリスト教の解釈をめぐる考察――アルブレヒト・リッチュルの理論に関して」(一八九九年) の冒頭で、ユングは、歴史上には、常人とは異なる秩序に属し、新種の人間とでも言うべき人物たちが存在してきたと述べる。彼らは何世紀にもわたって目指されてきた意味や目的の体現であり、自分が新たに世界にもたらす理念と同一化している。彼らは歴史的な必然によって条件づけられているのではなく、むしろ彼らが歴史という基礎の上に自らの理念の建造物を打ち立てるという関係にある。ユングは、ナザレのイエスはこうした人物たちの一人であり、彼は人間的な観点では測りがたい神人、あるいは神であるとする (Ibid., 93–94)。こう述べることでユングは、イエスへの啓示を認めない合理的な立場や、反対にイエスへの啓示の特権性――歴史的一回性を主張する正統的キリスト教の立場に自分は立たないということを宣言している。そして、ユングは、神が人間によきことをなそうと思うときに公的な経路を通じて行なわなければならないなどと言うアルブレヒト・リッチュルは、過労気味であったか、臆病であったか、いずれにせよ感受性が欠けており、信心深いキリスト教徒とは呼べないと述べる (Ibid., 95)。ユングが問うのは、もしもキリストが、人間が従わざるを得ないような模範であるとしたら、キリストの人格はいかにしてその力を手に入れたのか、ということである。もしもキリストが単なる人間なのであれば、この問いは意味をなさない。

ユングの批判点は、道徳的行為の原動力となるような、人間と神の無媒介の直接的関係をリッチュルが認めないという点に尽きる。リッチュルにかかっては、敬虔主義者が言うような神秘的合一 (unio mystica）などというものは、主観的な感情と客観的に決定づけられる感覚とを混同したものに過ぎない。人間に道徳的行為を促すのは、意識的感覚を通してのみ、言い換えれば、他の人間とのコミュニケーションを通じてのみ可能であるということになる。そしてイエス・キリストは福音書記者達から綿々と語り継がれ、そして聖書に記されている記憶の中しか存在しないことになる。ユングは、記憶の中のキリストの人格のイメージが、なぜ道徳的行為を促す力を持ちうるのかというリッチュルの理論を、手間を惜しまずに説明している。それによると、記憶の中のイメージは二つの要素から構成される。第一はもとの出来事であり、それ自体は純粋な事実であり、価値的に中立である。第二は、もとの出来事に喚起され、伴われる思想や、価値の感情である。つまり、キリスト個人において神が啓示されたことを正確に想起することで、キリストが体現したような道徳意識が喚起され、そこに、人間（キリスト教徒）と神との個人的関係が成立することになる。ということは、神は、人間が自らの記憶の中の神イメージに行為を動機づける力を認める程度に応じてしか存在感を示せない哀れな存在であるということになる（Ibid., 104）。これでは、偶像崇拝を行なう異教徒達よりも悲惨である。なぜなら、今ここにおらず、歴史上にしか存在しない神は、人間に対して指一本あげてくれないからである。

そしてユングはそのような神を説くことに甘んじている同時代の神学者達の怠慢を厳しく批判する。神学者達は、記憶されているイメージにほんのわずかふれさえすれば道徳的行為を決断させるのに足ると考えているのです。彼らの多くは明らかに、世界の善良さを確信するあまり、この記憶の中のイメージに、誰もがただちに価値の感情を付加するであろうと信じているのです。(Ibid., 106)

ここでユングは、当時の自由主義神学による史的イエスの重視に苦言を呈しているのである。リッチュルを師と仰ぐ神学者達が、教育と説得を通して世界を従えるという観念を放棄して、もっぱら人間としてのイエスに触れるだけの説教をすることで、日曜日が退屈なものになってしまっている。ユングによれば、上述の記憶像の第一要素にあたる、人間としてのキリストのイメージ自体は、道徳的行為を促す力をなんら持たないのである。

世界はキリストについて教えられておらず、彼への興味を失っています。キリストが自身をどのように観ていたかについて、自分が神性を持つという彼の主張について、私たちはまだ知らなすぎます。キリスト自身に価値の感情を抱かせたキリストの形而上学的意義を、キリスト自身がどうとらえていたのか、私たちはまだほとんど理解していません。……人間を教育して新しい観点を受け入れさせるという面倒な課題を避け、神学者達は肩をすくめて「明らかならず(Non liquet)」と言うことを選び、批判的風潮に屈しているのです。(Ibid., 106)[12]

このような、神秘についての議論を避ける神学者達は、正直にも三位一体について何もわからないと告白し、ユングと議論になったときには肩をすくめて顔を背けたというユングの父親の姿とそのまま重なっている。ユングの主張するところでは、イエス・キリストが「普通の人間」ではなく、神人であると認めることによってはじめて、キリストの姿に価値の感情を喚起する道徳的力が注入されるのである。史的イエスについて語るのはそれからでよい。

キリストのイメージは、キリストが自身について抱いていた観念へと回復されなければなりません。つまり、預言者、神によって遣わされた人間です。キリストが私たちの心的世界において占めている位置が、キリスト自身の主張するところと一致しなければなりません。現代人は、キリストの世俗を超えた性質を受け入れなければなりません。それ以上でも、それ以下でもありません。それを受け入れられないなら、私たちはもはやキリスト教徒ではありません。(Ibid., 109)

ユングは講演の終わり近くで、神秘なき宗教はこれまで同様これからも生き残ることはできないとし、キリストの現前を意味しないリッチュル的な意味での奇蹟は、奇蹟の名に値しないと述べる(Ibid.)。そして、神秘的合一が可能であるという考えを、キリスト教徒であるための試金石として提示する。「というのは、キリスト自身が『世の終わりまで』人々のもとにとどまる能力と願いを、ともに具えた者として自分を見ていたからである。」(Ibid.) そしてユングは「万事は、個人の内的な霊化と、それに伴う自然の秩序の崩壊というあの大問題に比べれば二次的なものに過ぎません」と宣言し、キリスト教徒の理想が既存の秩序とは一線を画すものであることを宣言して講演を締めくくっている。

ユングのこの講演から次のようなことがわかる。第一に、ユングが少年時代から感じていた父親のキリスト教信仰への不満(「経験し、そして知らねばならない。」)が、この時期にリッチュルの神学を経由することによって、神学の語彙を与えられて表現されている。ユングが自分の神体験について、晩年の自伝の中で描いたようには対象化できていなかったに違いないが、少なくともそれがリッチュルの倫理主義的神学によっては肯定されない種類の体験であることは明らかになっている。リッチュル批判を通してユングの宗教論が形をなしていったことがわかる。第二に、神人としてのキリスト、あるいはキリストによる聖霊の派遣という観点が強調されている。ここに、キリスト教への批判よりもむしろ期待のトーンを読み取ってよいであろう。キリスト教の「本来の姿」を甦らせるという観点は晩年にまで引き継がれていく。第三に、個体化論の萌芽——萌芽というにもあまりに微かなものだが——が観られる。講演の末尾でユングが既存の秩序の維持よりも「個人の内的霊化」を明確に上位に置いていることが、集合性に埋没することに抗して分化していく過程としての個体化過程の理念に一致する。マリリン・ナジーによれば、苦・悪を神への愛によって耐え、体制への順応によって霊的自由を見出すリッチュルの方向と正反対に、体制への順応をもっぱら自己実現の妨げととらえるのがユングの思想である。ゆえに、社会適応をめざすセラピーに苦痛を感じる患者がユング派のセラピーを心地よく思うのであるという（Nagy, 1990, 443–457）。ユングの思想が、個人化された現代人のライフスタイルに親和的だという一面は確かにあるだろう。ある種の対抗文化、反体制思想に棹さすものであるともいえるだろう。ただし、内向的な開祖を戴く分析心理学は共同体主義的倫理にはなじまない。ユングの思想が独我論的であると批判されることもある。これについては第六章で論じることになる。

(1) Biedermann, Alois Emanuel. *Christliche Dogmatik*. Zurich, 1869.

(2) この部分はドイツ原典には存在しない。

(3) ユングは父親の信仰に対しては批判的であったが、自伝には父への親しみを感じさせる記述がいくつも見られることも記しておきたい。たとえば、一八八三年にインドネシアのクラカタウ火山が爆発した時に、緑に輝く夜空を見せるためにユングをベッドから連れ出してポーチまで抱いていってくれたり、また別のときには、地平線上の彗星を見せに外に連れていってくれたことも書かれている（*ETG*, 21–22. 1、三三頁）。また、一四歳頃に療養施設に入っていたユングを父が迎えに来てくれた折りに、汽船に乗る小旅行をともにしてくれたばかりでなく、山の頂上へ登るアプト式鉄道にユングをひとり乗せてくれた——父も乗るには運賃が高すぎた——というエピソードは、ユングが父からの最良で、もっとも貴重な贈物であったと書いているとおり、心温まるものである。（*ETG*, 82–83. 1、一一七–一一八頁）。

(4) ユングはこの箇所で「生きているのはもはやわたしではありません。キリストがわたしの内に生きておられるのです。（ガラテヤの信徒への手紙二・二〇）」という聖書の句を引用しているが、こうした体験が父のキリスト教によっては与えられず、錬金術を経由することによって与えられるということを示唆している（*ETG*, 219. 2、二二一頁）。

(5)父親の蔵書には催眠と暗示に関する、Hippolyte Bernheim, *Die Suggestion und ihre Heilwirkung*, 1888.（フロイト訳）があったという（*ETG*, 99. 1、一四四頁）。

(6)自伝でツォーフィンギアに触れられるのは、父が学生時代に所属していた学生組合に自分も加入したという文脈であり、ツォーフィンギアの遠足に父とともに参加したのが、父との最後の楽しい想い出として語られている。ツォーフィンギアはユングにとって父親ゆかりの場所でもあったのである（*ETG*, 100. 1、一四四–一四五頁）。

(7)パウルは一八四二年生まれで、リッチュル赴任の一八六四年には二二歳である。Ryce-Menuhin, 1994には、パウルの学位論文の表紙写真まで掲載しているが、肝心の提出年には触れていない。

(8)この項の記述はこれ以下も同書に負うところが多い。

(9)Vikarとは副牧師、牧師見習い、代用教員といった意味であるが、病気で牧師職に支障があった父に代わって、あるいは父の死後に、教区を担当していた人物であろう。

(10)ユングはプロテスタントの牧師に宛てた書簡（1943.:2.19）の中で、聖霊への信仰告白はキリストを超えているので、パラクレートの道を準備した神人（キリスト）による予兆を回顧するよりも、未だ実現していない救済の達成に役立つと述べている。

(11)「心理学に関する諸考察」（CW A）で、ユングは、カント的な物自体と現象の二項図式に依拠し、霊魂を物自体に割り当てて、それは生命原理のごとき超越論的主体であるとしている。ユングは「唯物論を野獣にたとえたショーペンハウエルには記念碑が建てられるでしょう」（par. 136）などと述べつつ、全体の結論としては、霊魂が存在するという前提の上で、「霊魂は知性的である」ということと「霊魂は時間と空間から独立した存在である」という二つの定義を支える証拠の提示に成功したとユングは宣言している（par. 135）。

(12)事件審理後もなお事実関係が不明確なときにローマの裁判官が記した文句。これによって評決を免れることができた。

第五章　フロイトとの関係に見る宗教観

前章で見た通り、学生時代のユングは父親の信仰と、それを代表するリッチュルの神学を批判することで自らの宗教観を洗練してゆくかに見えた。倫理主義的宗教に対するものとしての神秘、神人合一の理想が掲げられた。しかし大学を出て精神医学の道を志したユングは、宗教的世界とは距離を置くようになった。大学生時代までのユングは従妹を霊媒に仕立てての交霊会に参加するなど、多分にオカルト的な傾向を持っていたが、従妹を症例とした学位論文『いわゆるオカルト現象の心理と病理』（一九〇二）によって「心霊主義者から精神医学者への転向」[1]（渡辺、一九九一、四五頁）を果たした。その後、ユングはブルクヘルツリ病院にポストを得る。ブルクヘルツリでは、世界的な権威であったオイゲン・ブロイラーの指導下に、言語連想実験や早発性痴呆（統合失調症）についての研究で独自の成果をあげはじめていたが、一九〇六年以降、フロイトに急速に接近していく。

ユングの思想形成における影響関係を探る研究は数多く積み重ねられてきたが、フロイトとの出会いと別れが果たした重要性については、あらためて指摘するまでもなく一般に認められている。「フロイトの弟子」というかつての単純化された見方[2]は修正され、現在では、むしろユングの独自性が強調されることが多い（エレンベルガー、一九八〇、下、二八九頁）。エレンベルガーによれば、フロイトとユングはともに「ロマン主義の遅く生じたひこばえ」でありながら、フロイトは「実証主義、科学主義、ダーウィン主義の相続人」であり、一方、ユングは「ロマン派精神医学と自然哲学」という源泉にそのまま還帰するという。ロマン主義との関係については、深澤英隆が次のように指摘している。

かつての（ドイツ）神秘主義の思想財が、一九世紀前半に成立したロマン主義の自然哲学的心理学ないしスピリチュアリズムにおいて再解釈された形で生き残り、それが、あるいはそうした心理学のいわば世俗化した心理学思想が、分析心理学のひとつの淵源をなしている。(3)（深澤、一九九一、六二–六三頁）

しかしそれでも、フロイトがユングに及ぼした影響の大きさはいくら強調してもしすぎることはなく、それはユングが自伝で「私の出会った最初の真に重要な人物」（*ETG*, 153. 1、二一五頁）と認めている通りである。フロイトとユングの「師弟関係」全般について詳述している余裕はないが、「宗教」をめぐるフロイトとユングの対照的な態度を見れば、ユングのキリスト教への関心が大学生時代から継続していたことがわかるし、ユングの宗教観の特質を際立たせることができる。また、フロイトとの決別体験は、ユングに相当の心理的ダメージを与えたが、かえってユングをして独自の、後に「神学的」と評されるような心理学の基礎を確立させることになる。

一　フロイトとの接近と決別——宗教・神話・オカルトの評価をめぐる対立

ユングは自伝において、フロイトの『夢判断』(一九〇〇)の「抑圧」理論が、すでに進めていた言語連想実験の結果と一致することに興味を憶えたと記している。ユングはフロイトの性的還元論には同意できないものを感じ、また学界での政治的配慮からフロイトと距離を取るべきだと感じつつも、フロイトの語る真理を軽視してはいけないのだという「第二人格の声」を聞いたという(Ibid., 152. 二一四頁)。この第二の人格とは、少年時代以来ユングが内に秘めてきた、後の「自己」の概念のルーツとなる、いわば本来の自分である。平凡な日常生活を営む第一人格とは対照的に、第二人格は霊や神の体験と結びついていた。ユングは次のように書いている。

> (第二の人格は)おとなで、実際年老いていて、疑い深く人を信用せず、人の世からは疎遠であった。それにひきかえ、自然、地球、太陽、月、天候、あらゆる生物、なかでも夜、夢、そして「神」を私の中に生じさせるものすべてとは近かった。(Ibid., 50. 七三頁)

ユングが第二人格の声によってフロイトに導かれたとするならば、それは、ユングがフロイトに期待したものが、夢の世界、神秘的、宗教的世界、後にユングが集合的無意識や元型といった概念によって定式化するような領域、を理解する手がかりであったことを示唆している。

二人の協力関係は、当初、順調すぎるほど順調であった。一九〇七年に、ユングが初めてフロイト宅を訪問したときには、二人の会話は途切れなく一三時間続き、ユングは食事時でさえフロイト以外には話しかけなかったと言われる（Ibid, 153. 二一五頁）。三五〇通を超える往復書簡を読み進めれば、二人がお互いを父と子、王と皇太子として認めあっていたのがわかる（フロイト発書簡、1909.4.16）。当時、いまだ理論的にも未整備で、多くの賛同者を得て地歩を拡大する必要があった精神分析運動において、ユングはまさにフロイトの右腕としての役割を果たした。ユングが発足した国際精神分析学会の初代会長や、機関誌である『精神分析学年報』の主任編集者の任に当たったことがそれを示している。一九〇九年には、クラーク大学の創立二十周年記念式典に際してフロイトとともに招待を受け、G・S・ホールやウィリアム・ジェイムズらと交流し、アメリカに精神分析運動の第一歩を記した。

こうした出来事は二人の関係が一見して順風満帆であったことを示している。おずおずとあなたの写真が欲しいと申し出るユングや（1907.9.11）、ユングの返事が遅いことへの不満をたびたびうかがわせるフロイトの姿には、二人の間に転移関係が生じていたことがうかがわれる。つまり、二人は半ば無意識的に相手に自分の理想像を投影していたのであり、後の幻滅と決別はあらかじめ用意されていたといえる（スティール、一九八六、三八八頁）。やがて、宗教的、神話的主題の解釈と、性欲論の是非をめぐって二人は衝突することになる。

オカルティズムや宗教の話題は二人の間の火種の一つであり、ユングがフロイトをウィーンに訪問した際には「ポルターガイスト事件」も起こった。これは、二人の会話中に、超心理学的現象を否定されたユングの不満を代弁するかのように本箱の中で爆音がしたという出来事であった。フロイトはこの出来事についても超心理学的解釈を受け付けず、合理的態度を崩さなかった（Ibid., 159–160. 二二四頁）[4]。

ユングはこの訪問の際の次のような会話を紹介している。

「親愛なるユング、私に約束してください、決して性理論を棄てないと。それはもっとも本質的なことなのです。いいですか、私たちはそれを教義（Dogma）にしなければ、揺るぎない砦にしなければならないのです。」「砦――何に対しての？」「黒い泥の流れ――オカルティズムに対してのです。」（Ibid., 154–155. 二一七頁）[5]

ユングがフロイトに対する「宗教的な心酔」を告白したときには（1907.10.28）、フロイトは、宗教的転移は棄教をもって終わるしかないと懸念を表明しているし（フロイト発書簡、1907.11.15）、ユングが、女性患者とのスキャンダルについて「悪魔」などの比喩を用いてフロイトに書き送った手紙（1909.3.7）についても、「神学的」になってはいけないとたしなめている（フロイト発書簡、1909.3.9）[6]。これはユングの「神学的傾向」が指摘された最初の記録であるが、二人の立場の違いは明らかである。

ユングの宗教への期待がもっとも顕著に現われた有名な書簡がある。ここでユングは、まだ若い運動である精神分析が他の倫理運動と協力するという案を検討し、それに否定的な見解を述べているのだが(7)、学生時代の講演におけるリッチュル批判を想起させる高揚した調子が読み取れる。

……もしも〔倫理教団との〕提携が倫理的になんらかの意味を持つならば、それが人為的なものであってはなりませんし、種族の深層の本能から育まれねばなりません。……宗教に取って代わるのは宗教しかありません。その国際教団には新しい救世主がいるのでしょうか。どのような、その中で生きるための新しい神話を与えてくれるのでしょうか。無垢な、理性の高ぶりによって、賢者だけが倫理的でありえます。残りの者は永遠の神話を必要としているのです。

以上の連想からお察しのように、私にとって、事は単純どころではなく、冷静ではいられないのです。……しかし、二千年続いたキリスト教は、等価物によって取って代わられようとしています。しかし、倫理教団は神話的には無一物で、いかなる始原的-幼児的欲動力も内在しない空っぽの真空に過ぎず、太古の獣の力を人間の中に呼び覚ますことなどできません。思いますに、精神分析には、倫理教団に合流するなどということよりも、はるかに素晴らしく、広大な使命があるのではないでしょうか。精神分析には時間をかけなければならないと考えるのは、多くの拠点から人々に浸透し、知的な人びとに象徴的なるものと神話的なるものへの感覚を甦らせ、キリストを着実に、かつていました葡萄樹の予言神の御姿へと回帰させ、こうしてキリスト教の忘我の欲動力を吸いあげ、いっさいをただ一つの目的に、儀式と聖なる神話をかつての本来の姿へ、すなわち陶酔した歓喜の祝宴へと回帰させるからなのです。そこで人間はエートスと聖性において獣たることを許されるのです。それこそまさに古代宗教の壮大な美点であり、合目的性だったのですが、なぜかしらその刹那的な生物学的欲求が惨めな制度に変わってしまっています。それにしても我々の宗教の中には何と無限に多様な歓喜と快楽がその本来の目的に回帰しようと待機しているのでしょう。正真正銘の正しき倫理の発達が、キリスト教をそのままにしておくことはあり得ません。それはキリスト教の内部で成長しなければならず、その愛の賛歌を、死んで再生する神にまつわる苦悩、陶酔を、葡萄酒の神秘的力と最後の晩餐の人喰いの恐怖を完成へと導かねばなりません……。……以上すべての暴風雨について気分を害さないで下さい。(1910.2.11. 強調は引用者)

フロイトとの交流の中で忘れかけていたユングの宗教的情熱が活性化されているのがわかる。ここでも、やはり対立軸は倫理対宗教であり、宗教あるいはキリスト教の本質が神秘的陶酔に求められている。そして、その本質は神話によって保持され、伝えられると考えられているようである。もちろん、ユングも自ら最後に断わっているように、このような調子の手紙は例外的暴発であり、フロイトは当惑した。フロイトは返す手紙に、自分を宗教の教祖にしてもらっては困ると書き、倫理教団との提携の趣旨は社会的政治的配慮であって、宗教の代わりを意図しているわけではなく、宗教的欲求などは昇華されなければならないと応じた（フロイト発書簡、1910.2.13)。ユングは晩年に、この手紙について、若いころに犯した拭いようのない愚行を示すものだと書いているが[8]、これが「愚行」であるのは、フロイト宛に書かれているからであり、内容的には、神話についての見解など、晩年の伝記の中においてもそれほど違和感はない。こと宗教に関するかぎり、フロイト以前とフロイト以後のユングに基本的な相違はなく、宗教への関心は潜伏していただけであると言えよう。

さて、ユングとフロイトの関係は、「リビドーの変容と象徴」（一九一一―一二）において、ユングがリビドーの概念を性的なものから中立的なものへと勝手に修正したことがフロイトに受け入れられず、その結果、破綻したとされている。この著作は、アメリカ人女性フランク・ミラーの短い手記を素材に、ユングが世界各地の神話などを比較の素材として分析を行なった著作である。この著作は読み手に難渋を強いるその文体ゆえに評判が悪いが[9]、前半部分を一読したフロイトは、「あなたもエディプス・コンプレクスこそ宗教感情の起源であるのにすでに気づかれているというわけですね。ばんざい！」（フロイト発書簡、1911.9.1）と都合のよい誤解をしている。実際、ユングは序文において、フロイトの著作に敬意を払いつつ、エディプス・コンプレクスの歴史を超えた普遍性について語り、精神分析による古代文化の解明が可能になるという展望を述べている（GW5：1–3）[10]。フロイトは当時、まさにそのような解釈に基づく論文である「トーテムとタブー」を準備していたが、ユングの結論はそれとは全く異なるものであった[11]。ユングによれば、「私にとっては、近親相姦が個人的な問題を意味しているのはごく稀な事例においてのみにすぎなかった。近親相姦は高度に宗教的な側面を有しており、そのために近親相姦の主題は、ほとんど全ての宇宙起源論や多数の神話の中で決定的な役割を演じているのである。しかし、フロイトは字義通りの解釈に固執したので、象徴としての近親相姦の霊的な意義を把握することができなかった」(*ETG*, 171. 1、二四〇頁)。つまり、近親相姦という主題は、個人が母親に対して抱く性的欲望に還元できるものではなく、普遍的な結合の象徴として理解されることになる。

ピーター・ホーマンズは、この著作の知的な中心をなすものは、「近代、とりわけ精神分析という新しい科学の光に照らしたキリスト教の運命」(Homans, 1995, 67) であるとして、精神分析理論によるキリスト教の還元的解釈の部分を取り上げているが、同時に、それにとどまらない探求の要素として、次のような箇所に注目を促している (Ibid., 68)。「私は、信仰は理解によって取って代わられるべきだと考える。そうすれば、象徴の美しさを保つことができ、しかも、信仰への服従という憂鬱な結果も免れることができる」(CW B、中村古峡訳、一五六頁)。この部分は、信仰と体験――知ること――を対決させた、かつての父親との議論に通じるものである。この本が原形をとどめないほど改訂されている一九五二年版においては、この部分は「人々はもともと自然に象徴を信じるのであるが、理解することもできる。理解こそ、信仰の恵みを授かっていない全ての人々にとって通行可能な唯一の道である」となっている。さらに、四段落にわたって、元型によって作り出された象徴が、リビドーを低級なものから高級なものへと変換するとして、宗教的象徴の肯定的意義を論じている (CW B、中村古峡訳、三四六-三四八頁)。

ユングは宗教を性に還元することを拒み、フロイト派によって神秘主義者と見做され、フロイトと袂を分かつこととなった。一方、ユングはフロイトが性欲論を教義に仕立て上げていると批判する。精神分析において未解決なままの宗教の問題が、生物学的な性欲の問題によって置き換えられたとユングは主張する。フロイトにとって性はヌミノーゼであり、宗教的に観察すべきものであった。フロイトはユダヤ教の嫉妬深い神ヤハウェの座に、それに劣らず性急で、要求が多く、高圧的で、威嚇的で、道徳的アンビバレンツである性欲を据えたのである（*ETG*, 155–156. 1、二一八–二一九頁）。

一九二九年になって、ユングは「フロイトとユングの対立」という論文を書いているが、この中でも、フロイトとの対立点をすべて宗教に関連させて述べている。

第一に、フロイトは人間を病理学的な角度や欠点から説明するために、宗教的体験を理解できないのに対して、ユングは人間をその健康から理解する（GW4 : 773–774）。

第二に、ユングはフロイトと異なり、自らの心理学が主観的な産物だということを自覚しており、それゆえ無意識的で無批判な世界観上の前提を持たないように努めている。その結果、ユングはどの宗教に対しても肯定的な関係を持っている。そして、宗教のモラルの中に、患者達が「魂の諸力に至る正しい道を見出すべく、自分の発見や霊感によって行なうのと同じ、あるいはそれに似た試みを見出すのである。」（GW4 : 777）

第三に、ユングは、性欲を生物学的な本能の一つに過ぎないと述べた上で、文に強調を施して述べる。「われわれ現代人が必要としているのは、霊をもう一度体験すること、すなわち原体験（Urerfahrung）をすることである。これが、生物学的現象の魔方陣を突破する唯一の可能性である。」（GW

4: 780)

この第三の主張に、学生時代のツォーフィンギア講演や、先に引用した一九一〇年二月一一日付のフロイト宛書簡と同じ響きを聞き取ることができる。ユングが「原体験」を語る時に、自らの神体験が念頭にあるのは間違いないところである。後述のように、ユングは『自我と無意識の関係』（一九二八）において個体化過程を定式化しており、「原体験」についても、フロイトの方法には拠らない独自のものである分析心理学の体系の中に位置づける準備が整いつつあったといえる。

二　「情動をイメージに変換する」

さて、フロイトからの離反の原因を宗教の位置付けに求めるとすれば、その帰結は、宗教の価値を正当に評価する独自の心理学の体系構築ということになる。ここでは、ユングがフロイトと決別した後の、ホーマンズが「危機時代（critical years）」と呼ぶ時期における「無意識との対決」に注目する。この時期にユングが発見した「情動をイメージに変換する（die Emotionen in Bilder übersetzen）」方法こそが、ユングの方法をフロイトから区別し、また、ユング心理学の「神学性」を特徴づけるものとなっていく。

この時期、ユングは方向喪失感に悩まされ、チューリヒ大学私講師の地位を捨てるなど、社会的関係を絶って私的世界に引きこもりがちになった。毎日空想に耽り、また、子供のように石や泥で城を造ったりして時を過ごした。内的な強い圧力を感じて自らの精神障害を疑ったユングは、それらを理解するために、幼児期の記憶にまでさかのぼる自己分析をくりかえし試みた（*ETG*, 174–178. 1、二四四–二五〇頁）。

ユングは精神分析その他の理論的な視点を捨てて、毎日空想が浮かんでくるにまかせ、それを書き留めることに専念した。患者に対しても、ただ患者が夢や空想を自発的に話すのにまかせた。その結果、分析家の解釈なしでも患者自身の応答や連想によって解釈が進んでいくのがわかったという（*ETG*, 174ff. 1、二四四頁以下）。ヨーロッパが血に覆われるようなヴィジョンをたびたび長時間にわたって見るほどにユングの心理状態は深刻化したが[12]（それは第一次世界大戦を予知するものだという）、ユングはなんとか自分を保ち続けた。あまりに興奮がたかまったときには、一種のヨーガによってそれを鎮めながら取り組みを続けた。ユングが自然発生的なものとして数多くのマンダラ図形を描くようになったのもこの試行錯誤の時期の後半である（最初のマンダラは一九一六年[13]）。

次の引用はこの時期のそうした試みを記述したものである。

情動をイメージに変換する——つまり、情動の中に隠されていたイメージを見出す——ことができたかぎりにおいて、私は内的に安心することができた。もし私がこれらのイメージを情動の中に隠されたままにしておいたなら、私は無意識の内容によって引き裂かれていたかもしれない。それらを分離しておけたという可能性もある。しかし、その場合私は容赦なく神経症に陥ったであろうし、結局はそれらによって破壊されてしまうのがおちであっただろう。私の実験の結果、情動の背後に存在するイメージを意識化することが、治療的観点からいかに役立つのかを知ることができた。（*ETG*, 181. 1、二五三－二五四頁）

まず、不定形の激しい情動に脅かされる経験があり、それがイメージを見出すことによって癒されるという図式がここに描かれている。これは、分析家との言語を介してのやりとりによって記憶を洗い出し、神経症の原因をつきとめていく精神分析の方法とはまったく異質な営みである。ユングは夢や幻覚の中で、または自分から瞑想を行ない、深みに降りていくことをイメージし、様々な人格像と出会っていった。なかでも、ピレーモーン[14]と名付けられた知恵を与えてくれる老人の姿は「老賢者」として、女性のイメージは「アニマ」として、それぞれユングの体系の中で典型的な元型として位置を占めるようになるものであった。理論的著作においてこれが、はじめて体系的かつ具体的に記述されたのが『自我と無意識の関係』（一九二八）であるが、この著作でユングははっきりと述べている。

> リビドーは、ある特定の形式においてでなければ把握することができない。すなわちリビドーは、空想のイメージと同一のものなのだ。そしてリビドーを無意識から解放するには、それに対応する空想イメージを浮かび上がらせるしかない。（GW7 : 345. 一六四頁、強調は原著）

ユングによれば、無意識的な空想を意識化することで、意識が拡張され、無意識の支配的な影響が取り除かれ、そして人格が変容する（GW7：358. 一七一頁）。これが個体化過程と呼ばれるプロセスであるが、ユングによれば、個人が集合的なものと混合して未分離な状態は、自らとの不一致という堪え難い状態であり、それゆえに、個体化が必要とされるのである（GW7：373. 一八一頁）。この著作でユングは、心がペルソナ、アニマ、アニムスなどの集合的な諸像から成り立っていることを示し、そこから自我を順次区別、分離してゆき、最終的に人格の中心であり、かつ全体でもある「自己」を見出すプロセスを描き出した⒂。

このように、無意識内容をさまざまなイメージとして意識化することが救いすなわち治療をもたらすということを、ユングは自らの体験を根拠に主張できたのであった。すでに引用した次の箇所は、宗教を精神の態度として説明したくだりであるが、無意識をイメージ化することが宗教の根幹に据えられていると言ってよい。

〔宗教は〕もろもろの霊、デーモン、神、法、観念、理想、その他……どのように名づけようとも、「もろもろの力」としてみなされるある種の力動的な要因を注意深く考慮して観察することによって、それらに心のこもった配慮を与え、充分に偉大で美しく意味深いものとして敬虔に崇拝することです。（CW11：8. 一二頁）

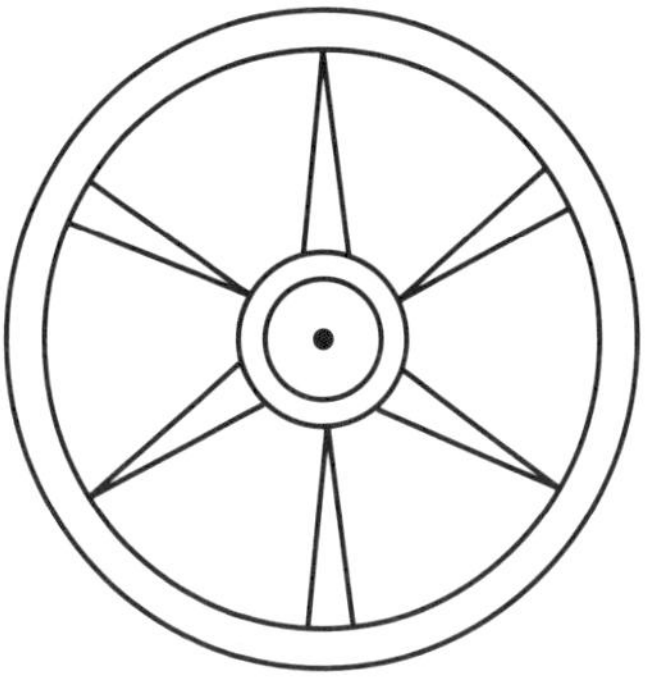

修道士クラウスによるマンダラ

こうした、無意識の中に多様な人格像を識別するという立脚点は、ユングの思想的遍歴を初期にさかのぼってみれば、交霊会で観察した憑依現象や、無意識内に自律性を持った表象の複合体が存在するとしたコンプレックス論にも通じる観点であり、また、後期にあっては、無意識の全体性の象徴としての四者性——四位一体論へと発展していくものである。

「情動をイメージに変換する」ということと宗教の具体的な関係を知るには、修道士クラウスについて書かれたものがわかりやすい（GW11 : 474–487 ; GW9i : 12–19)。スイスの聖徒、修道士フリューエのクラウス（一四一七–八六）が見た神の像は、車輪のような六分割された円として残されているが、彼の体験はもともとまったく別のものであった。彼は、脅しと怒りに満ちた「人間の顔を思わせるような、刺し貫くような光」を見て、恐怖のあまり地面に倒れてしまい、その結果、見る者を怖れおののかせるような容貌に変貌してしまったという（GW11 : 478. 三七三頁)。クラウスが見たものは、ユングによるとヨハネの黙示録の一章一三節以下に描かれる不気味なキリスト像と、心理学的には同じ性質だというが（GW9i : 14. 三五頁)、クラウスの体験においては無意識から現われたイメージが強烈な光として意識されている。これは直ちに、パウロが光に打たれて倒れ伏し、回心に至った体験（使徒言行録九章）を想起させる。また、ウィリアム・ジェイムズも回心体験の際にしばしば光が体験されると書いている。(16) つまり、クラウスの当初の体験は、特定の人格的イメージを体験したというよりも、むしろ無意識を直接体験したとでもいうべきものであった。ユングは、「もしも彼の幻視が……好ましく教化上意味深いものであったなら、それほどの驚きを彼が感じたはずがないのである」(GW11 : 479. 三七五頁) と述べる。クラウスは自らの体験をなんとか理解しようと、当時の神秘家の著わした小冊子を手引きとして研究を重ねた。その結果、自らのヴィジョンを、最高善としての三位一体の神という教義に同化させることに成功し、それが最終的に車輪のようなイメージとして表現されたのである(17) (GW9i : 12. 三四頁)。

ユングはこの論文で、「神」は人間の「原体験(Urerfahrung)」であるとしている。したがって、「修道士クラウス」は、かねてよりユングが言及してきた「原体験」――ユング自身の神体験でもあり、現代人に必要であるとされる体験――のあり方を理解するための、宗教史上の重要なモデルであるといってよい。

ユングによれば、クラウスによる体験と教義の同化は、当時の「岩のように固い教義」をもってして可能になった。つまり、クラウスは自分の激しい直接体験を円形のイメージとして描きつつ、それを三位一体の神という教義と突き合わせながら仕上げていったのである。教義が無意識体験に形を与えなかったら、彼は恐怖に圧倒されたまま、狂人として人生を終えていたかもしれない。意識を圧倒する光として現われた情動が、車輪のような図という形をとってはじめて、なんとか意識に受け入れることが可能になり、そのようにして、無意識内容が意識に取り込まれていくのである。クラウスの体験は、あまりに異常なものであったために困難な意識的努力を必要としたが、通常は、ミサに参列し、神の像に向かい、祈りを捧げるといった習慣的な行為の中で情動が処理され、葛藤が解消されていくというのが、宗教の機能についてのユングの考えである。

要するに、分析心理学の実践は無意識内に多様なイメージを見出し、その意味を解釈しながら心の分裂を癒し、究極的には、「自己」を実現してゆく作業なのであるが、伝統的には、この役割を宗教が担ってきたというのである。無意識が自然発生的に産み出すイメージを、各宗教は教義や儀式に取り込み、洗練し、一定の方向へと導いてきた。宗教的象徴によって、人間を圧倒する無意識の諸要素が意識に受け入れられるようになり、人間は癒され、より全体的な生を営めるようになるのである(GW18 : 608–696など)。

この点においてユングは、象徴を豊富に有しているカトリックをプロテスタントよりも評価する。

> 教義というものは集合的無意識を広範囲に定式化することによって、その代用をつとめてきた。それゆえカトリックの生活形態の中では、集合的無意識が直接的に現われるという意味での心理学的問題は原理的に生じてこない。つまり、カトリックでは、集合的無意識の内容は教義の形をとった元型的イメージの中にほとんどくまなく取り込まれ、信徒信条や式典といったシンボル体系の中を決められた水路にそって流れていく。(GW9i : 21. 三八頁)

同じ議論は、「心理学と宗教」（一九三八）においても展開され、「〔宗教の〕代用の目的は、明らかに、直接経験（unmittelbare Erfahrung）を、しっかりと組織された教義と儀式の衣を着た適切な象徴に置き換えることにあります」（GW11：75. 四三-四七頁、強調原著）と述べられている。カトリックの信者は、告解と聖体拝領によって、過剰になりがちな直接体験から保護されることができる。しかし、プロテスタントは、福音のメッセージへの信仰に固執しているのでこの点において弱い。また牧師もカトリックの司祭に比べて、神学教育による批判精神が信仰の素朴さを傷つけ、また教会の権威に支えられることもできないという（GW11：76. 四七頁）。

ユングはこのような意味での教義を科学と対比している。

> 教義は科学の理論に比べて魂をより完全に表現しています。科学の理論は意識的な心だけを表わし、定式化しているにすぎないからです。理論は生きているものを抽象的な観念によってしか定式化できません。教義は、罪、悔い改め、贖いというドラマの形で無意識の生命的な過程を適切に表現しています。（GW11：82. 五〇頁）

ここで科学と言われているのは実証科学的な心理学であるが、宗教との対比に立つかぎり、精神分析も念頭に置かれている。ユングは続けて、プロテスタンティズムが科学の発展を生み出したという説を唱える。つまり、プロテスタントは、「純粋にかつ抑制を加えないで神を直接体験したいという欲求」の結果、聖像破壊を進め、無意識を表現する象徴を失ったが、これによってただちに「好奇心と欲深さという昔ながらの水路」(Ibid.) に、解放されたエネルギーが流れこむことになった。つまり、リビドーが教会の壁を超えて、自然界へと向かい、そこに神を探し求めた結果が自然科学の勃興だというのである。(18) さらにユングは、あたかもプロテスタンティズムによる無意識の諸力の解放が世界大戦を招いたかのような議論を展開する。(19) 一方、プロテスタンティズムの逆説的な長所も指摘している。つまり、プロテスタントは無意識を表現する象徴を失った結果「プロテスタント的良心」を目覚めさせ、「カトリック的なメンタリティではとても到達できないほどの深さで罪を自覚するユニークな好機」を与えられたという。プロテスタントは意識の外からやってくる良心のやましさに敏感になり、この「天からの贈物」によって無意識の非人格的な諸力を自覚するので、「直接的な宗教経験」の可能性に開かれている (GW11 : 86. 五三頁)。宗教を経験するとはどういうことか。ユングは述べる。

宗教経験のある人は、生命、意味、美の源泉を自分に恵み、世の中と人類に新しい輝きを与えてくれるものの大きな宝を所有しているのです。彼には信仰と平和があります。このような生が合法的でなく、このような経験が妥当ではなく、このような信仰が単なる幻想だという基準はどこにあるのでしょうか。……だからこそ、我々は、無意識が産み出す象徴を注意深く顧慮する、つまり religio！を行なうのです。(GW11 : 167. 九二頁)

三　ユングの象徴論——無意識の補償機能と構成的解釈

以上述べたことは、ユングの象徴論を参照することによって補足される。情動を変換することで見出される、治癒力を持つイメージとは、ユングが「象徴」として定義したものである。象徴は記号と区別される。記号とは、十字架は愛のシンボルであると説明する場合のように、「すでに知られている事柄の比喩ないし略称」(GW6 : 895. 五〇八頁)である。一方、「あまりよく知られていない事柄の可能なかぎりで最良の表現であり、それゆえさしあたってその特徴をこれ以上に明確ないし的確に表わす表現はない」(Ibid.)のが象徴である。例えば、「十字架を、他の考えうるあらゆる説明では手に負えないものとして、これまで知られず理解されなかった神秘的ないし超越的な事象——すなわち十字架を持ち出す以外には絶対にうまく表現できない心的事象——を表わすものと説明する」(Ibid.)のは象徴的である。また、「予感されているだけでまだ認識されていない無意識的な内容をできるかぎり表現しようとしたもの」(GW9i : 7n. 三八一頁)が象徴である。つまり、象徴とは、いまだ意識の中に対応物が存在せず、ただ未来の可能性としてあるようなものを指し示すのである。象徴を通じて無意識内容が意識化され、意識は全体性としての在り方へと発展する。すなわち、個体化過程を歩むことができるのである。クラウスの描いた図形はまさにこのようなものとして機能したと言える。だからこそユングはクラウスの体験を「真実にして本物の神体験」(GW11 : 481. 三七五頁)と呼んだのである。

しかし、そもそもなぜ、このような象徴として解釈されるようなイメージが現われるのであろうか。ユングによれば、無意識には、一面的な意識の態度に欠けているものを自動的に「補償（kompensation）」する機能がある。ユングはこの現象をヘラクレイトスにならって「エナンティオドロミー(Enantiodromie)」と名付けた。この現象は「極端に偏った方向づけが意識的生を支配している時にはほとんど常に生じ、その結果しだいにそれと同じくらい強い無意識の対立物が形成され、それが最初のうちは意識的な営みを妨害することによって――後になると意識的な方向づけを中断することによって――姿を現わす」（GW6 : 798. 四六一頁）。修道士クラウスの例について、神体験をする以前の意識的態度が一面的に偏っていたという説明は特にされていないが、ユングは、エナンティオドロミーの好例として、迫害する者から迫害される者へと劇的に転換したパウロの回心体験を挙げている(GW8 : 570–600. 四三–四六頁)。

エナンティオドロミーによって、意識の態度と相反するものが無意識から現われるが、これによって生じた対立を、意識のうちに保持することが課題となる。この、対立の意識化ということこそが、ユングの心理療法論から後期の「神学的」著作までを貫く最重要の鍵概念のひとつである。対立の緊張に耐えることをせず、対立物のどちらかに安易に従うなら、道徳的判断を求められる場合には、単に因襲に従うか、あるいは無意識の衝動に支配されるかの二者択一となってしまう。対立を保持してこそ、第三の創造的な解決がもたらされる。ユングによれば、対立が意識化されると、生のエネルギーであるリビドーが塞き止められ、停滞し、無意識に流れ込む。テーゼとアンチテーゼの間に引き裂かれている自我意識は、活性化された無意識から現われる補償的イメージをつかみ取るという。これによって、対立を止揚するような新しい生の形式が見出され、リビドーは再び正常な流れを取り戻す（GW6 : 903–907. 五一三–五一五頁）。ユングはこれら一連の過程を生ずる無意識の働きを「超越機能」と呼んでいる。人間が宗教的儀式に参加するとき、図像に向かい合うとき、聖書などの物語を読むときに、こうしたことが自然に生じているのである。[20]

このように、無意識から生じたイメージを、既知の何か、あるいは忘却された過去に還元するのではなく、未知の発展可能性として観察することは、まさにユング的な解釈方法であり、フロイトの方法と対照をなすものである。ユングは、自分の方法を総合的方法と呼び、フロイトの還元的方法と対比させている。

フロイトとユングの関係が表向きに破綻する以前のエピソードにも、すでに二人の態度の違いが端的に現われている。一九〇九年、アメリカに招かれた際、船旅の間に、二人はお互いの夢を分析しあった（*ETG*, 162ff. 1、二二七頁以下）。[21] 夢の中で、ユングは二階建ての家の二階の広間部分にいたが、ロココ式の調度品はそれが一八世紀のものであることを示していた。一階に下りると床が赤煉瓦で、家具は一五、六世紀の中世風であった。重いドアの向こうの石段を下りてみると、そこは地下室で、ローマ時代であった。床の石板を持ち上げると、さらに下りていく石段があり、最下層の洞穴には原始時代を表わす人骨と陶器類が散らばっており、その中には二つの頭蓋骨があった。ユングは、この夢が表わすものを、意識（二階）、個人的無意識（一階）、集合的無意識（地下室）という過去の意識の発展段階を痕跡として残している心の構造であると考えた。しかし、ユングはフロイトを納得させる解釈を提示しなければならず、この夢が誰かの死の願望と結びついているというフロイトの誘導に従い、とっさに、抵抗を感じながら、その頭蓋骨は妻と義妹のものであると嘘をついた[22]。ユングによれば、この解釈でフロイトは安心し、ユングはフロイトの夢解釈の無力さを確信した[23]。夢はフロイトの言うような、背後に秘密の意味を隠しているようなファサード（前面）ではなく、「自然の一部であり、騙そうという意図など全く持たない」ものであった。つまり、夢のイメージは、偽装された暗号を読み解くのではなく、それ自体として扱われなければならないのである。

ユングは、頭蓋骨が現実に存在する誰かの死の願望を表わしているとするような、個人的な体験や外的な諸状況に関係づけて解釈することを、「客観段階における解釈」と呼び、個人の体験とは直接関係がない、集合的無意識の内容と関係づけて解釈することを「主観段階における解釈」と呼んだ。上記の、フロイトとの夢解釈のエピソードは、フロイトによる客観段階の解釈が有効に機能しない例である。客観段階における解釈を利用することは、夢の内容を要素に分解して、記憶との対応を検討するので、還元的（分析的）解釈とも呼ばれる。一方、主観段階における解釈は、個人が未だ体験したことのない、集合的無意識の内容を意識化する過程を含むので、構成的（総合的）解釈とも呼ばれる。

ユングは「無意識の心理」（一九一六／一九四三）[24]の中で、これを具体的な症例に基づいて説明している。小川の浅瀬を渡っているときに、隠れていた大きな蟹に足を挟まれて目が覚めたという女性患者の夢が検討されている。詳細は省くが、客観段階の解釈によると、この夢は、女性患者が女友達との間に結んでいた同性愛的関係を清算したがっているが（渡河）、一方では女友達への愛着が捨てられない（蟹による引き止め）という状況を表わしている。もちろん、この解釈はそれ自体としては誤ってはいないが、その解釈が、患者がすでに理性的分別によって受け入れている意見であるなら、それ以上何ら発展的解決を生まないので有効ではない。そこで、ユングは、水中に隠れていた蟹が無意識の中の何かを表わしているという観点で分析を進め、最終的には、患者の中で意識されずにいた、魔法使いや魔神といった神話的人物像が外界に投影されているのだという結論に達する。ユングはこのように、夢の意味を考える際に、神話的イメージを参照する。ユングは夢を「分析」するといっても、イメージを抽象的な心理学的概念装置に還元するのではなく、「魔神」「魔法使い」といった神話的・擬人的イメージをそのまま利用している。こうした用語法は、かつてフロイトに書簡の中で「神学的」だと注意されたところのものである。

ユングが客観段階における解釈にほとんど興味を示さないというのは、自伝の中の夢やヴィジョンの記述の仕方によっても明らかである。幼年時代の地下のファルスの夢や、大聖堂のヴィジョンはいずれも、まず差し当たりは、母親の病気、両親の不仲といった、ユング自身を取り巻く状況と結びつけられてしかるべきであるが（客観段階における解釈）、まったくそういった可能性は顧みられていない。また、「危機時代」における様々なヴィジョンについてもそうである。例えば、ユングが「ジークフリート」を射殺した夢は、ユングの英雄的な理想主義の挫折と解釈されている（*ETG*, 189. 1、二六五頁）。しかし、フロムによると、「ジークフリート（Siegfried）」は明らかに「ジークムント・フロイト（Sigmund Freud）」を意味しており、ユングが気づかないのはネクロフィラス（愛死的）な方向づけを強く抑圧しているためである（Fromm, 1964, 43–44. 四七頁）。あるいは、村本詔司の示唆するとおり、ユングの愛人であったザビーナ・シュピールラインがユングとの間に欲しがった子どもを「ジークムント」と呼んでいたので、むしろ、この夢は、様々な騒動を経てちょうど破綻を迎えていた愛人関係への罪悪感に結びつけて解釈するほうが自然かもしれない。[25]また、ユングは、幻聴として語りかけてきた声が、「才能のある精神病質者で私に強い転移を感じていた女性患者」すなわちシュピールラインの声であると認めながらも、結局は、「彼女は原始的な意味における魂である」と結論している（*ETG*, 189. 1、二六五頁）。だからといってユングの解釈が一方的に誤っているというのではない。ウィニコットに言わせれば、こうした方向の解釈は精神分析からはまず出てこないからこそ、自己分裂を抱えた人格の理解にとって、ユングの貢献は大きい（Winnicot, 1992, 327–328）。実際、この時期のユングの主観段階における解釈の成果が、やがて、アニマ・アニムス、トリックスター、老賢者等々という「元型」として定式化され、分析心理学の骨格を支えていくのである。

さて、以上見てきたことから、「情動をイメージに変換する」という方法は、分析心理学の根幹をなすものである。分析心理学においては、無意識の内容を意識化するということは、無意識のイメージ化であるといってもよい。そして、意識化されたイメージの意味を理解するときに、総合的解釈が重んじられるが、この過程には宗教的、神話的イメージによる意味の拡充が含まれる。したがって、神話的人物像のイメージが分析概念として保持されることになる。こうして、分析心理学が宗教的、あるいは神学的カテゴリーと不可分に結びついたものとなるのである。

(1)ユングと心霊主義についてはCharet, 1993も参照。

(2)フロイトの弟子であるアーネスト・ジョーンズのフロイト伝(Jones, 1963)においては、ユングはフロイトの追随者にして変節者であると位置付けられている。また、かつて心理学史においてユングがフロイトの陰に隠れて軽視されていたことについては、小野、一九七七を参照。

(3)深澤によれば、ユング思想とロマン主義の類似性は、(1)汎神論的傾向の形而上学、(2)神性を力動的生産的生命体そのものと見做すこと、(3)類推的思考、(4)普遍的、絶対的無意識の概念と、それに応じた存在論、人間論、などである。また、クラーク(Clarke, 1992)によると、(1)人間の自己をあらゆる局面、とりわけ無意識の深層から探求しようという関心、(2)本能、直観、想像力の探求と復権、(3)象徴、元型、夢、空想への関心、(4)人間は根源を必要とするという思想、(5)非二元的宇宙論、などである。

(4)フロイトの返答は一九〇九年四月一六日付書簡を参照。

(5)ユングはこの会話を一九一〇年と記しているが、実際は一九〇九年三月の出来事であったと考えられている。ユングはこのときのフロイトが、息子に教会に行くようにとさとす父親のようであったとしているが、それも転移の存在を裏付けるものであろう。実際にはユングの父はユングにそのようなことは言わなかったのだが(*ETG*, p. 80. 1、一一六頁)。

(6)これらの手紙が書かれた状況については、Kerr, 1988を参照。

(7)ブルクヘルツリ病院のユングの上司であるオイゲン・ブロイラーは熱心な禁酒主義者で、ユングもこれにしたがっていたが、フロイトの勧めによってこれを破っていた。ここで問題になっている倫理教団に加わることは、禁酒主義陣営への歩み寄りを意味するという含みがある。手紙の中で葡萄酒、陶酔、快楽が強調されているのもその背景のためである。

(8)*C. G. Jung Briefe I*, Walter-Verlag, 1990, p. 39, n8.

(9)ホーマンズによると、「古代のシンボリズムの複雑性、豊穣性、多様性、矛盾を圧縮して、単純なリビドー理論の型にはめ込もうとする誇大な努力」である（Homans, 1995, 66. 一〇〇頁）。

(10)全集五巻は一九五二年版であるが、序章の内容は初版と同じである。

(11)ユングはこの本の改訂四版の序（署名は一九五〇年）では、「フロイトの息苦しいほど狭い心理学と世界観の中に受け入れてもらえなかった心の中身が全て爆発したものだった」と述べている（GW5, p. 12. v頁）。

(12)この時期のユングの状態は、現代の精神科医によると、統合失調症の初期症状あるいは、非定形精神病と診断できるようである（高橋豊、二〇〇一年、八三－八八頁）。しかしユングが無事に難局を切り抜けて回復したことから、エレンベルガーはこれを「創造の病」と呼んでいる（『無意識の発見』下、三〇五頁）。この観点からユングの宗教観を論じたものとしては、小野泰博前掲書を参照。フロイト、サリバンなどとともに、いくつかの角度からユングの病理と回復についてコメントを述べたものとしては、町沢、一九八四、三四五－三五二頁。

(13)田中公明によると、マンダラを無意識的な空想から自然発生的に生じる象徴と捉えるユングの理解は、チベット仏教自身の理解とは一致しない。つまり、実際には、マンダラは教義・伝統によって厳密に規定されており、自由な空想どころか、むしろ保守的な規律を維持するために用いられるという（田中、二〇〇一年、一七四頁以下）。
(14) Philemon のイメージは牡牛の角とカワセミの翼を持った老人として表わされるが、それはミトラ教の翼の生えた天の牡牛、前四世紀頃のギリシャの同名の喜劇作家、ギリシャ神話に妻バウキスとともに登場する農夫のイメージに由来し、またゲーテの『ファウスト』第二部五幕にも現われる。詳細は、村本、一九九一、二〇四−二二八頁。
(15) 後述のように、これは、悪しき物質世界から霊的種子を解放して本来的なプレーローマの世界に回帰するというグノーシス主義の救済神話に似た図式を持つ。
(16) James, William. *The Varieties of Religious Experience*, 1902. ウィリアム・ジェイムズ『宗教的経験の諸相』桝田啓三郎訳、日本教文社、一九八八年、三七五頁以下。
(17) クラウスが描いた図は、訳書『元型論　増補改訂版』、三七頁および口絵2を参照。
(18) こうした宗教的情熱と科学者の宗教的世界観については、Barbour, 1999を参照。
(19) この講演は両大戦間のアメリカで行なわれている。
(20) ユングにおいては様々な宗教的象徴の中でも、マンダラ図形を代表とするように、視覚的イメージが重視される傾向がある。もっとも、たとえば四人の人物が登場する夢がマンダラ夢と呼ばれるように、必ずしも象徴が視覚的である必要はない。
(21) この時にフロイトの夢分析をしたきっかけは、在米中にフロイトが失禁したことの心理的原因を解明するためであったというローゼンツヴァイクの報告がある（情報源は彼とユングとの私的やりとり）。ユングは失禁が人目を引くという象徴的行為であることから、それを精神分析のアメリカ進出に伴うフロイトの自己顕示欲、出世欲の現われであると分析したが、フロイトは否定したという（Rosenzweig, 1992, 64–66）。

(22)ウィニコットは、ユングが嘘をついた瞬間に、もっとも人格分裂の統合に近付いたとしている。というのは、分裂した人格には嘘をついたり、何かを無意識に抑圧したりすることはできないからである（Winnicot, 1992, p. 324）。

(23)精神分析は、患者が連想したことをそのまま正直に話ずという原則の上に成り立っているので、ユングが嘘をついたことは、精神分析の理念に真っ向から背く行為である。ちなみに、ユングが「妻と義妹」と答えたのは、フロイトが義妹と不倫関係にあったことをユングが知っていて、その事実をフロイトに突きつけたのだとする見方もある。ユングの自伝では、フロイトが自分の夢の分析を、自分の権威を危うくできないという理由で拒んだとされるが、その理由も、フロイトの不倫に関わるものであると考えられる（Groesbeck, 1982, 250–251）。

(24)GW 7 : 1–201. 全集版は一九四三年の改訂版。フロイト的方法を脱しかけている時期に書かれた初版が改訂されているので、フロイトの影響と後期ユング的な視点が入り交じった著作となっている。

(25)村本詔司「訳注」、ホーマンズ『ユングと脱近代』三一〇頁。シュピールラインの、フロイトとユングの結合の象徴として「ジークムント」を産む願望については、カロテヌート、一九九一、一四四頁以下、四三一頁以下。

第六章　個体化論とグノーシス主義

フロイトとの決別後の精神的危機状態の中で、ユングは手探りの試行錯誤によって、「情動をイメージに変換する」ことによる治癒体験を得た。これだけでは、統合失調症の縁にありながらもそれを切り抜けた希有な例であるというのみであるが、ユングは自らの経験を基礎として、今日「個体化過程」と呼ばれるものを定式化し、分析心理学の体系の中核に据えることになる。以下に見るように、その際にグノーシス主義の神話が一役買っていた可能性がある。グノーシス主義とは、「キリスト教の起源とほぼ同じ時期に東方地中海世界に発生し、やがて後二、三世紀にさまざまな人物あるいはグループによって、体系化され、地中海世界全域および中央アジアにまで大きな影響を及ぼした宗教思想」（大貫、一九九八）であるが、ユングはその神話にインスピレーションを得て、「死者への七つの説教」（一九一六）を書いた。これはユングが危機を脱して独自の体系を確立しつつあることを寓話的・詩的形式によって宣言したものである。そして、それに理論的に表現を与えたのが『自我と無意識の関係』（一九二八）である。

グノーシス主義が分析心理学の定式化にどの程度影響したのかという論証はこの章の課題ではない。しかし、ユングが自らの内的経験を基礎とした心理学を定式化する過程で、グノーシス主義の諸概念が重要なヒントとなった可能性が高い。ユングはグノーシス主義者達の内的経験を理解することが、現代人の心理に光を当て、さらに、キリスト教において不十分なものについて洞察をもたらすと考えた。また一方、今日我々は、晩年のユングがグノーシス主義者であると批判的に名指しされ、その称号を拒否したことを知っている。この章では、グノーシス主義に対するユングの態度を概観しながら、ユングのキリスト教理解、「神学的」と言われる宗教論の性質に光を当てたい。

一　「死者への七つの説教」

ユングの自伝には次のように書かれている。「無意識との対決」の日々が終わりに近付いていた一九一六年の夏、ユングの家は不安な雰囲気に包まれ、子供たちは幽霊や不安夢を見るようになっていた。そしてある日曜の午後五時頃、玄関のベルが激しく鳴り始め、家中が霊に充たされたようになり、息苦しいほどに感じられた。訪問してきた死者達は叫んだ。「我々はエルサレムより帰って来た。そこで我々は探し求めたものを見つけられなかったのだ。」(*ETG*, 194. 1、二七二頁)。それから三晩のうちに、ユングと彼らの問答の形式で、小冊子「死者への七つの説教」が自動書記のように書かれた。この作品は、二世紀のグノーシス主義者であるアレキサンドリアのバシレイデスが著わした古文書の体裁をとっており、一九二五年に英訳されて市販された際にも、著者名は伏せたままにされた (Heisig, 1972, 207)。ユングが友人に宛てた手紙によれば、このバシレイデスという筆名は「キリスト教が葬り去ってしまった、初期キリスト教時代の偉大な精神の名前」である。なお、ユングが描いた初めてのマンダラとして知られている絵は、この説教に現われた世界像を描き残したものであり、当時、ユング派の分析を受けていたヘッセの『デミアン』にもこの作品の影響が現われているとされる（Serrano, 1966）。

七章からなるこの説教は、救いを求めて訪れたキリスト教徒の死者達に対して、バシレイデスが説教を垂れるという形式をとっている。(1) 死者達が求めるままに、人間が原初の全体性から発し、いかにして個体化された存在となっていくかという、生の意味が明かされる。まず、諸対立物の組からなる、不滅にして無限のプレーローマ（PLEROMA）から説きおこされる。プレーローマとは無、あるいは充満であり、無限にして不滅であり、そこでは生死、善悪、一と多など、あらゆる対立物が相殺し合っているために、およそ特性は存在しない。プレーローマの特性が区別されて現われたものが神々であるとされる。太陽神（善神）と対立するペアとして悪魔が存在するとされ、太陽神、悪魔を含む全体の作用はアブラクサスと名づけられている。至高神たるアブラクサスはまた、太陽神、悪魔、エロス、生命の木という四柱の神々の四位一体としても表わされている。

時間、空間の中に生じたクレアトゥール（CREATUR）は、空間、時間に限定されており、プレーローマから区別されているが、プレーローマはクレアトゥールの中にあまねく浸透している。人間もクレアトゥールであるが、クレアトゥールはプレーローマの中に溶け去らないために、つまり「原初的で危険な一様性」に抗して、分化を続け、区別された特性を持ったものになることを目指すのが自然な志向である。これは「個体化の原理（PRINCIPIUM IDIVIDUATIONIS）」と呼ばれている。あらゆる特性は、すでにプレーローマに存在しているが、それを我々が区別するとき、その対立物とともにペアとして現われることになる。例えば、善、美を求めれば、同時にプレーローマから悪、醜も摑み出される。死者達の求めに応じて神、悪魔、教会、人間について説明され、人間は救いを求めて外界をさ迷うのではなく、内界に星として輝く唯一の神に祈るべきだと説かれる。「人間は門であり、それを通じて、おまえたちは神々、デーモン、霊魂の外界から、内界へと至る。……測りがたい遠い彼方、天頂に唯一つの星がある。……それを目指して死後の魂は長い旅を行く。その中に、人間が大なる世界から持ち帰った全てのものが光として輝く。この唯一のものに人間は祈る」。最後に、死者達はついに沈黙し、夜中に家畜を見守る牧者のたき火の煙のごとく天に昇っていく。

この小さな作品は、ユングがフロイトと別れて独自の体系を確立してゆく過程の証言となるという点でも興味深い。死者達が説教に納得して昇天するという結末は、精神医学、精神分析を遍歴し、グノーシス主義を身にまとったユングが、独自の経験をもとに、もはやキリスト教によって救われないキリスト教徒達を癒すわざ――キリスト教の教義を包括し、凌駕する心理学的体系――を確立しつつあるという自負を示唆している。「死者への七つの説教」が自伝の附録として公刊されてまもなく、分析心理学の体系とこの作品の比較を試みたハバックは、この作品が後期思想にイメージ素材を提供したと指摘し（Hubback, 1966, 106）、この作品が、ほぼ同時期に書かれたと見られる論文「超越機能」(2)と内的に関連したものであると指摘している。「超越機能」は、すでに説明した通り、無意識には一面的な意識を補償する自動調節機能が備わっているという観点で書かれている。また、分析的解釈と構成的解釈（主観段階における解釈と客観段階における解釈）の対比もなされており、概して理論的な著作である。超越機能をいかに働かせるかという技法論が展開され、そこでユングは、「空想を書きとめる」「絵を描く」「リビドーを内向させる（瞑想）」などの方法をかなり具体的に紹介している。これらは「七つの説教」に至る時期のユングの内的体験と同じものを意図的に生じさせる方法として読むことができ、なるほどハバックの着眼点は正しいと言えよう。この論文が公刊されなかった理由は、ハバックによれば、（「七つの説教」とともに）私的な色合いが強いものであったことと、安易に無意識を解き放つ技法を公開することの危険性による（Ibid., 107）。これに付け加えて、「超越機能」は、プランシェットを用いた自動書記のような心霊術的な方法も紹介するなど、分析心理学が非科学的な実践であるという印象や、理論的に未整備な体系であるという印象を与えかねないものであるということも指摘できよう。これに対して、この論文の発展形と言える一九二八年の『自我と無意識との関係』は、夾雑物が取り除かれて分析心理学の治療論のマニフェスト的なものに洗練されている。

「七つの説教」がユングの後期の宗教心理学の諸概念を胚胎させていたことを、より明示的に示したのがハイジックである（Heisig, 1972, 206–218）。ハイジックの指摘は多岐に渡る。例えば、神がクレアトゥールであるとされているが、このことは、神を精神分析的に父親イマーゴとして解釈するのではなく、リビドーそれ自体の顕れとして解釈していることを示している。(3) リビドーの神的部分のみならず悪魔的部分をも象徴するアブラクサスや、互いを不可欠の相手とするペアである神と悪魔という概念、四者からなる神のイメージ、アニマ・アニムス概念等々は、晩年に至るまで引き継がれる。(4) 中でも、最終部分の、星と、それに祈る人間との関係は、「自己」と自我意識の関係であるとハイジックは指摘している。そして、星を目指す人間のイメージがあまりにもベツレヘムにおけるイエスの誕生の神話を思わせるので、ユングはこの作品で、個体化過程を、後に「多くの者のキリスト化」と呼ぶものと暗に同一視しているという。

何と言っても、もっとも注目すべきは「個体化の原理」であろう。これは「七つの説教」の中の用語で唯一、分析心理学の体系の中にそのまま取り入れられて残ったものである。クレアトゥールがプレーローマに溶け去らないために、自らのうちに浸透しているプレーローマの諸特性を区別するというプロセスは、分析心理学の語彙で言い換えれば、無意識の諸内容を意識化することを繰り返しながら、自我意識が強化、拡大されていくということである。

たとえば、次の一九五四年の論文からの引用を見れば、ユングが晩年においても「七つの説教」のレトリックからさほど離れていないことがわかる。

ある人が自分自身に無意識であるかぎり、無意識に接触するやいなや、彼は無意識そのものになってしまうのである。これは原危険であって、たとえば未開人は自分自身がまだこのプレーローマに非常に近い状態にあるため、この危険を本能的に知っており、恐怖の的にしている。……だからこそ未開人は無軌道な感情を恐れるのである。なぜなら、感情に捕らえられると意識はあまりにも簡単に消滅して憑依に席を譲ってしまうからである。それゆえ、人類の全ての努力は意識を強化することに向けられてきたのである。(5)（GW9i : 47. 五〇頁）

二　個体化論の確立『自我と無意識の関係』

「七つの説教」に萌芽的な形で現われる「個体化の原理」は、上述のように、未分化な全体性であるプレーローマから、自我意識が分化していく過程として描かれている。この過程は、『自我と無意識の関係』（一九二八年）においてまとまった形で述べられることになる。ユングは冒頭で次のような定義を掲げている。

個体化が意味するのは、個性ある存在（einzelwesen）になることであり、個性（Individualität）という言葉が私たちの最奥の究極的で比類の無いユニークさを指すとすれば、自分自身の自己になること（eigenen Selbst werden）である。したがって「個体化」とは、「自分自身になること（Verselbstung）」とか、「自己実現（Selbstverwirklichung）」とも言い換えることができるだろう。
(GW7 : 266. 九三頁)

この定義は抽象的で、この部分だけでは理解しがたいが、この著作では、集合的なるものから真の自己を分離していく解放の過程として個体化過程が描かれる。自我意識が、無意識的に何ものかに同一化している状態を脱して真の個性を実現するには、まず、外的世界に適応するために形成された仮面であるペルソナという「偽りの被い」と自己を区別しなければならない。続いて、無意識の世界を掘り下げると、アニマ／アニムスという無意識の中の異性像と出会い、それらとの同一化を解消することが課題となる。ユングは、「男性は自らのアニマの反応を、ごく素朴に自分自身に発することと考えてしまい、自律的なコンプレクスと自分自身とが別物であることには思い至らない。[6]」（GW7：329. 一四七頁）と述べている。ユングによれば、無意識の人格像は心的エネルギーであるリビドーがイメージとして把握されたものである。ユングは述べる。「リビドーは、ある特定の形式においてでなければ把握することができない。……リビドーを無意識から解放するには、それに対応する空想イメージを浮かび上がらせるしかない。」（GW7：345. 一六四頁）。ここにも、個体化論が、「情動をイメージに変換する」という技術を基礎としていることがうかがわれる。

アニマ等の無意識の人格像が自我と区別されると、それらが担っていたエネルギー量を自我が引き受けるという事態が生じる。この状態をユングはマナ人格と呼んでいるが、これも、自我が自らと無意識のエネルギーを混同している状態であり、自我意識はこの状態も脱しなければならない。自我が、マナ人格との同一化から脱し、マナ人格を築き上げている無意識の内容を意識化することによって、男性は父親から、女性は母親から真に解放され、自分独自の個性に目覚めることができる。洗礼によって肉の両親から離れて象徴的に再生を経験するという儀式は、この過程を促進する機能を持つという（GW7：393. 一九六頁）。そして、マナ人格が解消されると、自我は自らが心の中心なのではなく「上位に位置する知られざる主体の客体である」と感じるようになる（GW7：405. 二〇五頁）。ユングは、この「知られざる主体」を「自己」と名付け、自己と自我の関係を太陽と地球の関係にたとえる。また、自己を「われわれの内なる神」と呼んでも構わないとしている（GW7：399ff. 二〇一頁以下）。

以上のような過程をユング自身が経験し、また、ユングの患者の何人かがそれを辿ったことを認めるとしても、しかし、そもそものような経験が何故必要なのかという疑問がある。ユングは次のように答える。

〔人間が自分を個体化することは〕望ましいというばかりでなく、不可欠でさえある。なぜならば、他者との混交によって、個人は自らと不一致になるような状態に陥ったり、そうした行為をしたりするからである。無意識的な混交と非分離のあるところ、人は自分自身にあらざる状態に置かれ、自分自身にあらざる行動をとらされる。……人は、自分が、屈辱的で、不自由で、非倫理的状態に置かれているのを感じる。（GW7：373．一八一頁）

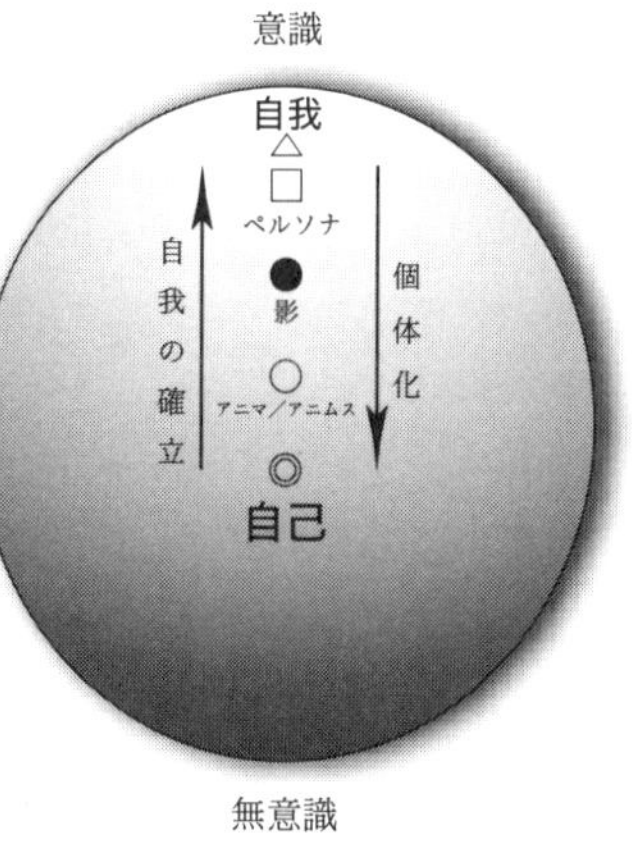

個体化過程

ここに描写されている認識はまさしく、二、三世紀頃のグノーシス主義者達の、悪しき物質世界に囚われている疎外状態という自己認識にオーバーラップするものである。個体化過程は、悪しき物質世界に囚われている肉体の制約を脱し、内なる神性を物質界から分離、解放してプレーローマに回帰しようというグノーシス主義者達の試みに通ずるものである。

三　グノーシス主義と分析心理学の比較

ユングが比較的初期においてグノーシス主義風の詩的作品「死者への七つの説教」を書いていたことは、死後の自伝の公刊によって有名になった。しかし、彼のグノーシス主義に対する精通ぶりは著作を一読すれば明らかであり、生前からユングがグノーシス主義者であるという評判は存在した。「グノーシス」とは、自己の内なる神的本質の認識という意味であるが、神を信じているかというテレビインタビューの質問に対して、ユングが「信じる必要はない。私は知っているから」と答えたという有名なエピソード(7)も、こうしたイメージ作りに貢献したと思われる。また、H・L・フィルプによれば、ユングがグノーシス主義者であると見なされるのは、分析心理学の提唱する個体化過程によって救済され得るのが少数の人々に限られているように見えるためである(Philp, 1958, 235ff)。たしかに、ユングは個体化過程が困難な道だということをしばしば強調しているし、分析には費用と時間を要するので、分析心理学の恩恵を受けるのは、まず第一に、限られた知的上流層であった。古代のグノーシス主義も都市部の知識層を担い手とし、閉鎖的共同体を作ったとされるが、ユングをとりまくサークルが外部に同様の印象を与えていたという一面もあるだろう。

ユングはグノーシス主義者と呼ばれることには一貫して抵抗して、「私の『体系』を『グノーシス主義的』に描くことは、私を批判する神学者達のでっちあげである。なにしろ私は『体系』など持っていない。私は哲学者ではなく、ただ経験主義者であるのみである。」(Ibid., 236) と述べている。晩年のユングの発言は、こうした批判と反論ないし弁明の構図を念頭に読まれなければならない。別のところでは次のようにも述べている。

神学的に見れば、私のアニマ概念は純然たるグノーシス主義である。……また個体化過程は〔神秘的なものに似た〕シンボリズムを発達させる。……もしも読者がざっとページをめくるだけなら……容易に、グノーシス主義の体系に向かいあっているという錯覚に圧倒されてしまう。しかし、実際は、個体化過程とは、あらゆる生物が最初からなるべくして定められているようになるという生物学的事実なのです。(8)

しかしいずれにせよ、現在に至っても、ユングの思想をグノーシス主義と結びつける傾向は続いている。たとえば、*Encyclopedia of Religion* の、グノーシス主義の項には、危機の時代である二十世紀において、グノーシス主義的な人生観、世界観への関心が芽生えたとして、ヘルマン・ヘッセ、マルチン・ハイデガーとともにユングの名前が挙げられている（Waida, 1987）。[9] また、『グノーシス主義者ユング』という題名を掲げた単行本も二冊存在する（Hoeller, 1982; Segal, 1992）。ユングがグノーシス主義者と呼ばれる所以はどこにあるのだろうか。

まず、一般的に、グノーシス主義の思想は次のようなものである。「外なる宇宙も人間も、神的・超越的本質（実体）と、物質的・肉体的実体とに二元的に分裂しているとみなされる。個々の人間のうちに宿る神的実体は肉体および可視的・物質的宇宙を超えて、超個人的な神的実体と同質である。救済とは、前者が後者に回帰・合一することであるが、そのために人間は反宇宙的に到来する上からの啓示を通して、自己の神的本質、その由来と将来を認識（覚知）しなければならない。その際、救済されるべき人間の本質と啓示・啓示者・救済者の本質も同一と考えられる。〔強調は引用者〕」（大貫、一九九八年）

ユングあるいは、彼の思想がグノーシス主義的であると言われる場合は、たいていの場合、『自我と無意識の関係』で自己を内なる神と呼び代えていたように、ユングがこの「人間のうちに宿る神的実体」の認識を目標として掲げる点が念頭にあると言ってよい。グノーシス主義の原資料が発見されていなかったことにも一つの原因があると思われるが、[10] ユングは、流出論的なグノーシス主義の世界起源神話にはそれほど注意を払っていない。自伝によると、ユングがグノーシス主義の研究をしたのは一九一八年から一九二六年にかけてである（*ETG*, 204. 2、九頁）。であるとするならば、『自我と無意識の関係』（一九二八）をグノーシス主義研究の成果と結びつけるのは正しいとしても、その期間以前のユングによるグノーシス主義への言及[11]は、さしあたり内面性に注目した直観的な理解に基づいたものであろう。[12]

Ｅ・Ｍ・ブレンナーはユングが読んでいたと思われるグノーシス主義文献の内容を検討した。その結果、「死者への七つの説教」には、グノーシス主義の諸文献と数多くの一致点があるという。しかし、このテクストはグノーシス主義と比較したからといって十分に理解できるようなものではないとする。たとえば、「七つの説教」には、人間に関心が集中し、悪神であるデーミウールゴスによる世界創造など、明瞭なグノーシス主義のコスモロジーが含まれていない。したがって、「七つの説教」は心理学的な視点から理解すべきテキストであり、そこに表現されているのは姿を現わしつつあったユングの心理学であるという。[13]

実際、ユングは心理療法家として、グノーシス主義に仮託して現代人の魂の問題を語っているのであり、『心理学と宗教』（一九三八）以前には、グノーシス主義の象徴自体は研究対象となっていない。次の「現代人の魂の問題」（一九三一）からの引用にもそれが現われている。

魂の裏面の、暗い、ほとんど病的とも見える現象が、何らかの意味で現代人の興味を惹きつけていることは確かです。……これ〔心霊術、占星術、神智学、超心理学等の流行〕に比肩しうるのは、紀元一、二世紀のころ見られたグノーシス主義の隆盛期ぐらいのものです。そして、現代精神の諸潮流は、まさにこのグノーシス主義ときわめて密接な関連があるのです。……グノーシス主義の出発点になっているのは、もっぱら裏面現象であり、その場合、暗い深層もまた道徳的考察の対象とされている……。現代の意識は信仰を忌避し、したがってまた、信仰の上に築かれる宗教というものをも忌避するのです。……現代人の意識は、まずなによりも知ろうとする、すなわち原体験（Urerfahrung）を持とうとするのです。（GW10 : 169–171. 二七九頁）

グノーシス主義は、内面に関心を集中させた宗教史上の例として言及されており、その神話の枠組みは問題にされていない。そして、依然として信仰と体験の対立軸が維持されていることがわかる。キリスト教徒に欠けているとする原体験が、グノーシス主義者達の体験であったと示唆されている。ユングは上の引用のすぐ前で、現代人にとって宗教が内面の魂からやってくるものではなくなり、外界の一部に成り下がったと批判している（GW10 : 168. 二七八–二七九頁）。そして、それによって引き起こされたエナンティオドロミーつまり心的エネルギーの逆流現象が、現代版グノーシス主義の流行だという。つまり、ユングは、現代人が抱えている心理学的問題の原因をキリスト教が内面の問題をないがしろにしたことに見ており、それを癒す手がかりをグノーシス主義に求めているのである。しかし、グノーシス主義を理解することは、錬金術と出会うまでは困難なことだった。ユングは、『黄金の華の秘密』の第二版の序文（一九三八）で、キリスト教側からの異端反駁書をたよりにグノーシス主義の思弁的著作を読み解く作業の困難さを語っている。ユングによれば、中国の煉丹術、そしてヨーロッパの錬金術によって、グノーシス主義者の心理的経験を読み解く突破口が与えられ、古代のグノーシス主義と現代人の心理をつなぐ環が見つかった（GW13：1．七–九頁）。キリスト教は今日、人々の魂の問題に十分応えられなくなっている。しかし、二千年前にはそうでなかった。同時期に生まれながら地下に沈んでいったグノーシス主義や、それを引き継いだ錬金術を見直すことで、キリスト教が現代的要請に応えるために必要としている新たな方向付けが見つかるのではないだろうか。これが、すなわち神話を発展させるということにつながるのである。

今日我々が分析心理学として知っている体系は、『自我と無意識の関係』以降に、錬金術による修正を施されて、とりわけ「結合」「対立」という語彙を加えて洗練されたものとなるが、ここで、グノーシス主義の救済神話と分析心理学の体系の共通点と相違点を比較検討したい。

グノーシス主義との対応

分析心理学の心理発達図式とグノーシス主義の創造神話は構造的に対応する部分が多い。まず、ユング自身が自分のグノーシス主義観を簡潔に表明した文章を掲げ、以下、主としてハンス・ヨナスによる説明を手掛かりに(14)、ユングの体系との対応を概観する。

集合的無意識と自我意識の関係はプレーローマとそこからの流出の関係に対応する。つまり、諸対立物が互いを相殺しあっており、全てが無限定である根源的な全体性そのものである無意識の母体から、自我意識が立ち上がってくるのである。これは、大海から小島が浮上することに喩えられることもあるが、フロイトの枠組みとは正反対である。フロイトは、意識から締め出されたものが無意識となると考えるからである。グノーシス主義の神話では、男女が対になった神々が充満したプレーローマから流出が始まり、[15]デーミウールゴス（ヤルダバオート）によって世界が創造される。このプロセスは、ユングによれば、意識の発展を表現したものである。

自我意識は物事を区別することを主たる機能とするという性質上、ある種の一面性を逃れえない限定的な存在となるのが宿命である。

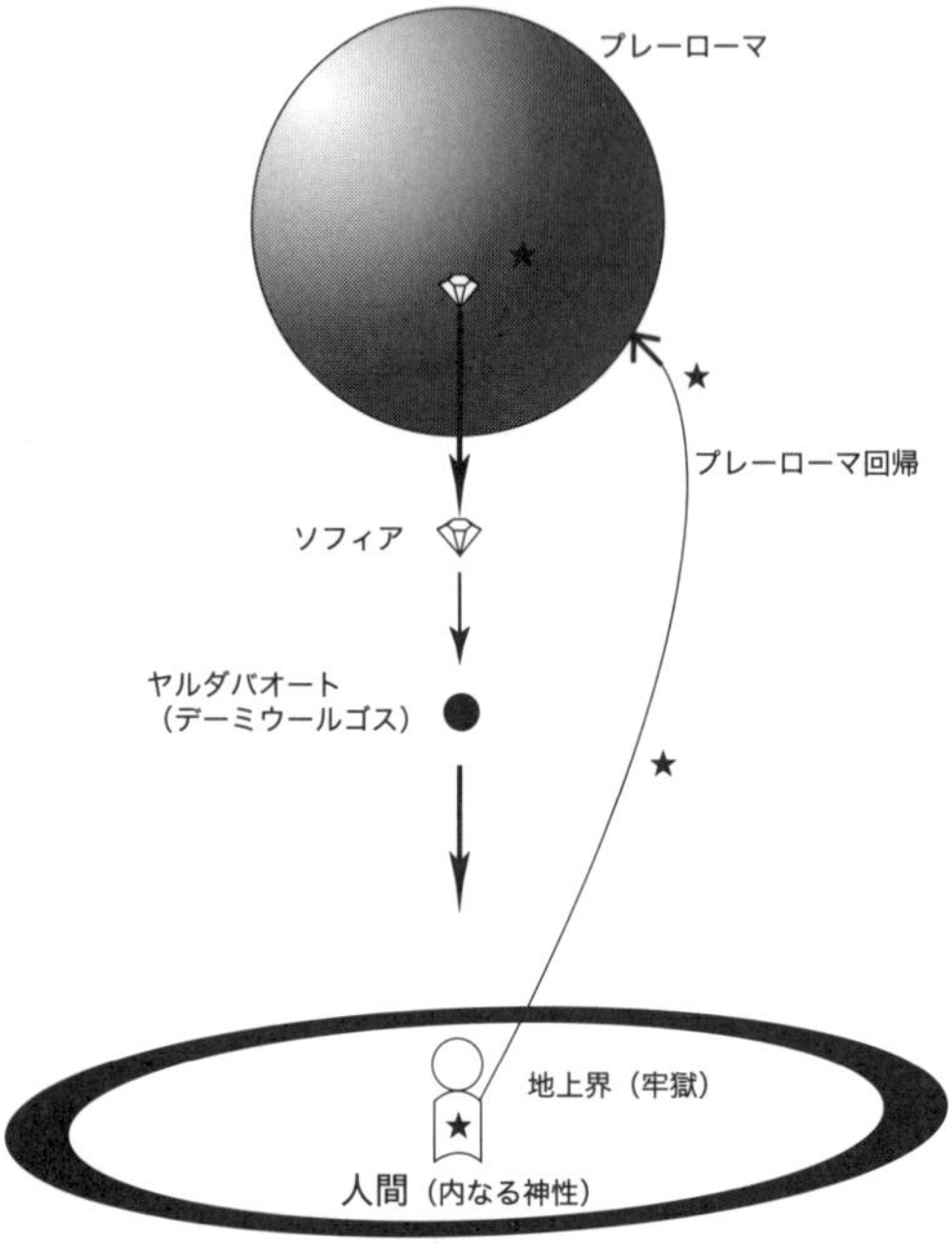

グノーシス主義神話の世界観

自我意識の態度が行き詰まったときに、無意識内にその一面性を補償する働きが現われる。逆に言えば、自我意識が窮地に陥るのは自らの母体である無意識から目を背けているからである。これは、デーミウールゴスが自分を生み出した母（ソフィア）よりも上の神的存在を知らぬままに、不完全な世界を作り上げたことを誇り、自分が創造主であると思い上がるという場面に対応する。自我意識が、無意識のもたらす補償的内容を、象徴を通じて統合することで事態が打開され、新たな人格への変容が生じる。この過程の究極が「自己」を見出すことである。人間の課題は、自らが受け取った神的本質に肉体の牢獄を脱出させて、プレーローマへと回帰することとなる。[16] 世界に制約された肉体が牢獄であるという認識は、上述の、人間が無意識的に他者と混交して未分離な状態が、自分自身と一致していない、不本意で耐え難い神経症的状態であるという、個体化の必要性の認識に一致する。

デーミウールゴスの思い上がりは、分析心理学においては自我肥大として記述される。自我意識が無意識内容に触れるとき、無意識の担っていたエネルギーを自らに引き受けて、自らと無意識内容を同一視してしまうことがある。これは上述のマナ人格に相当する。この状態が解消されないと、意識が意識であるための必須条件である区別する能力が失われ、言わば意識の無意識化が起こる（GW12 : 563. 2、三六〇頁）。内的ヴィジョンとの過度の同一化が人格の崩壊、分裂を招くともされる（GW7 : 233. 五〇頁）。言うまでもなく、その同一化を解消し「自己」を見出すこと、すなわち、個体化することが分析心理学の目標となる。

グノーシス主義はずっと昔にこの事情〔自我意識に代わって自己が中心を占めること〕を形而上学的ドラマの形に投影した。自我‐意識はうぬぼれたデーミウールゴスとして現われるが、彼は自らを唯一の世界創造者であると夢想し、自分を至高の、知られざる神であるとしている。デーミウールゴスはこの神の流出なのであるが。個体化過程の意識と無意識の結合、すなわち倫理的問題の真の中核は、救済のドラマの形に投影されている。そして、いくつかのグノーシス主義のシステムにおいては、それはデーミウールゴスによる至高の神の発見と認識にある。(GW 18 : 1418)

グノーシス主義の神話において、人間の魂は死後、七つの天球の支配者の抵抗に遭いながらそれらを次々と通り抜け、世界に制約された衣服を次々と脱ぎ捨てて、最後には真の自己となって光の世界であるプレーローマに回帰するというストーリーが語られる(ヨナス、一九八六、二二二頁以下)。これはユングの、『自我と無意識の関係』に描かれる、心内的な諸イメージとの同一化を脱しながら自己を見出す過程と対応している。この、内なる神的本質を認識して、その他の心的要素と区別して分離させていくという発想こそが、分析心理学の個体化論とグノーシス主義の類似点としてもっとも注目されるべきものであり、ユングによる錬金術の理解とグノーシス主義の理解をつなぐポイントであった。ユングは錬金術において第一質量(prima material)から、魂(anima)を抽出する「分割と分離」という概念が、グノーシス主義の概念を言い当てていると述べている(GW9ii : 292. 二一〇頁)。

ところで、ハンス・ヨナスは、人間が自らに内在する神的本質を悟る経験について、「一条の光線が人間の神的本性を照明し、変容させる」と述べ、このようにして神と人間が直接に対面する変容の体験こそが「グノーシス」であるとしている(ヨナス前掲、三七七頁以下)。火花の象徴について、ユングは、グノーシス主義における火花の象徴がマイスター・エックハルトにも見られ、また、錬金術、キリスト教にも通じているという見解を示している（GW9ii : 344. 二四六–二四七頁、GW8 : 388ff. 三二〇頁以下）。グノーシス主義から、中世の神秘思想、錬金術を経由して、内なる神性の認識の問題が現代にまで継続しているという観点である。

グノーシス主義との相違点

ユングが分析心理学の定式化に際してグノーシス主義から多くのインスピレーションを受け取り、素材を利用したことは確かだとしても、両者には当然ながら相違点も存在する。「神学的」宗教論を展開するユングが、現代人の臨床経験を踏まえてキリスト教の神話を発展させようとしていたとするならば、キリスト教と同時代に発生したグノーシス主義をそのままに肯定せず、批判的な部分があるのも当然である。ユングにとって、グノーシス主義はキリスト教を補完する限りにおいて意味があるのである。そして、このキリスト教の補完は、最終的にはグノーシス主義よりもむしろ、自分の無意識の心理学の「歴史上の対応物」（*ETG*, 209. 2、九頁）であるとユングが認めた錬金術によって行なわれることになる。

分析心理学が無意識状態をどう評価するかを見ることによって、グノーシス主義との違いが顕著になる。しばしば誤解されていることだが、図式的にプレーローマに対応する無意識状態の達成、あるいは回復が、そのまま分析心理学の目標となることはない。「七つの説教」にすでに現われているように、人生の目標はあくまで個体化を続けることである。たしかに、無意識は全ての根源であり、一面的な自我意識に補償的な意味をもたらすものであるが、回帰すべき最終目標ではない。無意識に沈潜することに意味があるとしたら、それはあくまで無意識内容を意識に引き上げ、自我意識を補償する限りにおいてである。ユングにとって無意識性とは、未開人、子供、動物の特徴であり、克服すべきものである。ユングは、中世の人々はこうした無意識の全体性に近いが、現代的観点からみれば同情に値し、改善すべき状態であるとも述べている。一方、現代人は科学的思考を身につけ、意識を拡大したが、逆に、無意識から切り離された結果、集合的意識との同一化を招きやすくなっているという面もある。これは政治的イデオロギーを無批判に受け入れる大衆運動に見られる（GW8：425ff. 三五二頁以下）。こうした状態も自我肥大と呼ばれる（GW7：227ff. 四四頁以下）。

グノーシス主義の神話においては、人間の登場以前に理想状態が設定されるので、霊がプレーローマ回帰を果たした後、残った現世の物質界は否定的意味しか持たず、世界は大火によって消失するパターンが多いという（大貫、一九九七、二四九―二五〇頁）[17]。分析心理学において、現世の生活に対応するのは自我意識であるが、無意識から切り離された意識の一面的態度が批判されることはあっても、自我意識が消滅すべきものとして描かれることはない。心とは意識と無意識の葛藤の場であって、この葛藤なくしては、発展、成長は問題とならないのである。その「発展」「成長」とは、自我意識に与えられる形容であり、自我意識による、無意識内容の意識化を指すものである。ユングが実現を目指す全体性は、たしかに無意識の特徴であるのだが、単に原初の無意識状態に回帰するのであれば、そこには人類が長い歴史の中でようやく手に入れた意識性という財産を手放すことになる。意識と無意識の統合という不可欠の契機を踏まえた全体性こそが分析心理学の目標なのである。シーガルは、これを、ユングの前進的理想と、グノーシス主義の退行的理想の対比としてまとめている(Segal, 1992, 25)。また、トランスパーソナル心理学のケン・ウィルバーによる、「プレ・トランスの誤謬」という概念で整理することもできる（Wilber, 1980）(18)。すなわち、意識発達の「プレ段階」である無意識状態と、「トランス段階」に位置づけられる自己の実現を区別しなければならない。グノーシス主義のプレーローマ回帰は、両者の区別がなされていない概念である。ユングが無意識状態への回帰を目標としていると誤解されるのも、ユングが両者の区別に対して曖昧さを残していたからであるということになる。

ところで、一般に、個体化過程は、たとえば「多くの異なった要素の漸進的統合として理解される、全体性へ向かう推進力」（Dourley, 1984, 7）というように、「統合」「全体性」という概念で理解されている場合が多い。これは晩年の著作を念頭に置いたものであるが、初期にさかのぼって、『自我と無意識の関係』を見ると、「統合」よりも、むしろ「分離」「解放」という側面が強調されている。同じ個体化過程を記述するにしても、二通りの切り口があるのである。

具体的には、『心理学的類型』の「定義」の項においては「個体化とは一般的には個的存在が形成され、特殊化していく過程であり、特殊には心理学上の個人が発達して一般的なものや集合的心理とは異なった存在になることである。」（GW6 : 825. 四七二頁）と定義されている。一方、「全体」が強調された定義としては、「個体化は世界を締め出すのではなく、世界を包み込むのである。」（GW8 : 432.

三五九頁)、「心理学的な『個体』、すなわち分離された、分割し得ない単位、一つの全体を作り出す過程」(GW9i : 490. 四九頁) などがある。

この切り口の相違が、ユングが個体化過程の初期の定式化に際してグノーシス主義者に受けた影響の程度に由来すると見るのはあながち的外れではないだろう。すなわち、ユングははじめ、グノーシス主義の現世否定、肉体を脱ぎ捨てての神的本質のプレーローマ回帰をひとつのモデルに個体化過程を考えていたが、一九三〇年代以降、錬金術に研究の重点を移して理論の再構築を行なった結果、「結合」のイメージで個体化が語られるようになったのであると推測できる。[19] ひとつの証左として、ユングは一九三四年初出の論文で、個体化については『自我と無意識の関係』で説明したと述べてから、錬金術の「結合のシンボル」と個体化過程におけるシンボル形成が類似していることに最近の研究で、気づいて驚いたと述べている(GW9i : 523. 六八頁)[20]。

ユングがグノーシス主義に否定的に言及する箇所を見ると、ユングがなぜ個体化のモデルとして錬金術の方を重視するに至ったかがわかる。清浄な光の世界としてのプレーローマへの回帰を願うあまり、不浄なる現実世界を忌避するグノーシス主義者の態度は、個体化の一契機としてであれば評価されうるが、全体性を実現するという目標からすると、悪の要素が欠如し、一面的で、克服されるべき態度ということになる。グノーシス主義者は自らの暗黒から目をそらし、光と同一化しすぎた結果、致命的な思い上がり(肥大)に陥っているとされている(GW11 : 438ff. 二七一頁以下)。この点、「結合」という錬金術の象徴は善悪、さらに男女、霊と肉といった様々な対立物を含んだ全体性を現わすのに適している。ユングは、現代人は逆に内なる暗黒ばかりに目が向いてしまうとも述べているが(Ibid.)、要するに、心理学上の目標は、光も闇も等しく意識化することなのである。

『アイオーン』(一九五〇年)の中の、「グノーシス主義における自己の象徴」という一章では、グノーシス主義が自己の象徴の宝庫であることが示されるが、それは光と闇をともに含み持ち、より自然で、内的体験に忠実な、全体性の名にふさわしいものとしてである。これによって、キリスト教において、教義の整備の過程で失われてしまったものが明らかになる。すなわち、神を最高善として表象した結果、影の部分が切り捨てられ、キリスト教はかえって自らの敵対者であるところの二元論に陥っているとユングは批判する。西欧宗教史にあって自己の象徴としてもっとも有効に機能してきたのはキリスト像であるが、それでもそれは不可欠な半面を欠いた不十分なものなのである。ユング自身が悪の現実性を説くあまり二元論者であると批判されることがあるが、ユングが善悪の統合を重視するかぎりでは、それは当たらない。グノーシス主義についてもユングが評価しているのは二元論ではなく、むしろ流出以前のプレーローマにおける一者の相である。グノーシス主義がこのようなものとして現われたのはキリスト教の一面性に対する補償作用に他ならない。したがって、両者は相補う関係となる。ユングは次のように述べる。「キリスト教の象徴が伝えようとしているのはグノーシスであり、無意識の補償作用の意味するところはいよいよもってグノーシスに他ならないのである。」(GW12 : 28. 1、四二頁)

グノーシス主義者ユング

さて、以上を踏まえて、ユングとグノーシス主義の関係をどう評価すべきであろうか。『グノーシス主義者ユング』という二冊の本に触れておく（Hoeller, 1982；Segal, 1992）。はっきりと、しかも肯定的な意味で、ユングはグノーシス主義者であると述べるのは、S・ホウラーである。ホウラーは神智学徒であり、「グノーシス」を本質論的にとらえ、彼がユングを経由して理解するグノーシス主義の主張も、ユング自身の心理学的見解も、ともに額面通りに、あるいはむしろ、神智学的価値を読み込んで支持している。すなわち、グノーシス主義者とは、批判者が言うようなセクトや新宗教のメンバーではなく、「人間が、存在の確かな真理についての、直接的、個人的、絶対的な知識へと至ることができる」という人生態度を共有し、そうした知識の達成を人生の至上目的だとする人々である（Hoeller, 1982, 11）。彼らの「現世拒否」「人生否定」の態度は、否定されるべきものではなく、精神の変容によって現実の苦境を脱しようというのはむしろ健全な感覚である（Ibid., 14）。グノーシス主義的イメージが現代人の個体化過程に伴う内的経験として現われるというユングの認識は正しいという。グノーシス主義とは、特定の教義の信仰ではなく、全体性を目指す内的経験の神話的表現である。ゆえに、ホウラーの結論はこうなる。「心的存在の深層にある諸現実を真に知る者という一般的意味において、そして、キリスト教時代の初めの数世紀のグノーシス主義を現代に甦らせる者という狭い意味において、ユングをグノーシス主義者と見做してよい。」（Ibid., 22）。ホウラーは「新しいグノーシス」を模索する方向に進むが、西洋文化がキリスト教を前提にして成立しているという認識がなく、古代のグノーシス主義に対しても批判的視点を欠いており、ユングの立場とは相容れないであろう。この例は、分析心理学が宗教的主張に利用されやすいことを示す例と言えよう。

もう一人の著者、R・A・シーガルは、ユングを「現代のグノーシス主義者」と位置づける。シーガルは、ユングの心の発展段階説を人類にあてはめ、「未開人／古代人／近代人／現代人」の四段階を想定する（Segal, 1992, 11ff）[21]。未開人は、自我が未だ弱く、意識が発達しておらず、したがって無意識に近い。彼らは自分自身を外界に投影して経験し、やはり投影された像である神々と同一化し、自分と神々の区別がつかない。古代人は、未開人よりはやや自我が強くなり、外界に神々を投影するが、しかし、世界や神々とは同一化しない。ここに、自我と無意識の分離が生じかけている。

近代人は十分に自立した自我を持つ。彼らは世界から投影を撤収し、世界を非神話化する。彼らは世界を、無意識の投影像としてではなく、それ自体として認識する。したがって、彼らは世界とも、自分の無意識とも区別されている。彼らは自分が合理的で、感情に左右されず、科学的で、無神論者だと考えている。近代以前の人類は、宗教的象徴を通じて無意識と接触していたが、近代人は宗教を信じないために無意識との接触を断たれており、彼らは自分の一部でしかない自我に同一化している。この結果、抑圧された無意識が神経症症状を引き起こすことになる。典型的にこうした人物像に当てはまるのは、一九世紀の知的階層である。

さて、現代人は二十世紀の知的階層を典型例とするが、自分の非合理的側面に気づいている。近代人と同様に宗教を前時代の遺物として退けるが、しかし、合理的な生活に満足せず、かつて宗教が与えてくれたような充実感を欲している。ユングの同時代人の多くは、近代人か、古代人に属する。つまり、非合理的欲求を忘却したままか、あるいは伝統的宗教の中でやすらっているかである。「現代人」は少数派にとどまっている。彼らは、通常の神経症に苦しむのではなく、空虚感や停滞感に苦しむのである。無意識から切断されていることにおいては近代人と同じだが、現代人はその分裂を癒そうと努力するのである。

シーガルの「現代人」は、ユングが治療の対象としていた人々である。つまり、ユングが「私の患者の約三分の一は臨床的に診断しうる神経症というよりもむしろ、人生の意味や目標の喪失に苦しんでいる。」（GW16：83．四二頁）と述べたような人々である。そしてシーガルによれば、この伝統からの疎外感に苦しみつつ、自らの内面に関心を寄せるという在り方こそが、歴史上のグノーシス主義者達にあてはまるという。「グノーシス主義者と現代人だけが、疎外されていると言いうる。というのは、彼らだけが、自らの無意識から切断され、しかもその事実を自覚しているからである。」（Segal, 1992, 19）ユング自身もこの類型に属するのは言うまでもない。こうして、シーガルは、ユングを以上のような意味で「現代的な」グノーシス主義者であるとする。古代のグノーシス主義者との異同をシーガルは次のようにまとめる。

古代のグノーシス主義者のように、ユングは失われた人間の本質との再結合を探求し、これを救済と等置する。この再結合は、古代のグノーシス主義者と同様に、ユングにおいても生涯をかけたプロセスであり、典型的には、それをすでに成し遂げた先達の指導を必要とする——セラピストはグノーシス主義の啓導者として機能する。知識は両者どちらにとっても、努力への鍵であり、なによりも自己知を意味する。これらの点において、ユングは正当にグノーシス主義者に分類される。しかしながら、ユングは、現代的な意味でのグノーシス主義者である。なぜなら、再発見された本質は、完全に人間的だからである。神的ではなく、神のうちにあるわけでもなく、完全に自らの内にあるものなのである。(Ibid., 48)

ユングが内的体験、自己知による救済を目指すかぎりにおいて、彼をグノーシス主義者と呼ぶことに、ある程度の妥当性はあるようである。しかし、グノーシス主義という言葉を、キリスト教から見た異端であるとか、二元論、厭世主義の代名詞として用いるならば、それは、少なくともユングの自己認識には合致しないであろう。ユングは〈心理学的な宗教理解において〉正当な後継者としてキリスト教の神話を発展させようとする。カトリックの司祭でもあるユング派のJ・P・ダウアリーは、ユングの心理学が「新しい補償」を求めているとしている。それは、「一面的になっているキリスト教の神話のバランスを正し、しかも、それでいながら意識の中にすでに築かれている歴史的獲得物〔すなわち自我意識〕を犠牲にしない」というものである。ダウアリーは、ユングが「内的、直接的臨在としての、グノーシス主義的な意味での神への回帰を求めた」ことは認める。しかし、一方、ユングはキリスト教の特権的重要性を認めているので、「グノーシス主義的キリスト教徒（Gnostic-

Christian)」であるとする（Dourley, 1984, 93–95）。これはユングの微妙な立場の一面をうまくとらえている。また、ユングの筆名ともなったバシレイデスがキリスト教グノーシス主義者とされていることからも、適切な呼称と言ってよいだろうか。ただし、ユングの経験科学者としての自己規定はおくとしても、ユングが発展させようとした神話はグノーシス主義の神話それ自体とはもちろん異なる。とりわけそれは、仮現説（ドケティズム）と呼ばれる教説において対照を見せる。キリストにおける神の受肉が見かけ上のものに過ぎないとするグノーシス主義の仮現説は、錬金術の影響の下に霊と肉の結合としての受肉の教義を重視するユングの観点には反する。罪に汚れた、普通の、身体を持つ人間に対する神の受肉をいっそう進めることがユングの目指すところであり、ユングはこの点でキリスト教の側に身を置いている。

次のことを確認しておく。ユングは伝統的キリスト教によっては救いが得られないという経験的洞察に基づいて新しい体系を求めており、突破口をグノーシス主義に求めた。ユングが起点とする洞察とは、現代人はもはや神々の像を外界に投影する仕方では救われず、内面に神の像を求め始めているという臨床的観察であった。しかも、単に善なる神だけではなく、それに対立する悪の像も同時に内面に見出すというのが、現代人の新しい心理的経験であった。これがグノーシス主義に通じるものがあるのだが、シーガルの指摘する通り、古代のグノーシス主義者は、内面を通じて神性を見出すにしても、神の世界を外界に投影しており、また自らをもっぱら善なる光の側に同一化してしまうという点においては現代人とは対照的である。ホウラーのような神智学的本質論に立つと、キリスト教的文脈を一足飛びに飛び越えて、ダイレクトにグノーシス主義を現代に甦らせようという試みになってしまう。そのような内面への関心を強調する同時代の諸新宗教はいくらもある。それらに対して、ユングが持っている独自性はどこにあるのかというと、キリスト教の神話が保持してきた遺産を放棄せず、その潜在可能性を最大限に発展させようとする点である。現代人の心理的経験も、まず何にもましてキリスト教の文脈によって規定されている。人間の意識の発展を里程標のように刻んできた神話や宗教的象徴という前提を活かし、それを発展させていこうとするユングは、あくまでキリスト教の立場を棄てていない。

さて、以上から次のことが確認されよう。まず、ユングの個体化論は『自我と無意識の関係』において一応の完成を見たが、その基本的枠組は、グノーシス主義の救済神話に着想を得た可能性が高い。その根拠は、グノーシス主義の体裁で書かれた「死者への七つの説教」に個体化論が萌芽的にあらわれているからであった。とすれば、そもそも分析心理学は神話的カテゴリーを利用して生まれたものであることになる。また、「七つの説教」はユングが「情動をイメージに変換する」技術を確立した時期の産物であり、『自我と無意識の関係』も無意識のエネルギーを次々とイメージ化することによって自我と区別する方法を述べたものである。ゆえに、分析心理学は人格的イメージと不可分の関係にあることがわかる。そしてユングは個体化の果てに見出される「自己」を「内なる神」と呼び換えているが、これは宗教――西洋の読者を前提としているのですなわちキリスト教――の神のイメージを、あえて利用する戦略である。このような、内面的な神を語ることでユングがグノーシス主義であると言われる十分な理由が生じ、しかも、ユングがそのグノーシス主義をはじめとする神話的枠組みを用いて、キリスト教の一面性を克服し、新たな発展を模索しようとするとき、必然的に神学的議論へと巻き込まれていくことになるのである。

（1）ただし、内容的にはバシレイデスのグノーシス主義の体系と必ずしも一致するわけではなく、ユングはバシレイデス以外の様々な出典からこの作品の着想を得たと考えられる。バシレイデスとの一致点は、無からの宇宙の創造という観念、下なる世界の至高神であるアブラクサスの名前などである（Brenner, 1990, 400）。
（2）GW 8 : 131–193. 公刊されたのは一九五七年。
（3）これは「リビドーの変容と象徴」（一九一二）では曖昧なままだった（Heisig, 211–212）。
（4）神と悪魔の結合としてのアブラクサスに対応するのは、意識に対立物をもたらして無意識の補償機能を発揮する、「超越機能」である。Brenner, op. cit., vol. 35, 1990, p. 415.
（5）この引用箇所は、宗教の教義や儀礼などの象徴が持つ心理学的機能を説明するためのものである。
（6）これはただちに、自伝の「無意識との対決」において、ユングが内なる女性の声と問答を続けていたことを想起させるものである。
（7）一九五九年、ＢＢＣ放送での対談。"The 'Face to Face' Interview", *C.G. Jung Speaking*, N.J. : Princeton Univ. Press, 1977, p. 428.
（8）C. G. Jung, "Foreword", White, Victor. *God and the Unconscious*, The World Publishing Company, 1961(orig. 1952), pp. 20–21.

(9)ヘッセ、ハイデガーとグノーシス主義との関係については以下を参照。高橋義孝「ヘッセとグノーシス」、的場哲朗「ハイデガーとグノーシス主義者」、いずれも『グノーシス　異端と近代』大貫隆・島薗進・高橋義人・村上陽一郎編、岩波書店、二〇〇一年所収。

(10)グノーシス主義理解を一気に進めることになったナグ・ハマディ文書の発見は一九四五年であるが、無論、ユングの存命中に、研究に利用できるような翻訳、公刊は進まなかった。なお、ナグ・ハマディ文書に含まれる、コプト語パピルスの一つが、今日、ユングの名を冠して、Jung Codex と呼ばれている。以下を参照。ヴェーア、一九九四、三〇一-三〇五頁、Jung, *Letters II*, p138, n. 17；Quispel, 1987, 572；Quispel, 1995.

(11)ユングのグノーシス主義への最初期の言及がフロイト宛書簡（1911.8.29）に見られる。そこでは、グノーシス主義の「ソフィア」の概念が古代の英知を精神分析の形態の中に再生させるのにとりわけ適していると書かれている。

(12)クィスペルによれば、ナグ・ハマディの発見によって、ユングの正しさが証明されたということになる（Quispel, 1987, 574）。

(13)Brenner, op. cit. ブレンナーの指摘は次の三点。第一に、クレアトゥールの生じた由来について明示的に説明がなく、第二に、デーミウールゴスが登場せず、第三に、宇宙の起源論から説き起こされるグノーシス主義の神話とは異なり、人間の起源に関心が集中している。

(14)ヨナス、一九八六、二三七頁以下。大貫、一九九七、二二五頁以下。スコペロ、一九九七、八九頁以下。

(15)この時にソフィアの過失の契機がユングの体系では重視されていないというのは大貫の指摘するところである。大貫前掲書、二六四-二六五頁。

(16)この際に人間の方がデーミウールゴスよりも知恵において優るというモチーフは、ユングにおいては『ヨブへの答え』に持ち込まれる。

(17)大貫前掲「ないないづくしの神」二四九–二五〇頁。

(18)また次も参照。西平直『魂のライフサイクル――ユング・ウイルバー・シュタイナー』東京大学出版会、一九九七年。

(19)この点については入江良平の示唆に負うところが大きい。入江によると、「解放」「離脱」としての個体化過程は、中期に著作において提示されて以来、後期まで一貫するものだが、後期に錬金術等のエソテリックな研究に没頭した結果、個体化過程の目標の記述には一連のクリシェが並べられるだけで、具体的様相を想像しようとしても不可能に近い(入江、一九八五、二九八頁)。

(20)本書では、本来不可欠な錬金術の問題を扱うことができなかった。さしあたり、二点のみ、最近の研究を挙げておく。河東仁「ユングの思想と宗教心理学」『宗教心理の探究』東京大学出版会、二〇〇一年。垂谷茂弘「ユングの転移観における宗教的次元」『宗教哲学研究』一九号、二〇〇二年。

(21)この分類は、ホーマンズが、ユング心理学の想定する三つのタイプの人間として挙げたものとほぼ対応している。ホーマンズの「善きキリスト教徒」「近代人」「ユング的人間」がそれぞれ、「古代人」「近代人」「現代人」に対応する(Homans, 1995, 185–186)。

第七章　ブーバーとの論争をめぐって

一　ブーバーのユング批判

一九五二年、マルティン・ブーバー（Martin Buber, 1878–1965）は、『メルクール』誌上に「宗教と現代思想」と題する論文を発表し、ユングを批判した。同時代人の無理解にさらされた人物というユングのイメージがあるが、それは、フロイト派による批判を除いては、ユングの思想が、批判対象としても、正面からとりあげられることが少なかったということでもある。その点、この論争は、逆説的にではあるが、ユングの思想が吟味に値するものであると認められ、批判された例外的出来事であった。『我と汝』の著書で知られ、世界的に高名なユダヤ人哲学者がどのようにユングの思想を理解し、問題視したのか。ユングによる反論とブーバーによる応答という三幕からなる論争は噛み合わず、残念ながら実り豊かなものとは言い難いが、ブーバーはユングの著作を真摯に読解したうえでしかるべき敬意をもって本格的に批判している。ブーバーの議論はユングの宗教論を理解するにあたって、傾聴に値するものである。

ブーバーの伝記によると、ブーバーがユングを批判したことは多くの人にとって意外であったという（フリードマン、二〇〇〇、二一七頁以下）。というのは、ブーバーは、ユングが中心人物となり次々と新しい研究を発表していったことで知られるエラノス会議にも参加しており、ユング派の人物達との交流も深かったからである。ブーバーの批判は、ユングが心理学者としての限界を踏み越えて宗教について発言しており、その踏み越えの結果、グノーシス主義的な新宗教を宣教しているというものであった。「宗教と現代思想」は後に刊行された『神の蝕』に収録された。[1] ユングは、サルトル、ハイデガーと並べて論じられているが、この本は「現代思想の徹底的な主観主義が超越者への接近を妨げ、神の生きた臨在に対する霊的な盲目をもたらしている」(Seltzer, 1988, xviii) という問題意識に立つものであり、ユングに対する批判点も同様の見地からであると見てよいだろう。

ブーバーはまず、ユングが心理学者としての限界に基づいて、「超越者についてのどんな発言も避けるべきである」と主張していながら、同時に、「宗教とは魂の動きへの生ける関係である。その動きは意識に依存するのではなく、意識の彼方の、魂の内奥の暗黒のうちで生起するのである。」(GW9 i : 261. 一七五頁) という定義によって、その限界を踏み越えていると指摘する。なぜなら、これは、宗教が、あらゆる時代の正真正銘宗教的な人々が理解してきたような、「魂に対してはつねに超越的であり続けるような存在ないし本質」への関係、つまりブーバーの言うところの我と汝の関係ではないということを意味するからである (Buber, 1953, 96–97)。さらに、ユングが、神を「無意識の一機能」として見做す心理学の立場と、神を「それ自体で存在している、つまり無意識とは完全に別のものである」とする「正統」の立場を対置し、後者は「心理学的には神的な力が自身の内部から来るものであるという事実を意識化していない」(GW6 : 413. 二六三頁) とするとき、ユングは神のイメージの起源を信仰者自身の魂の内に持つと宣言することになるとブーバーは指摘する（Buber, 1953, 98. 一〇八頁）。

ユングはこの箇所で、神イメージとは、無意識内に塞き止められたリビドーが蓄積することによって、諸々のイメージが活性化した結果、現われるものだという説明をしている。もちろん、ユングの立場からすれば、これはあくまで神の「イメージ」についての発言であり、それゆえ、心理学の限界内での発言になる。しかし、ブーバーはこれを受け入れない。ユングは「形而上学的主張は魂の発言であり、それゆえ心理学的なのである」と述べるが、ブーバーによれば、そもそも魂の発言でない発言はないのであるから、心理学の限界は破棄され、心理学こそが唯一許容し得る形而上学となっているという。こうして、ブーバーはユングの発言を事実上の形而上学であると見なし、形而上学の土俵で批判する準備を整える。ブーバーによると、ユングは、「現代的意識は、諸宗教において信ぜられる神とはもはやいささかも関わりを持とうなどとは思わず、神に背を向けて、魂、つまり神的なるものを自らの中に具有すると期待される唯一の領域としての魂に向かう」と述べることで、「宗教の解釈者」であることに満足せず、「新しい、それのみが依然真であり得る純粋な心的内在の宗教」（Ibid., 103. 一一五頁）の宣教者となったのである。

ここまでは、ユングにとっては、ブーバーの無理解を意味するものでしかないが、分析心理学の宗教性、あるいは分析心理学の代替宗教としての機能を認める立場からすると、ユングの痛い所を突いているのはむしろこの後である。まずブーバーは、フロイトは宗教体験を理解できないというユングの主張を認める。そのうえで、しかし、「宗教を体験する魂は、まさしくおのれ自身を体験する」というユングの説は、実は、神秘主義者達の行なってきた同様の主張とは違うと指摘する。ブーバーによると、神秘体験をする者達は、この世の喧噪と被造物的人間存在の矛盾から全人的に離脱する者たちであり、そこで体験されるのは、自体的に存在し、絶えず魂の内で「誕生する」神との合一である。それに対して、ユングにおいては全人的離脱に代わるものとしてただ意識の離脱が置かれ、自体的存在との合一に代わるものとして「自己」が置かれている。しかも、この「自己」は純粋に神秘主義的なものというよりは、グノーシス主義的なものに変わってしまっているとする（Ibid., 104. 一一六頁）。

ブーバーがここでグノーシス主義的と形容しているのは、善と悪とが対等に結合されたものであるユングの自己概念であり[2]、それを明快に証明するのが「ずっと初期に印刷されはしたが市販されるに至らなかった一著作[3]」（Buber, 1953, 104. 一一七頁）であるとする。ブーバーがここで言及しているのは「死者への七つの説教」であるが、このような私家版のテキストをブーバーが入手しているということも、彼のユング派内部への人脈、またユングを広範に読解していたことを物語っている。ユングがこの書において善と悪の結合である神に対して宗教的告白をしているとブーバーは指摘している（Ibid.）。また、「グノーシス主義者」という言葉を用いるときに、ブーバーが、内なる神性を探求する者という含みも持たせていると考えても差し支えあるまい。グノーシス主義者という肩書きによって、神を心内的なものとしてとらえるユングの心的現実の立場も批判の対象になるのである。

ブーバーによると、神秘主義者の体験は、端的に「我と汝」の関係——対話によって己の存在を可能たらしめるような「他者」との関係——に基づいているが、ユングの個体化論はそうではない。ユングは、心理学的には幼児の段階にある人類がそれを超えていくためには、パウロのように良心に代えて魂を代置する必要があると述べている（GW7 : 401. 二〇三頁）。ブーバーは、この「良心に代えて魂を代置する」とは、「グノーシス主義的に」という以外には理解できないとする（Buber, 1953, 108. 一二〇頁）。分析心理学の自己の概念を踏まえれば、求められるのは善悪を峻別して悪を裁く法廷としての良心ではなく、善と悪の均衡、結合ということになってしまう。

また、ブーバーはユングによるマンダラの分析をとりあげる。ユングによると、現代人の空想に現われるマンダラにおいては、神の場所を人間の全体性（自己）が占めており、現代人にとっての神は、伝統的な超越的神ではなく、内なる神である（CW11 : 101, 136–139. 六一、七九–八一頁）[4]。ブーバーによると、そのような内なる対立物の意識化によって「自己」の実現を目指す個体化論においては「他者」が視野に入ってこない。ユングは、個体化とは単なる自我の意識化ではないと主張して、「個体化は世界を排除するのではなく、世界を包み込むのである。」（GW9i : 432. 三五九頁）と述べているが、ブーバーは、個体化が心内的過程である以上は、そこにおいて出会われる「他者」は、個人の魂の内容に過ぎないとする。そのような「自己」によって包み込まれていく「他者」は、「自己」によって、「それ」として所有されているとされる。

ブーバーが「汝」と呼ぶものは、個体化がいかに進もうが決して包み込むことができず、それを自分の一部として所有しようとしても、その試みを断念せざるを得ないような他者であり、これは神にそのまま当てはまる。したがって、ブーバーのカテゴリーに従えば、ユングの個体化論は「我-汝」の関係ではなく、「我-それ」の関係に基づいたプロセスであり、現代人にとっての神である「自己」も、真の「汝」とは呼べない。ゆえに、神秘主義者達の神体験を個体化論の枠組みで考えることはミスリーディングであるということになる。その結果、たとえばマイスター・エックハルトに「自己」の概念が見出されるというユングの理解は間違っていることになる(Buber, 1953, 111. 一二三頁)(5)。

さて、ブーバーの結論は、ユングが自己を善悪、男女の結合と考え、そうした自己の実現を神体験と等しいとするなら、ユングの心理学とは、そのようなグノーシス主義的な神を宣教する新宗教であるということであった(Ibid., 113–114. 一二六頁)。こうしてブーバーは、ユングの思想的営みを心理学ではなく、宗教の次元におき、しかも「我-汝」「我-それ」の対比に基づいて、個体化論が指し示す境位は神体験と呼ばれるものを把捉するには至っていないと評価した。

二 ユングの反論とブーバーの応答

ユングはすぐに、同じ『メルクール』誌に反論を掲載した(GW18 : 1499–1513)。ユングはまず、ブーバーが論拠の一つとして持ちだしてきた「死者への七つの説教」を、もう四十年も前に「若気の過ち」で書いた「詩」に過ぎないとして、それを学問的な議論の俎上に載せることを拒否している(6)。そしてユングが主張するのは、第一に、ブーバーがユングの方法論を理解していないということ、第二に、個体化過程に含まれる経験は、「汝」との出会いと呼ぶに値するということである。

第一の論点に関して、ユングはイギリスの医学雑誌に載ったユング評を引用する。「事実が第一で理論は後回しというのが、ユングの著作の基調音である。彼は徹頭徹尾、経験主義者なのである」(GW18 : 1502)。「経験主義者」たるユングが形而上学的概念に言及するのも、そうした概念が「心的現実」においては、他の外界の存在物と同等の位置を占めるからである。[7] ユングは、「私は擬人的観念を扱っており実際の神や天使を扱っているわけではないと自覚している」(GW18 : 1504) と述べる。ユングが記述しているのは、エネルギーを担っているために聖なる名前を与えられ、形而上学的存在と同一視されてきた心的なイメージに、自我が直面する事態であり、仮に、投影が引き戻されて形而上学的存在との同一視が行なわれなくなったとしたら、その形而上学的存在が消滅するというようなことを主張しているわけではない。ユングの説はグノーシス主義からの演繹的議論に基づいているのではなく、経験的事実に基づいているのであるが、ブーバーは精神医学の経験がないために、ユングの「心的現実」の立場が理解できないのである (GW18 : 1505)。[8] ユングはそう反論した。

第二の論点は、「心的現実」の立場を踏まえたものである。心 (psyche) とは自我にとっては客観的なものであり、無意識の諸力、元型――究極的には自己――は、自律的に振る舞う、エネルギーを担ったものとして自我の前に現われる。それは、未知なる他者[9]として現われ、意識的自我に影響を及ぼす。それが自我意識を抗いがたく支配してしまう様は、ホロコーストや原爆の使用といった現代の悪魔的行為によって例証されている。このように、ユングの枠組みでは、自我が出会う無意識の諸力は、「汝」と呼ぶに値するものであり、心理学的には、神秘主義者達や神学者達が「神」と呼んできたものと等しいのである。(10) あらためて確認すると、ブーバーが言うような「汝」である神というのは、心理学的には元型として記述され、自我にとっては心的イメージとして経験されるものであるが、だからといって、神が心的イメージにすぎないとか、心的イメージ以外の神が存在しないというような主張をユングがしているわけではないのである。ユングの枠組みでは、自我も、「自己」を究極とする無意識内の諸力も、すべて心(Psyche)という場において語られている。そのように自我が置かれた場として、ユングは客観的心(objective Psyche)という言葉も使う。ユングのなしたことは、心の概念を意識も無意識も含んだものとして拡大することであったが、その際に、心が個人の内に閉じこめられたものとなってしまうかどうかという関心はユングにはなかった。(11)

ブーバーはユングの反論に応えて、『メルクール』に短い返答を掲載した。ブーバーはそこで、特に新しい論点を出すわけでなく、ただ、自説を敷衍して再確認しているが、論調は厳しさをましている。ブーバーは、神は心的現象に過ぎないという説と、神が人間の心から独立して存在しているという説の対立の構図を描き、前者の説をユングのものと見做し、自分は後者の説に立っている(Buber, 1953, 158.一六九-一七〇頁)。そして、啓示への自らの信仰を告白して、主張をいっそう明らかに提示している。それによると、ブーバーの信仰とは、既成の命題が天から下ったと信ずるのではなく、「人間という実体が自らを襲う霊の炎によって熔かされることを信ずること」であり、そしてその人間から、それを生じせしめた者とこの者の意志を証しするような言葉が突如現われるのだという

(Ibid., 159. 一七二頁)。ブーバーがこの告白によって意図していることは、およそあらゆる発言が人間的なものであるのはユングの言う通りであるとしても、超越的な神の実在を確かに指し示す言葉はあるということである。(こうした指摘をブーバーが繰り返すということは、彼がユングの「心的現実」の立場を理解する気が無い証拠である)。またブーバーは、この超越的な神――人間を超越する霊の火花――への信仰告白を、ユングの宣教する「グノーシスの現代的現象形態」たる心理学と対決させ、「グノーシスは信仰の実在性に対する真の敵である」と言明する。グノーシスの問題点は「本能を信仰の中で聖化するかわりに、本能を神秘的に神格化する」ということである (Ibid., 161-162. 一七三頁)。なお、これは前年の一九五〇年になされた「ユングは宗教を心理的現象に還元し、同時に無意識を宗教現象に高めるのである」(Fromm, 1978, 20) というエーリッヒ・フロムのユング批判とそのまま対応している。フロムは、ユングの心的現実の立場に異議を唱えるという点においてもブーバーと相通じており、これらがひとつの典型的なユング批判のありようを示している。

三　考　察

ブーバーとユングの論争を通じて、まず第一に明らかなのは、そもそも「論争」の体をなさないほど二人の主張がすれ違っていることである。ブーバーは自らの信仰上の確信に基づいて、形而上学的なレベルで超越的な神を確保しようとしたし、ユングの立場は「私は心理学者として、形而上学にまぎれこむ意図は毛頭ないし、そんな資格も持ち合わせていない。ただ、形而上学が経験の領域に波及してきて、経験的立場から見て決して正当でない解釈を経験の上に押しつけようとするときには、あくまでも戦わざるをえない」（GW9i : 98. 七二–七三頁）と述べている通りである。しかし、ユングとブーバーとの戦いは、双方がお互いの領域侵犯を非難しあうばかりで、剣を交える間もなく「相互引きこもり（mutual withdrawal）」（Stephens, 2001, 487）のまま終わったといえる。渡辺学はこの論争を総括しながら、これをユングにおける信と知の問題として位置づけている。それによると、ユングは可知性の範囲で、つまり個々人によって知られた限りでの神の問題を扱っており、そのため、ユングにおいてはあるものの存在を信じるか否かといったレベルでは、もはや「信じる」ということは成立しない。つまりユングが行なっているのは心的イメージを対照とした解釈学的営みに他ならず、ユングにとっての宗教とは「自らの体験世界との生き生きとした関わり」（渡辺、一九九四、一一五–一一六頁）に存するのである。ブーバーとの宗教観の違いは明らかである。

この「論争」が二人の相互理解にさしたる貢献をせず不毛なままに終わったことは、その後ユングの書簡に明らかである。ユングは一九五七年に次のように書いている。

ブーバーは無頓着にも、彼が「神」という言葉で考えているものを誰もが考えていると決めてかかっている。しかし、実際には、ブーバーはヤハウェのことを言っており、正統的キリスト教徒は三位一体を、イスラム教徒はアラーを、仏教徒は仏陀を、タオイストはタオを、といった具合である。……自分の評価に基づいて、神がどのようでなければならないか指図しているのは、あらゆる種類の神学者達の方なのです。……私が、神はまず第一に我々の抱く概念であると言うときに、これが神は「概念にすぎない」という説に歪曲されているのです。実際には、私たちがせいぜい直感することはできるけれども自分の知識の領域には移すことのできない存在的背景があるのです。しかしいずれにせよ、真面目な科学はこうした尊大な主張を控えなければなりませんが。(12)（1957.6.8）

死を一年後に控えた一九六〇年六月にも論調はまったく変化していない。ユングとブーバーの両者に質問の手紙を送った一学生（Robert C. Smith）(13)に対して、「私が関わるのは発言についてのみであり、私の関心はその構造と行動にあります。」（1960.6.29）としている。ユングはこの手紙の中では、再三、経験主義的立場を主張するとともに、「神コンプレクス」という言葉を用いながら、心の自律性について力説している。ユングが説得のために選んだたとえは、理性的な大学教授が、かかっていないとわかっている癌に対する恐怖を取り払えないという例(14)で、いささか単純すぎるきらいもあるが、しかしユングにとって、「あきれるほど単純な経験主義の立場」が理解できないのは、科学に対する神学者達の偏見あるいは悪意のせいであり、「平均的な知性とちょっとした常識」さえあれば理解できるものなのである（1960.6.29）。ユングは、この学生から手紙を論文中に引用することの許可を求められたが拒否し、文通の事実にも言及しないように求めたという。ユングの書いた手紙が、すでに著述で公になっている内容を超えたものを含んでいるとも思えず、また一学生に対して書簡集の活字でおよそ一〇〇行、三頁にわたって書き送っていることなどを考え合わせるとき、ブーバーとの「論争」、さらに一九五〇年代を通じて続いた神学者達の批判に、ユングがいかに苛立っていたかが読み取れる。

ユング派のエディンガーは、このやりとりに言及して、ユングの立場を理解するには、「それほど多くの知性は要らないだろうが、稀なレベルの意識段階に達していることは必要だ」と述べている（Edinger, 1996, 32–34）。彼によると、水の中の魚が水の性質を講義されても理解できないように、自律的で客観的な心というコペルニクス的発見を理解するには、個人的な被分析経験によって、心を外から観察できなければならない。もしも、仮に、これがユング派の公式見解であるとすれば⑮、事実上ごく限られた人々にしか開かれていない経験に真理性をうったえる分析心理学が、経験科学というよりも、秘教的知識（グノーシス）であると見做されてしまうのも理解できる。この点では、ブーバーは精神医学の経験を持たないので「心的現実」の立場が理解できないのだという、自らの科学性を主張するユングの論法も、逆効果に働きかねない。

ジョン・P・ダウアリーによれば、ブーバーを脅かして彼をユング批判に導いたものは、「ユング心理学の形而上学的含意と、それがブーバーの一神教的コスモロジーに突きつけた脅威」（Dourley, 1994, 133）であった。二人の議論は、認識論的枠組みをめぐっては完全なすれ違いに終わっているが、「神」が超越的起源を持つか否かはとりあえずおいて、いわばプラグマティックに、いかなる神のイメージが現代人にとって有益なのかと問うことは不可能であろうか。つまり、形而上学か経験科学かという二者択一ではなく、「世界観」を焦点に問題をとらえることで生産的な議論の場が生まれなかっただろうか。すでに述べたように、ユングは世界観が神経症を引き起こすこともあれば、治療に重要な役割を果たすこともあるという観点を持っていた。ユングの視点からブーバーの「一神教的世界観」をどのように評価するかが論じられてもよかったはずである。それともこの問題は、とりあげるまでもなく、接点のないことが自明な対立点なのであろうか。「世界観」という人間的なカテゴリーを問題にすることは、事実上、ユング的な「心的現実」の土俵での議論になるかもしれないが、そもそもブーバーの批判は、ユング的な世界観が現代思想に浸透していくことが有害だという批判であったと言えるはずである。

ユングはブーバーへの反論の中で、無意識の諸力が自我にとっては「汝」として現われると主張しているが、これは完全に、「心的現実」の立場による体験世界の分析である。ユングの議論に乗るならば、自我と元型あるいは自己との関係はブーバーにとっての人間と神との関係と等しいということになるが、これは妥当であろうか。あるいはユングがさらに譲歩して、神イメージがなんらかの超越的存在の作用により生じていると積極的に認めたとしたらどうであろうか。いずれにせよブーバーはそのような議論の場に誘い出されることはないであろう。超越的神の存在を認めた上で、その心的イメージについてユングが語っているのだとしても、個人の心内的装置（自我）に同化されるような対象としての「神」を語ることはブーバーにとっては意味を持たないであろうし、単なる心的イメージの所有（「我-それ」）に甘んじることこそが、ブーバーの批判対象だからである。ブーバーはある書簡の中で「我-汝」関係が存在論的なものであると明言している。「我-汝」関係は全人的経験であり、抽象的な、単なる心理的経験に根拠を持つものではない（Agassi, 1999, 204）。

以上のように見てくると、ユングが神学的主題すなわちキリスト教の教義や神の像について発言する地歩を得ることができたのは、「心的現実」の枠組みを採用したことによってであったが、しかし、同時に、この「心的現実」の立場が神学者達に理解されることがなかったために、かえって批判を招く結果になったということがよくわかる。

次に、ユングの心理学がグノーシス主義的であるという批判について検討する。この批判には二つの側面があると思われる。第一の論点は、ユングの想定する悪も含んだ対立物の結合、または四位一体としての神の像は、グノーシス主義の神話に現われる悪しき造物主デーミウールゴスに他ならず、その結果、ユング心理学は善悪の相対主義に陥るとするものである。ダウアリーはブーバーの論点を、こうした自己の概念が「ある種の道徳的放埒」に基礎を与えるという主張にまとめている（Dourley, 1994, 130）。第二の論点は、グノーシス主義は、本来は超越的存在である神を、被造物として限定的な存在である人間が知ることができると主張する傲慢の罪を犯し、その結果、神本来の超越性に対する目を曇らせるので有害であるというものである。

四　良心論

第一の批判については、ユングの良心論によって答えることができる。ブーバーは、「定め(Bestimmung)を持つものは内なる声（Stimme）を聞くのである」というユングの言葉を引きながら、内なる声とは、悪と思われるものも提示するが、治癒のためにはそれに「部分的に」屈することも必要であるというユングの説を紹介している。これらのユングの言葉は「人格の形成について」（一九三二）から引かれている。この中でユングは人格を「心的全体」（GW17 : 286. 一九五頁）と呼び、「人間の個性全体をできるだけ発達させる」（GW17 : 289. 一九八頁）ことで人格が獲得されると述べている。ユングがこの中で語っていることは、人格を実現するためには、しばしば「悪」の外観をまとって現われてくる内なる声を聴き取り、それにただ盲目的に従うのではなく、道徳的決断をもって自我に同化することが必要であるということである。[16] これによって、万人にとって共通の客観的な心を前提しながら、個性的な人格が形成されるのである。内なる声がなぜ「悪」として現われるかというと――それは実際には低きものとともに高きものも、悪なるものとともに善なるものも含んでいるのだが――、人間は悪に対しては通常無意識的であるがために、それを声として聞くのである(GW17 : 319. 二二二-二二三頁)。内なる声に従うことは「意識的・道徳的決定をもって自分自身の道を選ぶ」行為であるので、多くの人は、内なる声ではなく因襲に従うことを選ぶのであるが、それは自己の全体性を犠牲にする道である（GW17 : 296. 二〇三頁）。

晩年の「心理学から見た良心」（一九五八）を見ると、「内なる声」が、「良心」と言い換えられてほぼ同じ内容が述べられているのがわかる。ユングは良心には「正しい良心」と「誤った良心」があると述べる（GW10 : 835. 八五頁）。良心は「自律的心的要因」と特徴づけられ、「神の声」として聞かれるとされる（GW10 : 842. 九一頁）。ユングは、良心に従うことには並外れた勇気か、揺るぎない信念が要ると述べ（GW10 : 835. 八五頁）、時に、良心に従うことが伝統的道徳律との間に葛藤を生じるとする（GW10 : 837. 八七頁）。ユングは、対立を抑圧するのではなく、とことん突き詰めていけば結果的に創造的な解決が現われるとしている（GW10 : 856. 一〇五頁）。対立の一方に盲従するのではなく、対立の緊張に耐える意識の強さを持つということは、常にユングの求めるところである。ブーバーが危惧するような、善悪の区別をないがしろにする事態とはむしろ正反対に、対立物の組を常に区別して、意識のうちに保持することが個体化の道である。全体性としての「自己」の実現とは、そのような営みの繰り返しである。ユングは、部分的に悪に屈する必要を説く場合さえあるが、それは「成長過程の特定の段階において」（GW10 : 866. 一一四頁）必要なことであり、目標は善と悪の対立を意識化することなのである。意識の機能とは何よりも区別することであるが、自我意識は、善と悪を区別し、その対立を自らのものとして引き受けたうえで善を選び取る決断をしなければならない。もちろん、ユングはその決断が伝統的道徳律と一致すべきだとは言わないので、道徳的堕落の嫌疑がかかるのである。しかし、ユングが「どの霊も信じるのではなく、神から出た霊かどうか確かめなさい。」(ヨハネの手紙一4章1節)という一節を引用しているとおり(GW10 : 839. 八八頁)、常に自明ならざる善悪の間で決断が求められるというのは、信仰の立場にあっても同じことである。ユングはここで、キリスト教の教えにもすでに自分の言わんとすることが先取りされていると主張しているのである。したがって、ユングの試みは、現代的な観点から、キリスト教の持っている可能性を十分に展開させることだという主張が可能となるのである。善悪の対立を自らの内に保持するという意識のあり方からすると、善、悪のいずれか一方への同一化しか想定していない伝統的道徳律は、もはや克服すべき、劣った段階のものとしか見做されないのである。

このようなユングの立場は、先に触れた、ユングが「より高い力への屈服」を宗教体験として称揚する、権威主義的宗教観の支持者だというフロムの批判(Fromm, 1978, 19. 二五頁)にも答えることとなるだろう。また、ブーバー、フロムとともにユダヤ人であり、ユング派に属するエーリッヒ・ノイマンが、まさにユングの議論を踏まえて「新しい倫理」を唱えている。ノイマンの「新しい倫理」とは、否定的なものの拒絶に基づく古い倫理に代わり、影の問題を受容し、倫理的責任を自我のみならず、人格全体において引き受ける態度である。ノイマンによれば、分裂は悪であり、統合、全体性は善である。自らの悪について意識的であり、一貫した責任の自覚の下に行なうような悪は、倫理的には善であるという(Neumann, 1999, 88–89, 113ff. 一〇〇頁以下、一三〇頁以下)。

もっとも、こうしたユングの立場が倫理的実践に置いて有効な指針を提供しうるかというと、はなはだ心もとない。結局、自らの無意識に対して責任を持つとしても、他者に対する責任はどうなるのか、という問題が残されるであろう。

五　独我論批判

第二の、人間の知が神を認識できるというグノーシス主義的傲慢への批判は、ユングが自らの心的現実の立場について主張するところを認めるかぎりは当たらないと言える。ユングは心的世界を超越したものについては判断を中止し、心的イメージとしての神を知っていると言うにとどまっており、言わば、知っているものを知っていると述べているだけだからである。ただし、ここからもう一つの根本的ユング批判が導かれる。それは、ユングの「心的現実」の立場が心的ならざる存在を度外視した、きわめて独我論的なものになっており、個体化過程というのも単なる心内的過程に過ぎず、そこからは他者の問題が抜け落ちてしまうのではないか、というものである。この点をグノーシス主義の神話との比較に基づいて取り上げたのが大貫隆の議論である。

大貫隆は「ないないづくしの神」（大貫、一九九七）の中で、二世紀のグノーシス主義文書『ヨハネのアポクリフォン』に見られる救済論的神話の構造を分析し、これを、グノーシス主義の神話に負うところ大であるユングの個体化論と比較している。『ヨハネのアポクリフォン』は、ハンス・ヨナス言うところのシリア・エジプト型のグノーシス主義神話に属し、「頂点に置かれた至高神からいわば一元論的に、上から下へ垂直に展開される」（同、二五三頁）、いわゆる流出論の構造を持つ。つまり、原初のプレーローマにおいて至高神が主体と客体に自己分化を始めたところに最初の堕落があるが、至高神とはすなわち「第一の人間」であるので、「人間即神也」というグノーシス主義の思考によれば、この堕落はそのまま「一人一人の人間の《自分自身》に生じた事態にほかならない」。したがって、そこにおいての救済神話とは「実存論的に見れば、そのように分化を始めた人間の自己が、その分化のゆえに生み出される悪と欠乏の世界に落下し、そこで本来の自己と非本来的な自己の分裂にまで昂進した後、やがてその本来的な自己について「我即神也」が成り立つことを「認識」して、その自己に回帰するという一つの円環運動を示している」（同、二五六頁）。大貫によると、ユングはこうしたグノーシス主義神話の円環運動に、全体性たる「自己」の喪失と回復をめぐる、すぐれて深層心理学的な現象を読み取っている（同、二六一頁）。ユングにとって、グノーシス主義の神話は、無意識（自己）から現われた意識（自我）が、再び無意識（自己）へと回帰していくサイクルであるという。

さて、大貫は、このようなグノーシス主義の救済神話の問題点は、言葉の真の意味において「他者」と呼びうるものが根本的に存在しなくなってしまうことであると指摘している。グノーシス主義が目指す救済とは、どの人間の中にも宿っている「同じ神的本質の断片」を回収して、元来の全体性の中に回収して統一するという「全体主義的」な企てである。ここでは、個々人の生涯において積み上げられる個性は捨象されて、「さまざまな個性への分化が始まる以前から存在する超個人的な神的本質との連帯だけ」が求められている。「他者」との連帯は問題とならない。世界が終末の大火によって消失するというグノーシス主義の神話が示唆するとおり、グノーシス主義的世界観においては、現実世界や他者は消失して、最後には「宇宙大に膨張して他者を喪失した自己」だけが残ることになる。そして、大貫によれば、こうした救済観は、パウロに代表される新約聖書の思想とは相容れないものである。それは、絶対他者なる神が、十字架上での自己放棄（これは逆説的に「神の全能」を示す行為である）によって、人間――堪え難い自分自身と向き合う人間――を丸ごと受容するというメッセージである。

このような大貫の指摘は、ユングの個体化論の独我論的性質を批判するものであると同時に、ユングのキリスト教理解――とりわけ『ヨブへの答え』等で表明される神理解――に対する批判ともなるだろう(17)。

前者に関しては「全個性化過程を経て原初の全体性を回復した自己にとって、自己ならざる他者はどのような位置を占めるのか」（同、二七〇頁）と問いが出されている。これについては差し当たり、個体化の目標である全体性とは、原初の未分化な一体性としての全体性とは異なり、あくまで諸対立物を対立したままに意識のもとに保持する全体性であるという反論ができる。これは、前述のウィルバーによる「プレ段階」と「トランス段階」の区別である。したがって、自我と自己という区別も解消されているわけではなく、ユングが太陽と地球の比喩を用いいつつ、「個体化された自我は、自らが、上位に位置する知られざる主体の客体であると感じるようになる」（GW7 : 405. 二〇五頁）と表現しているとおりである。「自己」は自己といいつつも、自我にとっては究極の他者であり続けるという逆説的な命題を掲げてもよいだろう(18)。ただし、やはりこれにはユングの言う「心的現実」の枠組みが前提となっており、ユングの枠組みそのものが独我論的性質を持っているのは渡辺学の明らかにした通りである。「他者」とは心的現実における、自我にとっての他者に過ぎず、心的世界の彼方の他者はユングの射程では捉えられない。ゆえに、大貫の問いかけは正鵠を射ていると言わざるを得ないだろう。

後者の、ユングによるキリスト教の神理解については、『ヨブへの答え』にそって後述することになるが、ユングは、ヨブが神の内的対立を正しく見て取り、それを引き受ける決断をしたと捉えており、そのような対立物の結合としての神が、聖霊の働きによって、普通の人間――したがって自己分裂に苦しむ人間――に受肉する過程としてキリスト教の神話を解釈している。したがって、「苦しむ人間を丸ごと受容する神」という理解はユングに通じるものとしてよいだろうが、ユングにおいては、その神が、人間と同じように内的対立を抱えた神でなければならず、また普通の人間への「受肉」が強調されているので、神は「絶対他者」として超越的に理解されるよりも、内在的、神人同形的に理解されているといえるだろう。とりわけ神の側にも対立がなければならないというのが、ユングの独特なところである。

以上、ブーバーによるユング批判を手がかりに考察を進めてきたが、ユングにおける「他者」とは、「心的現実」の枠組み内における他者である。したがって、ブーバーの言うような「我と汝」の関係が、ユングにおいては心内的問題として解釈される。大貫による問題提起もこの点を突いたものであり、ユングの独我論的枠組みと、グノーシス主義の救済神話には通底する部分が多いことが示された。この関係で、ユングが「心的現実」にとどまるかぎり、身体性の統合の問題が等閑視されることも、やはりブーバーの立場からは批判されることになるだろう。独我論と身体性については、ジェイムズ・ハイジックがユング心理学における「公的自己」への無関心との関係で論じている。ユングは後期の錬金術研究において身体の問題に目を向けたものの、結局、「身体の問題を精神化する方向」に向かい、「ユングが内的世界の周りに付けた括弧は、心を引き止めて外の現実と接触させまいとする結果となった」(ハイジック、一九九九、四二頁)。ハイジックは別の論文でも、ユングが外的現実に価値を置かないことに注意を促している(ハイジック、一九九六)。ユングはキリスト教の神話を批判しつつも、その神話と同じくあまりに人間中心的であり、大自然を価値の源泉と見る立場に立つことはない。そのようにハイジックは指摘する。

善悪の相対性という倫理的な問題については、ユングの良心論によって、ユングが善悪の区別を放棄しているわけではないことがわかる。しかし、ユングは「内なる声」としての良心を重視して、必ずしも伝統的道徳律に一致しない決断を勧める。さらに、他者への関心が希薄であればなおさら、伝統的観点からすると非倫理的であるという評価が下されることになろう(19)。

本書全体の視点から、ブーバーとの論争が持つ意味を考えると、ユングは「心的現実」の立場を採用したことで、自由に「神」を語る資格を得たと考えていたが、反面、それこそが神学への領域侵犯であると見做されたことがわかった。すなわち、理論的には「心的現実」の枠組みがユングの神学的傾向を支えているのであり、ブーバーはそこに敏感に反応したと言えよう。そしてユングが領域侵犯を犯しているのではないかという告発をとりあえず度外視してみると、世界観という語で問題を考えることができる。分析心理学の個体化論が、どれほど有効な世界観を提供し得るのか。それは独我論的で、ゆえに他者性へと開かれていないのではないか。そのように世界観的問題として問われた場合、ユングはその問いに真摯に向かい合わなければならないだろう。心理学的観点が大衆思想の中に浸透している今日にあって、その問いは依然として答えられるべき課題であり続けている。

(1)ブーバーの参加は一九三三年。発表は“Sinnbildliche ur d sakramentale Existenz im Judentum” *Eranos JahrBuch*, 2, 1934.
(2)ただし、ブーバーは後の書簡の中で、グノーシス主義の特徴は二元論ばかりではなく、原初の統一性 original unity を説くグノーシス主義もあるとして、ユングの「再統合」はグノーシス主義的なモチーフの発展であると述べている（Agassi, 1999, p. 205)。
(3)Buber, op. cit., p. 104. 訳、一一七頁。
(4)ユングにとってのマンダラとは、自然発生的に現われる人間の全体性のイメージで、精神の葛藤や混乱を補償する働きを持つとされる。ユングはフロイトとの決別後の混乱状態の中で、一九一六年頃から毎日マンダラを描き続け、また患者の描画にも多数のマンダラ図形が記録されている。また、田中、二〇〇一年も参照。
(5)ユングは神秘主義者の体験のモデルとしてマイスター・エックハルトに言及することがしばしばであり、エックハルトの神理解が心理学的見解一致すると述べる（GW6 : 275–460)。さらにユングは、エックハルトの体験と東洋宗教との共通性にも言及するが、一例として、鈴木大拙の禅仏教入門の独訳へ序文の中で、禅の悟りと一致を指摘し、「自我が『仏性』つまり神的な普遍性を与えられている本来的自己を通じて解放される」と述べている(GW11 : 888)。

(6)ユングは一九六〇年に書かれた書簡の中でも、「ブーバーはグノーシス主義の文体で書かれた詩のせいで迷ってしまっているのです」と述べている(1960.6.29)。

(7)渡辺学が明らかにした通り、ユングは「心的現実 Wirklichkeit der Seele」の立場をとり、心的ならざるものの認識可能性は問題とされておらず、したがって主体にとっての体験世界は即ち心的イメージの世界である。したがって、あるイメージが外界に対応物を持つか否かという実在論的観点は無効となる。渡辺、一九九一、二五二頁以下。

(8)もっとも、ブーバーに臨床心理学の素養がなかったわけではない。ブーバーは若い時代にライプツィヒのヴントや、ユングの師でもあったチューリヒのブロイラーのもとで心理学、精神医学を学んでいる。ただし、ユングとの接触はなかったようである(Stephens, 2001, 460)。

(9)「私が Psyche と言うとき、私は未知なる何かのことを意味しているのであり、そういうものを私は Psyche と名付けたのである。」(1960.8.16)

(10)ただし、ユングはある書簡の中で、元型の持つ圧倒的な力について述べながら、「この出会いの恐ろしさを考えるならば、私はその脅迫的で魅力的な相手に、親しげに"Du"と呼びかけることなど夢にも思いません」と述べている。*Briefe II*, p. 497.

(11)ジェイムズ・ハイジック「マンダラの中心における《自己》」、立川武蔵編『マンダラ宇宙論』、法藏館、一九九六年、三三二頁。

(12)「ブーバーは完全に個人の心の存在を見落としている。彼はまた、自分の神イメージが唯一のものだと仮定することで、自分が他の全ての神のイメージを踏み越えることができると考えている。……私が主張しているのは信仰ではなく知識である。神自身ではなく心 psyche の諸事実である。明らかに、これはブーバーにはまったく知られていない。」(1957.2.14)

(13)アメリカのテンプル大学で、ユングとブーバーの論争をテーマとする博士論文を準備していたロバート・C・スミスは、まずブーバーに一三項目から成る質問状を送り、続いて、ブーバーの回答に基づいてユングにもコメントを求めた。なお、スミスは後年、*The Wounded Jung: Effects of Jung's Relationships on His Life and Work*, Evanston, Ill.: Northwestern Univ. Press, 1996. という本を書いており、その本によると、スイスのユング研究所の客員講師を務めているとある。

(14)癌に罹っているという強迫観念の例は「心理学と宗教」(一九三八)においてもコンプレクスの自律性を示す例として使われている (GW11: 19–20. 一七–一八頁)。

(15)実際は、エディンガーはユングを預言者のようにまつりあげる人々の一人であるので、「公式見解」とは言えないだろう (Bishop, 2002, 50)。

(16)ユングの内なる声についての観点を引き継いでいるのが、個人のダイモーンの語りかける宿命に耳を傾けることとして、個体化の新たな捉え直しを説くジェイムズ・ヒルマンである (Hillman, 1996a)。

(17)大貫によれば、ユングのみならず、そのような神を宗教改革によって再発見したはずのプロテスタントのキリスト教も、イエスとパウロの真のメッセージを伝達してこなかった (大貫、一九九七、二八五頁)。

(18)ユングは、個体化過程の経験について説明しながら、心の中で作用する空想を「永遠に未知な見知らぬ者であり、我々の魂の最も深い基盤である」と述べている (GW16: 106. 五六頁)。

(19)倫理の問題についても、ハイジック前掲論文を参照。

第八章　ホワイト神父との対話と『ヨブへの答え』

この章では、ユングの「神学的傾向」をもっとも典型的に示す例として、カトリックのヴィクター・ホワイト神父とユングの文字通り神学的な対話を追いながら、分析心理学と神学の関係について考察する。[1]二人の関係にとっても、またユングの宗教論全体から見ても、重要な意味を持つのは『ヨブへの答え』（一九五二）である。それは、この作品は、ユングが「神学」を全面的に展開したものであり、また、ユングの宗教論の帰結とも言うべき、「キリスト教の神話を発展させる」というテーマが展開されているからである。

一　ホワイトとの出会い

一九四五年八月、ユングのもとに、イギリス人のドミニコ会神父、ヴィクター・ホワイトから献本があった。[2]すでにユングは七〇歳であり、世界的に有名な心理学者であった。一方、ホワイトは四三歳であり、自らも心理療法に従事しながら、神学と心理学の協力の道を探る著作活動を行なっていた。[3]ホワイトとユングの協力関係を本格的に論じたラマーズによれば、ホワイトはトマス主義者であるが、「信仰と知識のより主観的な側面にも注目することで過度に抽象的や合理的になるのを避け、より開放的で、主知主義的でないトマス主義を創造しようとした現代の神学者達の一人」（Lammers, 1994,

41）と位置づけられる。(4) ラマーズはホワイトの立場を「修正トマス主義（revisioned Thomism）」あるいは「経験的神学（experiential theology）」と呼んでいる（Ibid., 43）。ホワイトは「啓示と科学の新しい総合」を目指していた。科学から真理に至る道を否定することは、どの時代にあっても合理主義と信仰の分裂をもたらすからである。また、ホワイトは聖トマス・アクィナスに裏付けを求めつつ、「人間は推論的な理性を通じても、また魂の直観的・情緒的応答を通じてでも、神を知ることができる」という確信に立ち、「主観性と教義（ドグマ）の間には原理的に葛藤は存在しない」という、「二重の認識論（two-fold epistemology）」の立場を取る（ibid., 48–49）。これは要するに、スコラ神学と分析心理学が一致しうるという主張であるが、ラマーズの示唆するところでは、この二重の認識論が、結局ユングに受け入れられなかったことが、後に二人の関係を悪化させることになる。宗教の教義は、本来、人間の心的経験が定式化されたものであるというユングの立場からは、神学者達の思弁によって作り上げられた教義が、人間の心理的経験に照らして不適切なものとなる場合もあることになり、教義を心理学的に批判することが可能になる。ホワイトは神学者である以上、心理的経験を教義によって意味付けることはできても、心理学的洞察によって教義の解釈を根本的に変更することはできないということであろう。

ユングは最初の返信で、自分はプロテスタントの神学者たちによって神秘主義者か異端だと思われていると不満を述べながら、歓迎の気持ちを手紙にしたためている（1945.9.26）。さらに、ユングは、贈られたホワイトの著作を読むや、ただちに、あなたは幸運を告げる白いカラス（White Raven）(5) であるなどと洒落をとばしながら、二通目の、英語版書簡集で五頁に渡る長文の手紙を書き送った(1945.10.5)。「現代世界の心理学的問題の意味を本当に理解している神学者は、私の知る限りあなた一人です。」という誇張された表現にユングの興奮があらわれている。ユングは、「神学者たちは概して実際の心理学的経験に対して無知です。……あなたがスコラ哲学を知悉していらっしゃることが羨ましい。きっと私は、あからさまに心理学的知見を教会の教理に統合しようとしている最初の人間の一人に数えられるでしょう。私はそれが非常に有益なものとなると確信しております。」と書き、続けて三位一体の問題などに一人で取り組む困難や、「信仰のみ」のプロテスタントからは望めない協力がカトリックから得られることへの期待感を表明している。ただし、用心深く、神の本性という超越的領域に触れるような過ちは科学者としてしないという但し書きを忘れていない。そして、手紙の末尾近くには、「人々はもはや天国や地獄の約束によっては惹き付けられません。彼らは理解したがっているのです。」というユングのおなじみの言葉も現われている。

この後、二人の間には少なくとも八〇通近くの書簡が往復することになる。[6] それはかつてユングとフロイトの間に交わされた熱烈な文通（とそれに続く決別）を彷彿とさせるものである。一九四六年夏には、ユングが親しい友人しか招かなかったボーリンゲンの「塔の家」での出会いも実現し(1946.4.13)、ユングがホワイトの夢分析をすることもあった。[7] ある手紙の次のような部分にも、ホワイトの側の心酔ぶり、そして同時に、来るべき対立の萌芽も現われている。

あなたがお書きになってきたことで、心配になったことがあります。それは私があなたのことを個人的に知り、愛するようになったからなのでしょう。（こんなに率直な物言いを許してください）。それはあなたがプロテスタントの「卑下（Demut）」について書かれた箇所です。また、いかに「プロテスタントが、ただ神のみの立場におかれてしまい、告解もなく、免罪もなく……となってしまったか。彼は自らの罪を自ら克服せねばならず……」という箇所です。ああ、素晴らしい。見事です。私もまた、プロテスタントと呼ぼうと単にストイックと呼ぼうと、そのように生き、そのように死ぬことに、いまだに深く、強烈に惹きつけられています。しかしそれは、本当に「卑下（Demut）」あるいは「貧困（Armut）」なのでしょうか。真に人間的でさえあるのではないでしょうか。……しかし私には、「彼は自らの罪を自ら克服せねばならない」という言葉にはおそろしい傲慢が隠れているように思われます。「告解、免罪、儀礼」またその他のものに、私が見出すのはただ「慰め」の問題だけではありません。カトリックは最後の時まで、そしてとりわけ最後の時に、自らが大地に依存していることを認め、受け入れなければなりません。その大地が最後の時まで彼を支えてくれるでしょう。物理的にもです。いつも引力が働いているではありませんか！　最後の時まで、彼は聖霊に身をゆだねなければなりません。物質（油、パン、葡萄酒、同胞の手と赦しと好意）を通して。(Lammers, 1994, 85–86)

ホワイトは、悪を告白によって赦すというカトリックの立場（最高善としての三位一体の神）に立っている。悪を意識化し、統合することを目指すユングの主張（対立物の結合としての神）との相容れなさがやがて露呈することになる。

二　三位一体論

一九四六年秋、ユングはホワイト宛に、「目下、三位一体の心理学についての危険な論文に取りかかる決心をしなければなりません」(1946.11.6) と書いている。事実、その後の書簡の中でも、ユングがホワイトの論文からスコラ神学について学んでいることが書かれており (1947.3.27, 1947.4.23)、「三位一体の教義に対する心理学的解釈の試み」（一九四八）の脚注にはホワイトの教示に対する謝辞が見られる (GW11 : 276, 289)。この著作は一九四〇年の講演を改訂したものであるが、ホワイトとの出会いが学問的著作として実を結び始めたことがうかがえる。ユングの宗教心理学における神の像 (Imago Dei) の詳細な発展史を著わしたハイジックによると、この改訂版の強調点は、「教義の発展と個体化過程の平行関係」「自己のイメージとしてキリストを位置づけること」であった (Heisig, 1979, 62. 七一頁)。ここでは、この二点がどのように表現されているのかを概観しておく。

ユングはこの論文で、フィオーレのヨアキム (1135–1202) の図式にならって、父の時代、子の時代、聖霊の時代という三つの発展段階を想定する。三位一体の教義を心理学的に分析すると、父なる神、子なる神、聖霊としての神は、無意識から意識が芽生え、両者が結合するという人類の意識の歴史的発展段階を反映したものである。そしてこの三段階は個々人の心理発達においても繰り返されるというのがユングの主張である。(9) この主張には、教義や神話は、個人の夢と同じように分析することが可能な、人間の心理的体験の象徴的表現であるという観点が含まれている。また、時代時代に残されてきた教義に表現されている意識の発展段階を手掛かりとして、人類規模で意識が発達していくという観点も含まれている。自伝の言葉遣いで言えば、この論文ではキリスト教の神話が発展する根拠が論じられているのである。

人間の意識の最初の発展段階は「父の時代」である（GW11 : 199ff. 一一七頁以下）。「父」とは幼児が抱いている父親のイメージであり、まだ反省的意識は存在しない。人間、世界、神が一つの全体をなしている。この子供の意識においては、悪の起源が問われることもない。人は所与の慣習を素朴に受け入れ、知的、道徳的判断とは無縁である。ユングはウガンダで観察した原住民の楽観主義的な世界観を現代におけるこの段階の例として挙げている（GW11 : 200 ; *ETG*, 271. 2、九五–九六頁）。グノーシス主義の神話で言えば、これはソフィアの過失によって流出が始まる以前のプレーローマに対応する。

ところが、人間の意識が増大するにつれ、悪や苦についての問いが芽生え、父の創造の完全性に対する疑いが生じる。こうして反省と理性によって特徴づけられる「子の世界」が「父の世界」に取って代わるのである。「父」は新たに「子」に対置されてイメージされ、強調点は「子」に移る。これは世界に対するギリシア的批判が始まった時代であり、もっとも広い意味でのグノーシスの世界であるという。そして、そこからキリスト教が発生したのである。「父殺し」――すなわち父の追放とそれに続く父への同一化――というイメージが支配的であるうちは、「子の世界」は訪れない。[10]それでは慣習は維持されるだけであり、意識は十分な分化を遂げない。善とともに悪という対立物が意識化されたうえで、それまでおとなしく従ってきた慣習を対象化し、道徳的な決断が行なわれなければならない。慣習を代表するユダヤ教の律法による義に対して、個人の決断と反省を促したキリスト教の新約聖書が対決している。

さて、「子」は反省的で合理的な意識状態を表わしているが、これはそれ自身が無意識状態との対立であり、また、さまざまな対立に過敏であるので、常に葛藤を抱えている。これに対する、単に第一段階の無意識状態に回帰するのではない解決策というのは、第二段階で獲得された反省と理性を維持したまま、無意識からのインスピレーションを受け入れることである。すなわち、父と子の分裂を止揚すべく「聖霊の世界」が到来する。聖霊が第三の者として両者を結びつけ、子の「疑い」を終わらせることで二元性は止揚され、一元性が回復される。聖霊は父と子を結ぶ「機能」である。一なるものの展開はここにきて頂点に達する。聖霊はパラクレートス（助け手、弁護者）としては万人に向けられた「救いのわざ」であり、神の自己啓示を表わす最高形態である。すでにグノーシス主義に関連して触れたように、三位一体は、父の時代の単一性（プレーローマ）に比べて、人類の反省と意識の増大を反映している点で、より高次の神観念である。「この第三の状態は、自我意識がより上位の全体性に組み込まれていることである。」（GW11 : 276. 一六五頁）

ユングは以上のような議論を展開し、意識の発達と三位一体の教義を接合したが、微妙な問題が残されている。それは、キリストが自己の象徴であるという命題である。子であるキリストの受難は、この世と人間の悪に神が苦しむことを意味する。これは意識が無意識に眠っていた影とともに神性にも触れるということであり、ゆえにキリストは心の全体性へと向かう個体化過程の象徴である。しかしユングは、キリストには悪、罪が欠けているので全体性の象徴ではないとも述べており、キリストの位置付けの難しさが垣間見えている(11)。

ユングはさらに議論を進めて、教義の発展が、全体性の実現へと向かう人間の意識の発展を表わすのだと認めるならば、次なる発展は、第四のものの統合であるとする。古代以来の数の象徴を引き合いに出し、また、思考・感情・直観・感覚という四機能が意識の全体性を表わすという自らの説などに依拠しつつ、キリスト教における第四のものは何かを問う。欠けているものは「悪」であるというのがユングの答えであるが、この論文では、ユングは慎重に、キリスト教の神に悪が加わるべきだとは明言しない。父と子と聖霊と悪魔の四位一体がユングの念頭にあることは明らかで、そのように図示もされている。しかし、ユングはキリスト教の三位一体が不自然であると語りながら、悪魔を含めた四位一体の教義をキリスト教が採用すべきだとはついに語られない。ホワイト宛書簡で「危険な論文」と表現したように、ユングはデリケートな問題について、あえて曖昧さを選んでいるようにも見える。次の三つの引用は、もっともはっきりと、キリスト教の教義における悪を含めた四位一体について述べた部分である。

キリスト教でも第四のものとしての敵対者（悪魔）に出会うのである。……第四のものなしには私たちが知っているような現実、さらには三元性の意味も存在しない。（GW11：280. 一六八頁）

三位一体を一つの過程として理解するならば、この過程は、第四のものが付け加わることによってさらに継続されて最終的には絶対的な全体性に至るであろう。しかし、聖霊が人間に干渉することによって、人間は神的な過程に引き入れられる。神に逆らう意志としてルシフェルに人格化されているところの、神に対抗する分離と自律の原理も、その神的過程に統合されることになる。しかしルシフェルがいなかったなら創造も、そしてまさに救済史も起こらなかったことであろう。（GW11：290. 一七六－一七七頁）

楽園の蛇の話と同様、ルシフェル伝説も、けっしてナンセンスなメルヘンではない。ともに治療的な神話である。災いと悪〔英語版では善と悪〕が神に含まれているという考えには、当然、憤慨が起こり、神がそのようなことを望むはずがないという意見が持たれる。……そうはいうものの、あらゆる悪を神のせいにするのは考えものである。（GW11：291. 一七七頁）

いずれも、ユングがまだ態度を決めかねているような印象を受ける。自己の象徴としてキリストは不適切であり、神の像に悪が統合されるべきであるということをユングが明言するのは、『ヨブへの答え』を待たねばならない。

ホワイトは、一九四八年二月にニューヨークの分析心理学クラブで、グノーシス主義について発表を行なっている。ユングは書簡の中でその内容を称賛しており、それに刺激されて『アイオーン』(一九五一)が書き始められたのがわかる(1948.5.21)。同じ手紙の中でユングは、やはりホワイトの論文によって考えさせられたのだが、と前置きをして、自分の信仰とは、キリスト教の真理への尊敬の念であると表明し、キリスト教の教義を本当には理解できていないが、なぜか尊敬の念を感じると述べている。それに続いて、「私のライフワークは、本質的には、他の人々が明らかに信じていることを理解しようという試みです。」と書き、understand へのこだわりを見せている。ユングがホワイトという神学の専門家と出会ってはじめて、まさにライフワークであるキリスト教の教義に本格的に取り組もうとしたのがわかる。一九四八年の夏、ホワイトは十日近くユングのところに滞在したが、当然、ユングはホワイトから教義についてのレクチャーを受けたと推測できる。ホワイトが去った後の手紙でユングは追加の質問をし、『アイオーン』で展開されることになる着想を書き送るなど、この時期のユングの思想的発展——神学的知識の吸収——はホワイトと二人三脚で進んでいる感がある。

三　善の欠如 (privatio boni)

しかし、ユングが教義に踏み込んだ議論を展開し始めると、ホワイトとの関係にも亀裂が生じ始める。対立の焦点となったのは、ユングが「三位一体の教義に対する心理学的解釈の試み」においても言及した、「善の欠如（privatio boni）」すなわち、悪は実体ではなく、善の欠如として理解されるというカトリックの教義[12]の解釈である。きっかけは、後に『アイオーン』の五章となる論文に対するホワイトのコメントであった[13]。ホワイトはそこでユングが善の欠如の教義を誤解しており、マニ教的傾向に陥っていると論じた。ユングはこれに対して、手紙で反論した。

……善の欠如の議論はその危険な帰結ゆえに、私には不快なものです。それは人間のインフレーションを引き起こし、その結果彼は自らを善の源泉とは言わぬまでも、神の美しい創造を荒廃させることさえできる偉大な破壊者であると想像してしまうのです。

善と悪の問題は、形而上学とは一切関係はなく、ただ心理学的問題に関わるのみです。私は形而上学的主張をしているわけではなく、またネオ・マニ教徒的心情も持ち合わせておりません。それどころか、マンダラに示されるような、自己の統一性を深く確信しています。逆に、二元論はキリスト教の影の中にこそ潜んでいるのです。

悪が非存在である限りは、誰も自らの影を真剣に取り扱おうとはしないでしょう。ヒトラーやスターリンが意味するのは単なる「完全性の偶発的欠如」ということになってしまうでしょう。人類の未来は影の存在を認めるか否かにかかっているのです。悪は、心理学的に言って、おそろしくリアルです。その力と現実性を見くびって形而上学的にしか見ないことは致命的な過ちです。残念ながら、これはキリスト教の根幹に関わることですね。悪は、非存在として、または人間の不注意としてもみ消そうとしても、決して消えることはありません。(1949.12.31)

ユングはここで、心理学者としての立場で語っている。すでに述べたように、教義は心理的経験の表現であり、また同時に心理的経験を規定する。ゆえに、悪という現実的経験を軽視した教義は、悪の自覚を妨げるという結果をもたらし、実践的に危険なのである。「危険」というのは、ヒトラー、スターリンへの言及があることからもわかるように、人間が為す悪が念頭に置かれている。人間は自らが破壊的な悪を為す可能性を常に自覚しておくべきだというのである。これは個体化の第一歩である「影の意識化」に関わる問題であるが、同時に、個体化の究極の目標とも関わる。なぜなら、全体性とは対立物のペアが対立を保ったまま意識に保持されるということの表現だからである。無意識の中の善なるものも悪なるものも、対等に意識化される必要があるのである。

一方、ホワイトの悪についての考え方は、次のように表現されている。

今の所、私は、議論はもはや暗礁に乗り上げたと思っております。困惑してしまうのは、悪を善の欠如として経験できるようになったのはあなたの心理学のおかげだという事実です。私としては、もし悪が善の欠如ではないとしたら、「肯定的-否定的」「統合-解離」のような心理学用語になにも意味がなくなります。また私は「影の統合」への動機が見えませんし、そうすることの意味もわかりません。もしも影が善を奪われた善でないのなら、です。(1950.5.4)

この後、何年にもわたって続けられる二人の議論を見るかぎり、一致はほとんど不可能であり、ユングとホワイトの対話の意味は「キリスト教神学が、少なくとも伝統的なカトリックの形式においては、容易にはユング心理学と折り合いがつかないという事実」を確立したことにあるというチャレットの指摘ももっともに思える(Charet, 1990, 439)。では、そもそもホワイトは何故ユングと協力できると考えたのであろうか。ホワイトは自ら心理療法に携わっていた経験から、なによりもまず、心理療法としての分析心理学に接近した。しかし、悪を認めることは大切だが、それは聴罪司祭によって赦されるべきものであり、統合など問題にならないはずなのである。また、ユングが教義にまで口をはさんでくるというのはホワイトにとっては想定の範囲外であったと思われる。たとえば、最初にユングに献呈された論文「神学と心理学のフロンティア」における次の言葉は、ユングの著作における自己規定を額面通りに受け取ったホワイトが事態を楽観しすぎていたことを示している。

宗教の「真理」は経験的心理学者の能力を超えたところにある。そして実践を行なう心理療法家は、当然、分際をわきまえた自己限定をしなければならない。ユングは厳格に常にこの原理を主張しているので、神学者からも、科学者からも、非難ではなく称賛されるに値する。(White, 1961,

87–88)

もちろん、ホワイトはユングが説く「内なる神」の実現を目指す個体化という理念が、形而上学的な神の理念に抵触する可能性は意識していたと思われるが、次のような認識は、ユングがホワイトと出会ってキリスト教へのコミットを深めたことで裏切られることになる。

「我々の存在の全体性の十全な実現としての人格は、達成しえない理想である」とユングが述べるとき、彼は、……この贖いのプロセスの成就は、終末を待って実現し、ゆえに現代の心理学的観察の埒外である、というキリスト教の信仰を確認しているのである。(Ibid., 99–100)

ユングが本格的にキリスト教の教義の批判に着手したことは、『アイオーン』の公刊によって明らかになった。この本の第五章では、最高善としての神についての教義と善の欠如理論の批判に一八パラグラフがあてられている (GW9ii : 75ff., 80–97. 六〇頁以下)。ユングによると、善と悪は「道徳的判断の前提」であり、「互いに相手から生じるのではなく、つねに同時に存在している」。これは「高い」という判断が「低い」という概念なしには出来ないのと同じである (GW9ii : 84. 六六頁)。北極の気温は暑さが減ったものではないという譬えも用いられる (GW9ii : 95. 七〇–七一頁)。キリスト論に関しては、キリストは全体性の象徴たりえていないという主張が繰り返され、キリスト教の世界観においては、善なるキリストと悪魔ないしアンチ・キリストが対になることで、自己の全体性を表わしているとされる。そして、ユングは自分の主張は形而上学ではないという但し書きを忘れず、自分が二元論者ではないということも断わっている（GW9ii：112．八〇頁）。こうした主張は、ホワイトとの間に交わされた議論を再現したものである。[14]

「善の欠如」についての議論は暗礁に乗り上げたままであったが、とりあえず二人の関係は良好に保たれた。ユングは手紙で『ヨブへの答え』執筆のインスピレーションとなった聖母被昇天の教義についての着想を開陳したりしているし、一九五二年春の手紙[15]では、ユングは *God and the Unconscious* として出版されることになるホワイトの諸論文を称賛している。ユングがこの本に寄せた序文[16]は、カトリックの神学者達の目を意識しての立場表明として読んでも差し支えないだろう。

ユングはまず、心理学者と神学者の協力に際して不可欠の認識について次のように述べる。

もっとも重要なのは、相互の関心の対象は心の病気で苦しむ人間であるという事実を認識することです。彼らは、霊的、宗教的方面と同様に、身体的、生物学的な方面からも考慮される必要がある。神経症の問題の範囲は、本能が乱されている領域から、我々の世界観全体の究極的な問いと決断にまでわたっています。神経症とは、分離した、はっきりと定義された現象ではなく、人間存在全体の反応である。（White, 1961, 13）

これは前述の「心理療法と世界観」に現われたのと同じ観点である。全体としての人間を治療するためには、身体という極と、精神という極の双方からアプローチする必要があり、したがって、心理療法において神学が果たすべき役割があるのである。ユングは、心理療法家と神学者が、数少ない人間の魂にかかわる専門家として協力し合うことの必要性を説き、自分がその機会を与えられたことの喜びを表明している。続けてユングは、心理学者と神学者の出発点の隔たりと用語上の困難に触れて、両者の間にさまざまな衝突が生じるのはやむを得ないことだと述べる。その最たるケースが善の欠如 (privatio boni) である。

ユングは、ある患者のケースが、善の欠如の教義に出会うきっかけとなったと明かしている (Ibid., 18)。その患者はプロテスタントでありながら、カトリックのこの教えの熱烈な信奉者であった。彼がいかがわしい行動にはまりこんでいたのは、「善の欠如」の教義に甘んじて悪を軽視しているためであったというのがユングの診断である。ゆえにユングはこの教義が、形而上学の問題にとどまるものではなく、「実践において」危険であると主張するのである。そして、ユングは「私の批判は、経験的領域においてのみ有効である。」(Ibid., 20) と強調を施していつもの調子で言明している。しかし、このような自己限定によって神学と心理学の平和的な協力が保証されるかといえば、それは難しいだろう。なぜなら、心理療法の実践者としてユングは、神経症の治療は世界観の問題を抜きに考えられないと主張し、「人間の魂にかかわる専門家」である神学者を実践におけるパートナーとして、他ならぬ「経験的領域」に引き入れているからである。そうなると、妥協の道は、どちらかが教義の解釈を柔軟に変更することであろうが、それは神学者には困難であり、ユングの方も、「善の欠如」についての態度を改めることはなかった。「善の欠如」について議論を重ねても、分析心理学と神学の協調の展望は開けてこない。

ユングは、ホワイトからの経験主義者の思考法への歩み寄りを評価し、一方、自分の方に神学の思考法を尊重する姿勢が欠けていることを認めている(Ibid., 22)。両者の不一致を解決するには、長い議論と、双方の善意が必要であるとしながらも、議論が互いを刺激し、豊かにすると述べられ、さらに、「個人の治療という実際面においては、深刻な問題は生じないと思われる。」(Ibid.) とされるのは、いささか楽観的にすぎるきらいもあるが、むしろ、治療実践という限定的な場においてしか、衝突が回避できないという悲観的認識を表わしていると考えた方がよいだろうか。

ユングは、この序文執筆とほぼ同時期だと思われる一九五二年四月九日の手紙(17)で、懸案の問題を「善の欠如 (privatio boni) はたいしたパズルではないように思われます。」という言葉で切り出し、あらためて自分の基本見解を述べている。

我々の経験的世界において善と悪は、白と黒、右と左のように、論理的判断のお互いに欠くことのできない一部となっていることは認められるでしょう。両者は等価の対立物であり、つねに発言者の立場によって相対的なものです。経験的には我々は何であれ絶対的なものの存在を確認することは出来ません。つまり、トートロジーに陥らずには、絶対的真理を確立する論理的方法はないのです。

ここでユングが述べていることは、「心的現実」の立場を踏まえたものとして理解しなければならない。あるものを悪であると判断するとき、心的現実のレベルでは、悪がたしかに存在することは疑いようのない事実である。その「形而上学的」源泉は、「善」なのかもしれないが、それはユングの関知するところではない。心的現実のレベルでは、善なる神が表象されるなら必ずその対立物である悪も生じているはずであり、それを認めないのは抑圧する意識だけである。ホワイトは返す手紙で歩み寄りの難しさを表明する。

私達は別々の円環の中を回っているようです。私達の精神は異なった哲学的風土の中で形成されてきたようですね。ある価値判断の妥当性は、（善悪といった）語の意味とはまったく別の問題です。私が卵を、それが卵が持っているべきものを欠いているという理由で「悪い」と呼んだところで、私の動機には宗教的なものも元型的なものも、また、非論理的なものも超越論的なものもまったく含まれていません。……私には、光の欠如でないような闇を考えることが出来ないのと同様に、privatio の定義が立証されないような、仰るような実際の「悪」の見本を一つも思いつくことが出来ません。（1952.4.20）

ユングはこれに対する返事を「privatio boni はパズルであるように思われます。」と始め、「悪」は「善」の「解体（disintegration）」ないしは「分解（decomposition）」と解釈されるという神学者の説を紹介しつつ、「悪い卵は単に卵の『良さ』が減ったという風には特徴づけられません。……なによりも、悪い卵は硫化水素を発生させます。……それは全く明らかに、良い卵の高度に複雑な卵白から発生するのであり、例のテーゼの明らかな証拠となります。つまり、悪は善から派生するのです。」（1952.4.30）と応じている。つまり、善を実体と考えるなら、悪もまた実体だと考えられるのである。さらに、良いパンを細かく千切ったパンくずは食べられるが、腐ったら食べられないなどという例も挙げている。つまり、悪へと転化する傾向が善に内在しており、いったん悪になったものはもはや質的に善とは異なるのである。しかしいずれにせよ、これらの善悪を判断するのは人間であり、「わたしは、善、悪を実体化しないところで満足しています。わたしはそれらが実体ではなく、心理学的判断に過ぎないと考えています。」（Ibid.）というのがユングの立場である。しかし同時に、ユングはあえて形而上学のレベルでも議論をする。

あなたは主なる神が悪に勝るとおっしゃいますが、もしも後者が非存在であるならば、彼は無の主であることになり、善の主でさえないことになります。なぜなら、彼は自らが最高善であり、善なる物のみを造りだしましたが、それらは明らかに悪に転じる可能性を有しているのですから。また、悪ないしは頽廃は人間に由来しているのではありません。蛇は人間に先立って在ったのですから。では悪はどこから？？？　答えは必然的にこうなります。悪は形而上学的にはまったく存在しないと。……しかし、（蛇がいた）楽園は人間の手による物ではないのですから、これは矛盾します。(Ibid.)

これは形而上学の話であるから、それ自体としてはユングに異論はないはずである。しかし、それがそのまま心的現実の全体像として承認され、たとえば心理療法の現場に持ち込まれると事情は異なる。「実践的レベルでは、privatio boni は道徳的に危険です。それは悪を見くびって認めようとせず、善を弱めるからです。」(1952.4.30) というのがユングの結論である。(18)

その二ヵ月後、一九五二年六月三〇日のユングの手紙は、「privatio boni はドグマなのですか？それとも sententia communis〔ドグマではないが一般的に受け入れられている神学的陳述〕なのですか？」という質問から始まり、後者であればなんとか歩み寄れるのではないかとされている。(19) この手紙でのユングの論点は、善を存在 (being) と同一視すると、privatio boni の帰結として、悪は非存在であるということになってしまうので、善の概念と存在の概念を切り離して、善悪を「判断」として理解できないかというものである。闇は光の減少であるというホワイトが出した例でも、常に観察者が想定されている。光か闇かを判断するのは観察者であり、観察者にとって闇は現実である。ユングのこのような言葉は、議論がまったく進展していないことを表わしている。この夏、ホワイトはユングを訪問し十日間滞在するが、そこで行なわれたに違いない善の欠如についての議論が、実り豊かなものとなった形跡はない。[20] 問題の解決のためにユングは易を立てることまでしている。その易の卦に対するユングの解釈は、それを知的問題としてだけではなく、感情の問題としても考えてみたほうがよいというものだった（1952.8.7）。ホワイトも歩み寄りは見せず、*God and the Unconscious* の脚注では次のように書いている。「我々はユングの『影の同化』という根本的な概念に、望ましい意味はもちろん、理解できるどんな意味も見出せない。もしそのことが、本質的に価値がありそれ自体『善なる』ものに、いくらかの欠けている善（たとえば意識）を、与えることとして理解されるのであれば別だが。」（White, 1961, 96n.）

この夏を境に二人の関係は疎遠になり、手紙のやりとりも稀なものとなっていく。

四　自己の象徴としてのキリスト

約一年後のユング宛書簡において、ホワイトは、「キリストは自己の象徴としてもはや適切で妥当なシンボルたりえないと主張することでユングがディレンマを作り出しているかに見える」と、『アイオーン』で提出されたユングのキリスト論に疑問をなげかけた（1953.11.8）。[21] この一年間にホワイトの懐疑と動揺は深刻なものになっていた。ホワイトは自分の友人達や、分析した信者が、教会から出ていく手助けをしてしまったのではないかと自問し次のように真情を吐露している。「もしもキリストがもはや自己の適切で妥当な象徴でないのだとしたら……彼らの神はもはや、私の神とは違う。

他ならぬ私の僧衣は偽りになってしまった。……告白しなければなりませんが、私は、あなたの心理学、(そしてあなたの弟子の幾人かを）知ることがなかったらよかったのに、と天に祈ることがあります。それでも、もしそうだったとしたらどんなことになっていたのかと考えると身震いします。」

ユングは、ホワイトのただならぬ様子を察してか、現状を思いやりながら長文の手紙を書き、あらためてこの問題について丁寧に説明している（1953.11.24)。この手紙は「三位一体の教義に対する心理学的解釈の試み」や『アイオーン』におけるキリスト論の曖昧さを解決したものであり、著作のどの部分よりも明快であるとさえ言える。(22) また、これによって『ヨブへの答え』で扱われている問題のほぼ完全な見取り図を手に入れることもできるだろう。

いったんドグマを忘れてあなたの問題について心理学が言わねばならないことに耳を傾けて下さい。シンボルとしてのキリストは不適切なものではまったくありません。彼は自己の一面であり、悪魔がその反面であるのですが。ローマのクレメンスが言うように、この対立物の組は、創造主に彼の右手と左手として含まれているものです。心理学的見地からすれば、創造主としての神を体験することは、無意識の領域から生ずる圧倒的な衝動を知覚することです。我々はこの作用なり衝迫なりを、主観的な条件に応じて、必ず善、悪といった名前をつけて喜ばしく感じたり呪わしく思ったりしますが、しかし、それらが善または悪と呼ぶに値するものなのかはわかりません。こうしてヤハウェはどちらの面も持っています。なぜなら彼は本質的に創造者（*primus motor*）であり、自らの全性質を反省するに至っていませんから。

受肉とともに事態は一変します。というのは、神は意識を持ち、それゆえに判断せざるを得ない人間の形を取って顕現するからです。彼ははっきりと、一方を善、他方を悪と呼びます。現実的な悪がキリストとともに存在を獲得したというのは歴史的な事実です。キリストは神であったが、人間としては神から引き離され、天から悪魔が落下するのを目撃しています〔ルカ一〇章一八節〕。悪魔は、彼（キリスト）が人間であるからには神から分離されたように、神から引き離されました。十字架上のまったく無力な状態で、彼は神が彼を見捨てたとさえ言っています。

……人間になるに際して、彼は限定された存在にならねばなりませんでした。一方でなければならず、他方ではいられません。かくてキリストが最初にしなければならないことは自らを影から切り離し、それを悪魔と呼ぶことです。

今日の患者が無意識状態から現われ出ようとしているときに、彼は直ちに影に直面し、善を選ぶ決断をしなければなりません。さもないと彼はダメになってしまいます。否応なしに彼はキリストを「まねび（imitates）」、キリストの模範に従わなければなりません。個体化への第一歩は自分と影を切り離すことです。

この段階では善が個性化の目標であり、結果的にキリストが自己を表わすことになります。

次のステップは影の問題です。暗闇を扱うときには、善にしがみつかなければなりません。さもないと悪魔に食い尽くされるでしょう。悪に対処するときには善のどんな小さな一かけらでも必要で、暗闇の中で光を保つこと、このことが肝要なのです。つまり、闇の中でのみ、ロウソクが意味をなすのです。

……実際のところ私たちの社会は、まだその影と直面しはじめていませんし、闇の力を扱うのに絶対に必要なキリスト教の徳を発展させはじめてもいません。私たちの社会はキリストのまねび (imitatio Christi) から離れるような贅沢をゆるされてはいません。もし影との闘い――すなわちキリスト対サタン――が神の中への自己の統合というはるか彼方の目標へのほんの第一歩だと知ったとしてもです。

しかし、より真実なのは、キリストのまねびが人を本物の、キリストのような、闇との闘いへと導くことです。そしてこの戦いと、アニマによって助けられる平和達成の試みとに深く関われば関わるほど、キリスト教の時代の彼方に、聖霊の一体性 (*Oneness of the Holy Spirit*) の到来を待ち望むことになります。聖霊とは、創造主が受肉の相を通して達成するプネウマ的な状態 (*pneumatic state*) です。聖霊とは、キリスト対サタンの象徴によって表現されている絶対的対立を通して、自我を完全に廃棄することを引き受けたすべての個人の経験です。聖霊の状態とは、無意識の原初の一体性の、意識のレベルにおける回復です。

それは、私見では、キリストの語録 (logion) において言及されています。すなわち「あなた方は神である」。この状態はまだすっかり理解されているわけではありません。ただ予感にとどまっています。

……私たちはまだキリスト教の時代（Christian aeon）におり、闇の時代にいることを認識しはじめたばかりです。私たちはまだ、キリスト教の徳を最大限に必要としているのです。そうした状態においては、キリストを、不適切なシンボルだとして捨て去ることなどできはしません。私たちははっきりと彼の敵対者の到来を見越してはいるのですが。それでも、私たちはその敵対者が、将来の神的な対立の結合に向けての前段階であるということがわかっておらず、善なるもの、美しきもの、聖なるもの全てに対する脅威であるとしか感じていないのです。

……キリスト教会はキリストのまねびという原理に身を委ねた人々全ての共同体であるので、この制度（心的態度）は、影の統合が意味するものが明瞭に理解されるまでは維持されるでしょう。先のことが見えている者は、人々を教え助けるためにいわば自分のヴィジョンよりも遅れたところにとどまらなければなりません。とりわけ、使命を与えられたものとして教会に属しているならそうです。……もしも私たちが、同胞達が極めて必要としている象徴を、それを十分に理解する機会が訪れる前に奪ってしまうとしたら、それは無責任であるか、あるいは自己愛的態度でしょう。

……あなたの究極の決心が何であれ、あなたは前もって、キリストの象徴が意味するところを人々に理解させることが重要であるので、教会にとどまることは意味あることだと悟っておくべきでしょう。そうした理解が、さらなる発展のためには不可欠なのです。……大多数の人々はまだ無意識的状態にあるため、本当のキリストのまねびの大きなショックから保護してやったほうがいいほどです。

……誰かが、先を予見して来たるべきものについて語るというつとめを委ねられます。それが私の仕事の一部です。しかし私は、現在の状態を破壊しないように慎重にならなければなりません。家の二階を建て増ししようというときに基礎を壊してしまう愚か者がいるでしょうか。そもそも基礎もできていないのに建て増しなどできるでしょうか。こうして、キリストが自己の完全な象徴ではないと発言するとき、私はそれを捨て去って完璧を期すなどということはできません。光の光（*lumen de lumine*）に闇を付け加えることによって、神のうちに完璧な矛盾の象徴を作り上げるために、キリストの象徴は保たれなければなりません。

……この元型的ドラマは、見事なまでに心理学的でもあり、同時に歴史的でもあるのです。私たちはまさに、世界の分裂とキリストの無効化の時代に生きているのです。

……キリストはいまだ有効な象徴です。ただ神御自身のみが、パラクレートス〔助け手、聖霊〕を通してキリストを無効化できるのです。

この長い手紙の中で、自己の象徴としては不完全であるとされたキリスト像の位置付けが明確になっている。個体化——全体性の実現——の第一歩として、内なる悪を自覚した上で、自らは善と同一化して悪と戦うという決断が求められる。この段階は、いまだ全体性が実現されているわけではないが、個体化過程の完成に向けての不可欠なステップであるという意味において、キリストの姿は実現途上の自己を表わすことになる。ハイジックはこれを「キリストの形姿は心理学的作業、つまり、その目標に向かっての苦闘、あるいは個体化過程そのものを表わす。」とまとめている（Heisig, 1979, 66. 七六頁）。

このような見解は、限定付きながら、分析心理学の観点からキリスト教の教義を肯定的に評価するものであり、ホワイトの立場を正当化する助け舟という見方もできるだろう。すなわち、三位一体としての神の像の意義を積極的に認めることで、第四のものである悪の統合はとりあえず保留しておけることになる。もちろん、これは本質的な問題解決にはならないが、まがりなりにも分析心理学と神学の協力のいとぐちが提示されたかに見える。この後に書かれたホワイトの悪についての議論を読むと、善を悪から切り離す局面が強調され[23]、ユングの所説を紹介してから必ずそれに神学の立場からの留保あるいは批判を加えるというスタイルをとるようになる。

ホワイトは返事の手紙で心からの感謝を述べ、また、ドミニコ会を去ることも示唆している。

「私は今いるところにとどまっていていいのだろうか?」というこの問いを、道徳的問題だと感じます。そしてそれは苦しみ、悲しみ、不快に過ぎぬようなものではありません。私の内側の思考と外に現われた言動の多くとをひどく乱暴な矛盾に陥らせてしまうようなペルソナをつけ続けることが誠実（honest）だと言えるのでしょうか。とりわけ、私は再び宣誓することが出来るでしょうか。ニケア信条のすべて、ピウス四世の信条を、反近代主義の宣誓を信じていると……。

そしてトマス・アクィナスと彼の学派の堅固な（SOLID）教理以外のものは教え説くことはしないと。ああ……。（1954.3.4, Lammers, 1994, 95）

ホワイトは、結果的には修道会を出ることはなかった。ユングは秘書のA・ヤッフェ宛の書簡の中で、ホワイトが誠実に困難と向かいあいつつあり、よい方向に進んでいると書いている（1954.4.6）。

五 『ヨブへの答え』

さて、この時期に、後に大きな問題となる『ヨブへの答え』が出版され、ホワイトにも献本された[24]。ホワイトは、出版前の草稿を読んでいたらしく、前年の手紙（1951.10.23）には、「例の『ヨブ』が出版されると聞いてわくわくしています。もう一度あれを読み、熟考できることを私がどんなに楽しみにしているか、言葉にできません。聖書の専門家が――『心理学者』はもちろんですが――、どんなことを言うことになるのか興味深いところです。」と書いていた（Lammers, 1994, 107）。実際に出版されてからも、ホワイトはこの本を絶賛し、「ここ数年でもっとも刺激的で感動的な本。とにかくそれは私たち二人の間にとてつもない共感の絆を生み出していますし、聖書の中、そして私の心の中のあらゆる闇を照らしてくれるものです。」と書いている。未公開のこの長い手紙ではいくつかの深刻な理論的問題にも言及されているが、ともあれ、「〔『ヨブへの答え』〕は、魅力的な本で、この陰鬱で欺瞞に充ちた世界において、励ましを与えてくれる本です。」と手紙は結ばれている（Lammers, 1994, 92）。しかし、数年後にホワイトはこの本を激しく非難する書評を書くのである。

ところで、ホワイトは、一九五四年の夏に、ＳＴＭ（神学修士）[25]の学位を得て、慣例により理事（regent of studies）になると目されていたが、選に漏れた。ラマーズの示唆するところによれば、これは、ホワイトの業績（ユングとの協力）への上層部の拒絶反応を背景として、多分に政治的な配慮が働いたためであった。自著に、公然とカトリックの教義を批判するユングの序文を掲げていることなどを考えれば、これは無理からぬことであったかもしれない。ホワイトはさしたる任務もなくカリフォルニアに派遣された。アメリカでは、ホワイトはユングの心理学と神学を論ずる講演に各地で招かれ多忙な日々を送ることになった。ホワイトはアメリカから書いている。

　率直なところ、まだアメリカで『ヨブへの答え』が出ていなくてほっと胸をなで下ろしています！　もし出版されていたら、こちらの、大抵は素朴で、しかし善意のカトリック達の間での私の段取りをぶち壊してしまうでしょう。もちろん、すでに私は、〔『ヨブへの答え』が発売されている〕イングランドから困惑と憤慨の手紙を受け取っています。「いったい何だって（What the hell）……」（1955.1.8, Lammers, 1994, 93）

『ヨブへの答え』に対するホワイトの豹変ぶりからは、彼がユングとの関係によってストレスを被ってきたことがうかがわれる。ホワイトは依然として「善の欠如」を問題としており、この手紙にトマス・アクィナスの『神学大全』からの引用を添えた。ユングにはもうこの議論を再開する気はないようで、この引用は「最高のパズル」であり、お手上げだと返事を書いている（1955.1.19）。ホワイトも、パズルになってしまうことがパズルであると返し、「privatio boni をめぐる議論は、もはや救いようのない袋小路に迷い込んでしまいました」（1955.3.17）と書いている。事実、両者の相互理解の試みはもはや進展する余地はなかった。ホワイトは遺作となった著書の中でも、次のように述べている。

告白しなければならないのですが、ユングが悪ということによっていったい何を理解しているのか、いったいどのようにして、知的に、私たちがそれを善と区別すべきだと思っているのか、私は大いに理解に苦しみます。そして、彼が悪を「統合し」「受け入れ」「自覚する」ということによって、何を理解させようとしているのか、まったく不明です。（White, 1960a, 156–157）

ホワイトによる『ヨブへの答え』の書評が公になったのは、「善の欠如」をめぐる相互理解が不調に終わったのと時を同じくしてのことであった。ホワイトは、おそらく当時にあって、ユング本人を除いては、この本を世界でもっとも誤解なく理解できる立場にいたとも言えようが、それでも彼の書評の内容は、およそユングの期待に応えるようなものではなく、二人の関係を完全に破綻させるに十分な内容であった。ホワイトの書評について検討する前に、まず『ヨブへの答え』の内容を概観しておく。この本は一九五一年、ユングが病床で得たインスピレーションをもとに、短期間で一気に書かれた。この本の出来映えにユングはおおいに満足し、また、この本を書き上げたことはユング自身に救いをもたらしたと言われている。(26)

ユングはこの本で、旧約聖書から新約聖書、そして現代に至るまでのユダヤ・キリスト教世界における神イメージの変化について論じている。(27) ユングはこれを「神の人間化（die Menschwerdung Gottes)」のドラマとして描くが、神話や教義は時代ごとの人間の意識の発達状況を反映しているので、擬人的な神のドラマとして語られるのは、人間の側から見れば意識の発展の歴史である。これはすなわち人類の個体化過程であって、対立物を意識化して全体性を実現することが目標となる。とりわけ問題となるのは、悪と女性性の統合である。そして、『ヨブへの答え』は、ユングの少年時代の異様な神体験をキリスト教の歴史の中に正当に位置づけられるように、キリスト教の神話を発展させる試みであると読むことができる。ゆえに、ユング自身の人生と、学問的関心が一つに結晶する作品として読めるのである。

ユングにこの著作を書かせたのは、一九五〇年一一月一日のローマ法王ピウス一二世による、聖母被昇天の教義公布であった。マリアが生身のまま天に昇ったというこの教義によって、もっぱら男性的であったキリスト教の三位一体の神の世界に第四の要素として女性性が加わり、全体性によりふさわしい神のイメージが現われたことになる。この教義の公布は民衆のマリア崇拝を背景としているが、ユングは民衆の魂の願いに柔軟に反応するカトリックの態度に感動して、これを「宗教改革以来のもっとも重要な宗教的事件」（GW11：752. 一四七頁）と呼んだ。人間の心理的経験に応じて形を変えていくというのが、ユングにとっては、宗教の教義の本来あるべき姿なのである。こうして、ユングは、キリスト教の神話を、ヨブ、イエス・キリスト、聖母被昇天という三つのエポックによって区切られる、神の人間化の進展として見ることとなった。(28)

ヨブ

まず、ユングは「ヨブ記は我々の時代にとって重要な意味を持っている神体験のあり方のパラダイムである。」（GW11：562. 一四頁）と述べる。ユングは、キリスト教の教育を受けた現代人がヨブ記の中に顕わになっている神の暗黒面とどのように対決するのか、という表現もしているが、ヨブの体験は現代人にも典型的なものであると認識している。

ユングはヨブ記成立の時点の神イメージの描写から始める。神（ヤハウェ）の全知からすれば、ヨブが神を畏れる義人であることは容易に知られるはずであるにもかかわらず、ヤハウェはサタンによって簡単に唆され、掠奪、殺人など、自ら告示した十戒をあからさまに破る。しかも、それに気付く素振りも見せず、ちっぽけな被造物にすぎないヨブを威嚇する。ヤハウェは慈悲深い神という自らの表向きの仮面（ペルソナ）と矛盾しているのである。ヤハウェは自己反省をせず、自分自身への洞察を持たないので、彼の意識状態は未開人のそれであり、反省や道徳とは無縁で、今日では心理学的には「無意識」、法律的には「責任能力がない」と評されるべきである（GW11：638. 六七頁）。これは「父の時代」の神のイメージである。

このようなヤハウェを前にして、ヨブはヤハウェの本質をあやまたずに見抜く。ヤハウェは「一個の二律背反」であり、「迫害者にしてなおかつ助け手」、「義であることにおいてどこまでも義であるが、その反対であることにおいても同じように完全である。」（GW11：574. 二二頁）ヨブは、神の内的な二律背反を認識し、それによって彼の認識の光はおのずと神のヌミノーゼにまで達したとユングは高く評価する。（GW11：584. 二八頁）。つまり、自己反省に基づいて人間の意識が鋭くなった結果、道徳的に神を追い越してしまうというまさに予想もしなかった事態が訪れたのだ。いまや、神は人間に追い付くために、人間にならなければならない。こうして、ヨブは「神の内面的な対立を引き起こすための外的な契機」（GW11：587. 三〇頁）であり、ヨブの物語は「世界史における前代未聞の事件」（GW11：595. 三五頁）となったのである。ヨブの財産が回復され、子孫の繁栄が約束されるというヨブ記の結末は、この問題についてなんの解決ももたらさない。ヨブ記には続きが必要で、ヤハウェによるヨブへの答えが待たれるのである。

ユングのこのような神学者然とした語り方は感情的な誤解を引き起こしやすい。[29]しかし、もちろんユングは、「私は、聖書の記述をも魂の発言と見做す。」（GW11：557. 七頁）と述べている通り、心的現実を扱っており、「イメージの世界」を扱っているのである。ユングは、キリスト教の教義について「素人として」書くと述べているが、神学的あるいは文献学的な方法論をあえてとらずに、現代の一般のキリスト教徒が聖書を読む時に何を感じるか、何をイメージするかが問題になっているのである（GW11：559．九頁）[30]。

さて、神が人間になる必要が生じたからといって、一足飛びにそれが成し遂げられるわけではない。ユングは、「子の時代」におけるキリストの受肉を準備するために、徐々に神性が変容していく兆候を聖書の記述に見出す。ヨブ記以降に成立した箴言（八章二三‐三一節、前四‐三世紀）、外典のシラ書（二四章三‐一八節、前二世紀）、知恵の書（七章二二‐二三節、八章三‐六節他、前一〇〇‐五〇）に、知恵が人格化された女性的存在であるソフィアが相次いで現われるのである。ユングによれば、天上にもともと存在したはずのソフィアがヤハウェによって想起され、自省を手に入れたヤハウェは、もはや不義をなすことはできなくなる。つまり、ヨブ記の末尾で人間の前に現われておおいに語ったヤハウェは、以後、沈黙に入り、あからさまな暴虐をつくすことは絶えてなくなった[31]。

ソフィアへの言及で明らかなように、ユングはグノーシス主義の神話素を利用している。ヤハウェはデーミウールゴスのイメージで描かれている（GW11：606‐607．四〇‐四一頁）。だが、ソフィアのとりなしによって原初のプレーローマへの回帰を実現するというグノーシス主義とは正反対に、神は受肉へと向かうのである。

また、エゼキエル書（一章一‐二六節、二章一‐三節、前六世紀前半）、ダニエル書（七章一‐一三節、前一六五年頃）、旧約偽典のエノク書（四六章、前一〇〇年頃）には相次いで「高齢者」とともに「人の子」が登場する。彼らはキリストの先駆であり、神が人間世界の統治を息子に任せて退くことで正義の秩序が回復するという思想を暗示している（GW11 : 665ff. 八九頁以下）。
以上のことをまとめると、ヨブ記に記録された事態（神の矛盾したイメージの顕在化）が無意識を揺り動かし、様々なヴィジョンが意識に流れ込んでくるようになった（Ibid.）。それは一方では「ソフィアの想起」として現われ、他方では「人の子」の登場として現われたのだった。人間は、いまや反省的・道徳的になった彼らを救うにふさわしい、人間的な愛の神のイメージを欲しており、「神の人間化」のプロセスが動きだしているのである。

キリスト

時代は新約聖書に下り、十字架上での「わが神、わが神、なぜわたしをお見捨てになったのですか」というキリストの叫びとともに、神が初めて死すべき人間を経験する瞬間に、キリストの人間的な存在は神性を獲得する。これがユングの言う「ヨブへの答え」である（GW11 : 647. 七三頁以下）。神のイメージの中に人間性が統合され、神の人間化が一つの頂点に達するのである。

キリストの一生は、神の一生と人間の一生が同時に生きられるなら、そうなるはずであるという、まさにそのようなものである。それは一つのシンボル、相異なる性質の合成であり、言うなればヨブとヤハウェが結合して一つの人格になったかのようである。人間になるというヤハウェの意図はヨブとの確執から生じたものであるが、それがいまキリストの人生と苦悩の中で成就す

るのである。(GW11 : 648. 七五頁)

しかし、ヤハウェは人間化したが、自らの明るい面と同一化し、正義によって罰する善なる神、愛の父となり、恐れるべき暗い側面は忘れられていく。たとえば、キリストは、サタンが天から稲妻のように墜落するのを見ている(ルカによる福音書、一〇章一八節)。ユングによれば、サタンが追放されたことによって当面はヤハウェが彼の「闇の息子」から歴史的に分離したことになった。これもヨブの物語に欠けていた要素である(GW11 : 650. 七五–七六頁)。

さらに、キリストは神話に現われる「英雄」[32]の一般的な特徴(新生児の迫害、みすぼらしい誕生等々)を満たしており、無原罪の処女マリアからの出生も相俟って、アダム、アベルといったユダヤ・キリスト教の神の息子の系譜上に位置づけられる(GW11 : 643ff. 七〇頁以下)[33]。したがって、キリストへの受肉を「神の人間化」という観点から評価すると、悪や女性性という点で人間化は不十分なままであり、キリスト以後も、普通の人間において継続されなければならないことになる。「ヨブへの答え」はまだ不十分にしか与えられていないのである。

聖霊

神が人間化するということについて、聖書に求められる手がかりは、キリストが、将来、父によって聖霊(弁護者)が派遣されると約束している部分である(ヨハネによる福音書、一四章一五節以下)。

聖霊とは、三位一体の教義からすれば神自身でもあるので、これは「神の人間化」であるとともに、「多くの者のキリスト化（Christifikation vieler）」でもある。それは、具体的には、ヨブが体験したのと同じ、対立物の結合としての神のイメージが、人間の内に意識化されるということである。こうした事態をキリスト教の歴史の必然的結果として正当に評価することこそが、ユングのいう「神話のさらなる発展（Die Weiterentwicklung der Mythus）」である（*ETG*, 335. 2、一八二頁）。

ユングは次のように述べる。

〔神の認識とは〕あらゆる対立は神のものであり、それゆえ人間はそれを引き受けなければならず、また人間がそれを引き受けることによって神は人間の対立性を含めて人間を占有した、すなわち受肉したのだという認識である。……まさしく対立を意識化することによって、たとえこの認識の瞬間がどんなに辛いものであっても、救われていることを直接感じ取れるようになるのでなければ、〔この救いの意味は〕理解しがたいであろう。救いとは一方で重苦しく頼りない無意識という苦しい状態からの救済であり、他方では神の対立性に気づくことである。……この方法によってのみ、彼の内で「神の像」が、神の人間化が、実現する。（GW11 : 659. 八五–八六頁）

これがヨブの体験であり、現代のキリスト教徒が体験すべきことであるとユングは主張する。そして、これはそのまま、大聖堂を糞便で破壊する神というユング自身の原体験を、キリスト教の発展史の延長線上に位置づけて正当化する解釈でもある。

キリストにおいてのみ、もっぱら善なる、絶対他者としての神――人間が自らのうちに所有することなど不可能な神――が、現世に制約された、葛藤する人間の姿をとって現われたというのが正統的なキリスト教の見方だとすると、それにはユングは与しない。ユングの立場は、善なる神と罪ある人間との間に対立、断絶を見るのではなく、神と人間、それぞれの内に対立を見て、それを神の受肉の根拠とするものである。なぜ、神と人の双方に対立がなければならないのか。超越的な善なる神が、人間を罪ある限定的な存在のまま受け入れ、救ってくださるということではいけないのか。それは結局のところ、ユング自身の原体験の普遍性への確信に基づいているとしか言いようがない。

黙示録

神の対立性の認識による「神の人間化」が進展するという、神話の発展の方向性は、実は、これまでプロテスタンティズムにおいて軽視されてきたヨハネの黙示録によっても支持されるとして、ユングは『ヨブへの答え』の全二〇章のうち、一三から一五章までをあてて、黙示録の解釈に入り込んでゆく。もちろん、ユングは心的現実についての記述をしているのだが、黙示録は未来における出来事のヴィジョンであり、まさにユングが形而上学的な世界に踏み込んでいるという印象を受ける。

ユングの読み方は、ヨハネの黙示録に登場する恐怖に満ちたイメージは、聖書の他の部分に描かれる愛の神のイメージを補償するものであり、両者が合わさって神の全体性が表現されているというものである。これは、心理学的には、意識が一面的になると無意識内の反対の要素によって補償されるというエナンティオドロミーの概念で説明される。ユングは、ヨハネの黙示録の著者がヨハネの手紙の筆者と同一であるという、文献学的には支持されない観点をあえて出している。ヨハネの手紙の筆者は「神は光であり、神には闇が全くない」（ヨハネの手紙一章五節）、「神から生まれた人は皆、罪を犯しません」（同、三章九節）と述べつつ、一方で、アンチ・キリストについて言及して、悪を予感している（同、二章十八節、四章三節）。

彼は容易に、彼の意識的な予定に入っていないような悪い夢を見そうである。彼は、必要な自省を欠いていないパウロと違って、自らが罪のない状態にあるばかりか、完全な愛をも知っているかのように語っている。ヨハネはあまりにも自信がありすぎ、そのために分裂の危険に曝されている。……ヨハネが神を愛したからこそ、……「グノーシス」――神の認識――が彼にふりかかった……彼はヨブと同じようにヤハウェの狂暴な恐ろしさを見てしまったのであり、それゆえその愛の福音が一面的であることを体験して、それを恐怖によって補ったのである。神は愛されうるが、また恐れられなければならない。（GW11 : 698, 732. 一〇九、一二九頁）

要するに、ヨハネの手紙の筆者のあまりに一面的な意識の態度がエナンティオドロミーを発動させ、無意識から噴出させたのが、ヨハネの黙示録のヴィジョンだとされるのである。歴史的には二人のヨハネが別人だとしても、聖書の読み手の立場に立って、両者を同一人物であると考えた方が心理学的な真実を適切に表わしているというわけである。ユングは聖書全体を通じて形成されているキリスト教徒の世界観、キリスト教の神話を問題にしているのである。善なる三位一体としての愛の神を補償するものとしてヨハネの黙示録を読むならば、実は、対立を含む全体性としての神がしっかりと聖書に描かれているということになる。それがユングの、「神話は聖書にしっかりと残されており、それゆえ罪は神話にではなく、ひとり我々にある。我々は神話を発展させて来ず、むしろそうした試みを抑制してきた。」(*ETG*, 334. 一八〇-一八一頁)という発言につながるのである。

ユングはヨブの経験とヨハネの経験を、神の対立の認識としてとらえ、これが現代人に通ずるものであると考えている。とりわけ、二つの世界大戦を経て、人間が黙示録のヴィジョンを現実化させ得る破壊的な悪をなす力をすでに手にしていることが明らかとなった以上、神の対立というイメージを通して、あるいは四者性を顕著な特徴とするマンダラの表象によって、内なる悪を意識化することは、単に個人の救いの問題にとどまらず、人類一般の課題ともなるであろう。神の対立を自らにおいて統一した人間は、「新たな責任」を負う存在となるのである(GW11 : 747. 一四三頁)。ここでユングの良心論を想起すると、相変わらず核兵器の抑止力を前提にした平和が説かれている現代にあっては、善悪の区別を自明のものとして、慣習的な道徳律に盲従することは危険である。対立の緊張に耐える意識の強さを持ち、自ら善を選び取る決断をしなければならないのである。(34)

ユングはさらに神学的な解釈に分け入っていく。黙示録においてあらわになった神の対立性を統一するイメージが、唐突に現われる「太陽の女」であるという。彼女が産み落とす息子は、終末の時の第二の救世主への期待を意味している（GW11 : 713. 一一六頁）。しかし、キリスト教の時代にあって当面の目標となるのは対立物の結合ではなく、「光と善の受肉……《神の国》を強固にすること」（GW11 : 743. 一四〇頁）であるので、ヨハネの黙示録の結末（二一章）は聖婚（息子と母＝花嫁の結婚）である。これは天国で行なわれ、不浄なものは遮断されている。光と光が結合する。この「キリスト教の時代に実現されなければならない目標」を成し遂げて初めて、神は被造物である人間に受肉できる。終末の時に初めて、太陽の女の幻視が実現するという。

聖母被昇天

このように、聖書は静的な心理を述べ伝えているものではなく、動的に、発展可能性を秘めた神話として理解すべきであるというのがユングの立場である。その発展は、人類の意識の発達と対応したものであるべきである。それゆえに、ユングは一九五〇年の聖母被昇天の教義公布を、「宗教改革以来の最も重要な宗教的事件」（GW11 : 752. 一四七頁）であると絶賛し、プロテスタント陣営にも教義の持つ意味について再考を促している。

この教義は、聖母マリアが人間としての肉体を持ったまま天上に昇り、天上の結婚の部屋において花嫁として息子と結ばれるというものである。ユングは、この教義が無原罪のマリアとは異なり生身の存在である「太陽の女」の幻視に触れていることから、普通の人間への受肉を予言するものだと述べている。

神話――世界観――が心理的体験の反映であり、また逆に世界観が魂を癒すというユングの立場からすると、この新たな教義は、普通の人間への受肉、すなわち、一人一人の人間が聖霊によって神の対立を受け入れつつあるという事態を追認するものであり、また同時にそうした経験を促す効果を持つということである。一九五〇年というのは東西冷戦の時代、また、唯物論的な合理主義と非合理的な精神性の激しい世界観の対立の時代でもあった。こうした時代背景のもと、この教義は、統一的世界像を求める民衆の無意識の要求に応えるものであった。(35)

厳密に言えば、マリアは無原罪の存在であり、ユングの言うような善悪の対立の結合としての神が教義として認められたわけではない。しかし、少なくとも、これによって、神の世界に女性性が加わり、また身体性が加わり、全体性の象徴に近付いたというのがユングの評価のポイントである。ユングは「カトリックは影のない四位一体を創りだすことにほとんど成功した。しかし、悪魔はまだ外側にある。」と述べている (Philp, 1958, 219)。したがって、ユングが自伝で述べたように、神話のさらなる発展は、「聖霊が使徒達、そしてそれに続き普通の人々にも入ってきて、彼らが神の子になることによって始まる。」(*ETG*, 335. 2、一八二頁) のを待たなければならない。

ユングは短い最終章 (GW11 : 758) で、「読者はもちろんお分かりのことと思うが、これまで述べてきたシンボルの発達は、人間の意識の分化過程に対応している。」と述べ、その過程すなわち個体化過程を、相互にある程度の自律性を持つ、元型 (無意識) と意識の相互作用であるとしている。これは『ヨブへの答え』に即して言えば、「神の人間化」＝「多くの者のキリスト化」はヤハウェとヨブの相互作用によって開始されたということである。もちろんこの神は最高善である超越的絶対者ではなく、対立の結合である。ゆえに聖霊としての神が人間に宿ったとしても、それは人間が堪え難い葛藤を引き受けるという試練を受けることを意味する。ユングによれば、これはパウロの例に明らかである。パウロのように啓示を受けてもなお、人間は内なる神を前にしてはちっぽけな自我でしかない。神の姿は広がりにおいても、深みにおいても人知をはるかに超えているのである。

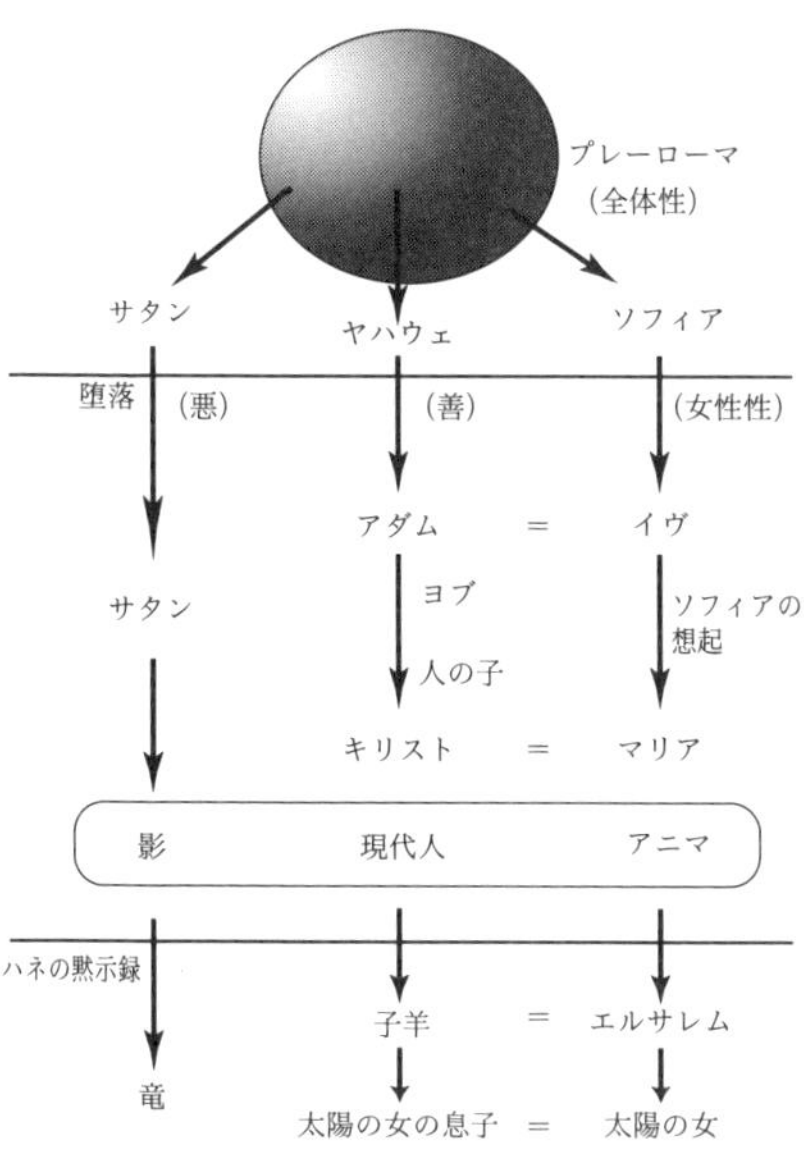

神の人間化

このようにユングは、最後にパウロを引き合いに出して、神の対立を引き受けることが、分析心理学の目標であるとともに、キリスト教の目指すものであるという自説を補強しようとしている。しかし、パウロが葛藤に耐える存在であったとしても、その葛藤が人間的なものであると同時に、神の対立でもなければならないという救済観は、やはりユングに独特のものであり、正統的な神学者の思考との間には超えがたい断絶があると言える。

六　ホワイトの書評

さて、ドミニコ会発行の*Blackfriars*に掲載されたホワイトによる『ヨブへの答え』の書評(36)は、「過去にユング派に益するような書物があったとしたら、それはヨブ記だと言えるだろう。」と始まる。すなわち、防壁に囲まれた一見完全な幸福（意識の構え）が破綻し、神経症的な抑鬱状態の中、内省と葛藤が始まり、無意識の中から以前の意識を補償するような洞察が生まれて精神的に成長するという、分析心理学が描く「統合のプロセス」をヨブ記はうまく表現しているのである。あまりにも万事が「スケジュール通り」に進むので、まるでヨブ記の著者がユングの論文を読んでいたのではないかと思うほどである。ゆえにユングが愉快に感じているかと言うと、それどころではなく、ユングはヨブ記の結末に大いに不満なのであるとホワイトは述べる。ホワイトは『ヨブへの答え』を要約し、ヤハウェの方がヨブから学んで変わらなければならず、しかもキリストに受肉したものの、悪の要素が棄てられたために「最後の状態は、最初よりも悪い」というユングの説を紹介する。ホワイトによれば、伝統から遊離した身勝手な聖書解釈は「悲惨な戯画（cruel caricature）」でしかない。そして教皇による聖母被昇天の定義が時宜を得た素晴らしいものであり、それを批判するものは時代遅れで、聖霊の声に耳を貸すべきであるなどと心理学者風情に説かれることが、神学者達にとって愉快であるはずがないと述べられる。そもそも、黙示録の「太陽の女」を「普通の女性」であるとしながら、キリストの母マリアが無原罪であるがゆえに他の人間とはかけ離れているとするようなユングが、聖母被昇天をいかに肯定しようと、ピウス一二世と同じことについて語っているとは思えないとしている。

さらにホワイトの批判は続き、この本の「奇怪なアイディア」は、教養あるキリスト教徒を仰天させるが、ユングが初歩的な教義に対して「ナイーヴな誤解」をしていることはさらに驚きであるとされる。十字架を中心に据える宗教が悪の自覚を抑圧していると言えるのか、神の子でありつつ神の怒りの器でもあるというキリスト教徒の立場をどうして見逃すことができるのか、等々の疑問が投げかけられる。ここでホワイトはユングの理解者、共感者という立場を完全に捨て去っているかに見える。ホワイトは、自著 *God and the Unconscious* へのユングの序文を引用して、ユングの「経験主義」の立場への理解を示しはするが、結局、「ユングは聖書を故意にひどく歪んだ眼鏡で読んでいる」と断じる。ユングは、神自身についてではなく神のイメージについて書いているとはいえ、彼が書いているのはヨブの抱いている神のイメージでさえない。ヨブが抱いているイメージだとユングがイメージしているものである。

したがって、『ヨブへの答え』は、ユング自身も認めているように、冷静で客観的な書ではなく、主観的な反応を記したものにすぎない。「除反応のすさまじさは理解できるが、しかし、その幼児的性質はやはり、除反応に馴染みがない読者を瞠目させるだろう。」とホワイトは書き、ユングの反応が「甘やかされた子供」のものであり、キリスト教の愛や善についての記述は、「口唇期に固着した意識」の反応であるとしている。ホワイトはさらに、『ヨブへの答え』は――きわめて痛ましい特徴であるが――耐え難い悲しみと憤りを合理化し、覆い隠そうとするパラノイドの体系の特徴を具えている。[38]」とまで書いている。ラマーズは、ホワイトのこの書評がユングへの「個人攻撃」であると評したが、確かにこのくだりを読むとそのような印象を受ける。

ホワイトは、ユングの批判がおおかた的外れであるとして、次のように書評を締めくくる。「彼の攻撃は本質的に、ヴィクトリア朝的で、リベラルで、薄められて一面的な神の像とキリストに向けられているのだ。もしも神人の全体性が新たに人間の心に生まれるなら、このような時代遅れで味気ない偶像は破壊されるべきであるということだけが、我々がユングに同意できる点である。しかし、こんなことは、冷静な態度で読めばいつでも聖書自体から引き出せる教訓である。ヨブ記以上にそのことがはっきりと現われている所はほとんどない。……嘆かわしいことに、ユングは、キリスト教の無力になったバージョンに対して荒れ狂っている間に、思わず知らず、聖書の側、真の正統的キリスト教の側に立っていることに気付いていないのである。……ユングは、ヤハウェを嘲っているように見えながら、実はヤハウェの側に立っている。……〔この本の最後の一文は〕現代的な言葉に粉飾されてはいるが、ヨブへの答えでなく何であろうか。ヨブ記の中でヤハウェがヨブに投げる言葉そのままではないだろうか。」

こうして、ホワイトは、ユングの建設的な意図だけは評価するものの、『ヨブへの答え』は全体としてあらずもがなの徒労であるとして片付けるのである。このような書評を書くに際しては、当然ユングとの協力関係が解消することも覚悟していたに違いない。しかし、ホワイトには動揺が見え、書評執筆後の手紙には深い後悔の念や、『ヨブへの答え』の出版をなじる内容が入り混じっている。[39] ホワイトは『ヨブへの答え』によって生じた問題についてあらためて議論を申し込んでもいる。[40] しかし、ユングは、チューリヒまでやって来ていたホワイトとの会見を拒否し、これ以降、二人は一度を除いて会うことはなかった。

ホワイトは一九六〇年五月に世を去るが、最後の日々は不幸の連続であった。一九五九年にバイク事故で重症を負い、さらには癌の宣告を受けた（Lammers, 1994, 109–111, 292n.）。しかも、この間、ローマ教皇庁が彼の *God and the Unconscious* の禁圧処分に動いたとされる（Ibid.）。自分が『ヨブへの答え』を酷評したことを忘れてしまっていることをうかがわせる手紙を書いてユングに首を傾げさせたこともあったが（1960.3.18, Ibid.）、死を前にして病床で口述筆記された手紙（1960.5.6）で、ユングと『ヨブへの答え』への愛を今さらながらに語っているのは痛ましい。[41]

さて、ユングとホワイトの対話をどのように評価すべきであろうか。分析心理学と神学の生産的協力関係の可能性という点では、概して否定的な見解が多いようである。伝統的キリスト教神学と分析心理学の両立が容易でないことが示されたというチャレットの見解（Charet, 1990, 439）はすでに紹介した。*Blackfriars* に掲載されたホワイトの追悼文を見ると、彼の分析心理学への関わりは「長引いた奇襲」に過ぎず、肯定的に評価された形跡はない（Gilby, 1960b）。心理学領域での優れた業績として、*God and the Unconscious* 所収の「啓示と無意識」が挙げられているが、この論文は心理学的問題に触れてはいるが、ユングの影響を感じさせないものである。また、追悼文と同じ筆者による *Soul and Psyche* の書評においても、分析心理学に関する部分は「長すぎる挿入部分」に見えると酷評されている（Gilby, 1960a）。

この章が資料の多くを負っているラマーズは、ユングの言う「自己」が限定的ではあれ、超越の契機を含んでいることは認めながら、神の超越や客観性を重視する神学と結びつくことはないだろうと述べている。ユング的な視点に立てば、もっぱら超越を説き、神の他者性を説く神学は、感情的直接性を殺し、宗教的象徴の持つ力を損なってしまうのだが、神学側の反論は、信仰は宗教的主観主義の空気の中では死んでしまうというものである。ユングの認識論は他の立場との接合を常に不可能にするので、ユングの思想や実践と神学との生きた総合は、いずれにせよ、神学の側が主観主義に歩み寄れるかどうかにかかっているとラマーズは示唆している（Lammers, 1994, 249–250）。実際、接近を試みたのはホワイトであり、二人の出会いの結果、ユングが自分の基本概念に修正を加えた形跡はない。またホワイトとしても、ドグマの解釈を変えることはできない相談であり、結局のところ、心理療法の技術としての分析心理学を利用したに過ぎなかったといえるだろう。(42) 第二章で引用した、「神学と分析心理学との間の接点を期待できるのは、キリスト教の教義の神についての部分ではなくむしろ、人間についての教義においてである。」（White, 1961, 96）というホワイトの言葉がこの点を物語っている。ホワイトは、宗教を精神分析し去ることができるというフロイトの楽観主義を退ける一方、宗教が人生の意味を与え、宗教の喪失は心の病をもたらすとしたユングを最大限に評価したが（White,

1961, 68–69)、神学の領域に関するかぎり、ユングから得られたものはほとんどなかったと言えよう。ラマーズは「ユング心理学と正統的キリスト教神学の有機的総合はありそうにないとしても、キリスト教の象徴への関心を持つユンギアンは、なおも宗教的精神的連続性を検討する必要があるだろう。」(Lammers, 1994, 252) と述べているが、これも対話は神学にではなく、むしろ心理学に有益だということを示唆している。宗教的象徴はもともと治療的機能を持っているというのがユングの立場であるのだから、象徴が貧困化したというプロテスタントならまだしも、カトリック神学は、自らの具えている利点を指摘されて、それに自覚的になることはできるかもしれないが、それ以上のものを分析心理学から手に入れることは難しいであろう。

ユングとホワイトの対話を、ブーバーとの対話とともに分析したダウアリーも、「ホワイトとの議論は、ユングの後期の主な著述における包括的な心のダイナミクスの定式化に貢献した。」(Dourley, 1991, 306) と述べ、対話がユングに資するものであったとしている。[43] そして超越的神学としてブーバーとホワイトの立場を同じグループに一括したうえで、ユング心理学が彼らに対する脅威であったことが対話によって示されたとする。結論としては、この対話は、「第一にユング自身に、第二に、ユングの心の理解が持つ宗教的含意と宗教への代替可能性に惹かれている後に続く人々に、ユングの心理学とブーバーとホワイトの神学が両立不可能であることを明瞭に示した」(Ibid., 309) という評価を下している。

スタインによれば、ホワイトはトマス主義者であり、啓示の光に照らして慎重な推論を行なうことで真理に至ることができると考えていたが（前述の「二重の真理」説）、一方、ユングはカント主義者であり、せいぜい真理の性質についての仮説にしか到達できないと考えていたという気風の違いがある。また、ホワイトは、トマス・アクィナスが一三世紀にアリストテレスの哲学とキリスト教の統合を行なったように、ユングが科学的に、「完全に神学の外で」無意識内の神イメージの存在を証明すれば、自然科学と神学の統合が達成できると考えていたとする（Stein, 1999, 13）。しかし、たしかにユングは、元型を生物学的あるいは動物行動学的概念として用いて、無意識が普遍的なイメージを産み出すことの根拠としようとすることがあるが、それは「心的現実」という方法論をユング本来のものとすれば逸脱である。分析心理学は自然科学よりも解釈学というべきものであり、上のような意味でのホワイトの期待に応えられるものであったとは思われない(44)。

分析心理学と神学の協力については、このように悲観的な見解が多いが、両者が調和しないという事態は、分析心理学が、時に神学と競合的関係に立つような神学的傾向を有することを裏書きしている。悪の統合について、善の欠如（privatio boni）という神学的語彙を用いて問題にしはじめたあたりから、ホワイトとユングの関係の歯車が狂いはじめたのであった。要するに、問題が心理療法と神学の協力であるかぎりは、とりわけ実践的領域において十分に実現可能性が見出されたが、分析心理学が神学的傾向を顕在化させると、いわば神学と神学との調和が問題となり、かえって妥協点が見出しにくくなるのである。

一方、ユングの側にとっては、ホワイトとの交流が一定の成果をもたらしたことは疑いがない。ホワイトと出会って以降、ユングは「三位一体に対する心理学的考察」（一九四八）、『アイオーン』（一九五一）、「ミサにおける転換象徴」（一九五四）、そして『ヨブへの答え』（一九五二）などのキリスト教の教義に関わる著作を続々と完成した。ホワイトとの出会いがなかったら、そもそも今日ユングを「神学的」と呼ばしめているこれらの著作は生まれなかったかもしれない。もっとも、ホワイトの協力を得たユングが、神学的ないし文献学的な意味で妥当で精確な教義の解釈を目指したかというとそうではない。むしろ、自らの個体化論により巧みにキリスト教の象徴解釈を組み込んだというのが実情であろう。ホワイトが神学のインフォーマントとしてユングにとって都合のよい存在であったとも言えよう。しかし、ユングがただホワイトを学問的に利用しただけというのは正しくないだろう。ユングのキリスト教との取り組みは、彼の実存的営みとしても重要なものだった。ユングは『ヨブへの答え』を書くことによって、少年時代以来のキリスト教との葛藤に、ひとつの答えを出した。この意味で、『ヨブへの答え』は、同時にユング自身への答えでもあるのだが、それはホワイトというきっかけによってもたらされたと言えるであろう。

（1）ホワイトとユングの関係については、Lammers, 1994 が、未公開の書簡なども利用したもっとも詳細な研究である。

（2）*The Frontiers of Theology and Psychology*. Guild Lecture no.19. London : Guild of Pastoral Psychology, 1942 ; "St. Thomas Aquinas and Jung's Psychology." *Blackfriars*, Vol. XXV, 6/44. Oxford : Blackfriars Publications.等。

(3)主著は、*God and the Unconscious*. (Foreword by C.G. Jung). The World Publishing Company, 1961(orig. 1952) ; *Soul and Psyche : An Enquiry into the Relationship of Psychotherapy and Religion*. London : The Harvill Press, 1960. ホワイトの詳しい経歴については Lammers, 1994, 45–46。

(4)*Blackfriars* に掲載されたホワイトの追悼文の中でも、ホワイトが神学に心理学を持ち込んだことの意義は控えめに書かれ、彼には哲学的素養が欠けていたと示唆されている。Anon.[Gilby, Thomas]. "PERSONAE : Victor White O.P. (May 22, 1960)" *Blackfriars* XLI, 7–8, 1960, p. 284.

(5)ラマーズによると、White Raven とは、列王記・上・一七章二節以下で、エリヤにパンと肉を運んでくるカラスを指しているという(Lammers, 1994, 248, 310n20)。また、ドミニコ会の修道士は黒い僧服にちなんで Black Friars と呼ばれるが、黒い羽の代名詞である Raven もドミニコ会士を指している。また white raven (crow) という言葉は、black swan と同じく、珍しいものの譬えとして用いられる。

(6)二人の書簡は英語で交わされた。書簡の出典はユングの書簡集所載のユング発書簡、及び、その注釈で触れられているホワイト発書簡の内容、および、Lammers, 1994 で随所に引用されているホワイト発書簡（未公開）を利用した。往復書簡の日付の一覧は別表を参照。

(7)ホワイトはやがて、ノーベル賞物理学者のパウリらとともに、ユング・インスティチュートの設立メンバーにも名を連ねることになる（1947.12.27)。

(8)ユングの原著は「彼は自らの罪を自ら克服せねばならず、神の恩寵をあまり確信することができない。」と続く(GW11 : 86. 五三頁)。

(9)ワッツはこのように三位一体の教義を段階的発展としてとらえるところに、ユングの教義理解のまずさを指摘する（Watts, 2002, p. 126.)。しかし、ユングはキリスト教の三位一体の教義そのものが三段階の発展を経てきたと論じているわけではない。父と子と聖霊という宗教的表象が、どのような心理学的プロセスによって発生するかというのが、ユングの観点である。

(10)これはフロイトが「トーテムとタブー」（一九一二）で行なった宗教起源論のモデルである。

(11)キリストは、オットー・ランクが『英雄誕生の神話』で指摘したように、英雄の生涯を体現しており、限りなく神に近いのである（GW11 : 229. 一三六頁）。

(12)ただし、これについて、正式な教義（ドグマ）が定められているわけではない。White, 1961, 95–96, note.

(13)White, “Satan.” *Dominican Studies*, 2–4, 1949.

(14)ユングは脚注でホワイトの名をあげて、自分をマニ教的二元論者と呼ぶことの不当性を訴えている。

(15)日付不祥。*Letters II*, pp. 50–51.

(16)この序文はユング全集にも収録されている（GW11 : 449–467）。

(17)この手紙は、共通基盤を見出したいというホワイトの願いに応じて、手書きで旅行先のホテルで書かれたものである（*Letters II*, 52n.）。

(18)ユングはこの手紙にブーバーからの返答の抜き刷りを同封しているが、ホワイトが自分の立場への賛意を表わすことを期待したようである「追伸　ブーバーへの答えの抜き刷りを送ります。彼は私をグノーシス主義者呼ばわりしました。彼は心的現実ということを理解しません。」(1952.4.30)

(19)後者であるというのがホワイトの回答である（1952.7.3 ; *Letters II*, 71.）。また、White, 1961, 95–96, n.

(20)*Letters II*, p. 74n.

(21)*Letters II*, p134. Lammers, op. cit., pp. 94–95, etc.

(22)この手紙は独語版全集に補遺として収録されている。GW 11, Anhang : pp. 681–685.

(23)「心理療法の経験が示すように、人間の意識が進歩するには、自我と影は、統合される前に完全に分離されなければならない。善悪の対立と緊張は限界まで高められなければならない。換言すれば、悪はこの段階では完全に排除されなければならない。」(White, 1960, 149)

(24)『ヨブへの答え』への、同時代のキリスト教界の反応については以下を参照。Heisig, 1973, 204–55; Bishop, 2002, 44–50.

(25)Master of Sacred Theology (E), Sacrae Theologiae Magister (L).

(26)ユングの子息、Franz の証言（Lammers, 1994, 292, n. 44)。

(27)序論に記したように、この本は、もっぱらヨブ記における神の像や、神義論的問題を扱った著作であるのではない。そのような紹介のされ方が多いのが事実であるが、一方で、ヨブの神体験に、その後の神イメージの発達や現代人の神体験が凝縮されているという観点からは、もっぱらヨブ記から『ヨブへの答え』をとらえても本質を外さないということもできる。

(28)エディンガーの表現によると、（1）旧約の神、（2）新約の神、（3）現代人の心理学的経験における神、の三段階である。Edinger, Edward F. *Transformation of God–Image: An Elucidation of Jung's Answer to Job*, Tront: Inner City Books, 1992, p. 11.

(29)「私の扱うことがヌミノーゼの諸要素であるために、私の知性だけでなく感情も試されることになろう。それゆえ私は冷たい客観的な見方をすることはできず、むしろ私の主観的な情動を言葉にしなければならない。」(GW 11: 559. 九頁)。

(30)「三位一体の教義に対する心理学的解釈の試み」でも同じように「素人として」書くという立場が述べられている（GW11: 171. 九六頁)。

(31)このようなヤハウェの変容のストーリーは、一九九六年度のピューリッツァ賞伝記部門を獲得した、Jack Miles, *GOD : A Biography*, N.Y. : Alfred A. Knopf, 1995.(訳、『GOD——神の伝記』秦剛平訳、青土社、一九九七年）にも再現されている。ヤハウェの「生涯」は、モーセ五書、預言者の書、ヨブ記を画期として、「行為」「スピーチ」「沈黙」という変遷を遂げるという。

(32)一八五四年一二月八日、法皇ピウス九世による教義。竹下、一九九八、一二五頁以下など参照。

(33)こうした英雄の特徴はオットー・ランクが『英雄誕生の神話』（一九〇九）でつとに指摘したものである。また、「三位一体の教義に対する心理学的考察」も参照（GW11 : 229. 一三六頁）。

(34)ユングが収集した現代人のマンダラのうち、「四」ではなく、三つ組が観察されることは稀であるが、その例外的なマンダラはどれもドイツ人のものであるという。これはドイツ人が自らの影、集合的な罪に無自覚であるためであるとユングは示唆している（Philp, 1958, 220）。これは、三位一体の神を掲げるキリスト教がナチズムの登場を準備したという見解を示唆するものである。

(35)ユングは子供たちによるマリアの幻視の報告を根拠に、このようなイメージが自然発生的であることを強調している（GW11 : 105. 一四四頁）。竹下節子は、無原罪の受胎の教義に始まるマリア信仰の教義化が、「物質主義を否定する民衆の心性と超自然志向の拠り所」になっていったと示唆している（竹下前掲書、一三五頁）。

(36)Victor White., "Jung on Job", *Blackfriars*, Vol. 36, 1955, pp. 52–60. Reprinted in *Major Issues in the Life and Work of C. G. Jung*, William Shoenl(ed.), Univ. Press of America, 1996., pp. 69–75 ; Also reprinted in White, Victor. *Soul and Psyche : An Enquiry into the Relationship of Psychotherapy and Religion*. London : The Harvill Press, 1960. *Soul and Psyche*. 以下、基本的には *Soul and Psyche* に収録されたものを参照する。

(37)除反応（abreaction）とは、抑圧され無意識になっているかつてのトラウマの記憶を感情的に表出することで、過去の情動の緊張を解放することである。
(38)この部分は、*Soul and Psyche*(White, 1960)に再録された際には削除されている。
(39)「あなたの感情、あるいは私自身のあなたへの感情をまったく顧みずにあの文章を公にしてしまったことを深く後悔しております。」(1955.3.19, Lammers, 1994, 107)
(40)「なぜあれを出版しようという気になられたのでしょうか。草稿をくださったときには、出版するつもりはないとたいそう強くおっしゃったではないですか！　私には害しか思い浮かびません、特に、分析心理学をとても必要としているカトリックや他のクリスチャンにとって、それが受け入れやすく、また尊重されるようにしようという私の努力にとっては。」(Lammers, 1994, 108)
(41)「あなたが私に初めて『ヨブへの答え』を見せてくださった時、とりわけ、あなたがそれをどんな状態で書き上げたか、それによってどれほど救われたかを語ってくださった時、私があの本をどれほど愛し、また称賛したかを思い出してください。私はいまなお、あなたが描いたヨブを愛しています。それは私があなたを愛しているからです。しかしあなたはあの当時あの本を出版するつもりはないと強く言っておられた。そしてあなたが、あのような私的な文書を、分析を全く加えずに出版なさるとは思ってもみませんでした。」(Lammers, 1994, 109, 292, n.45)
(42)エディンガーは「不幸にもホワイトの神イメージは形而上学に埋め込まれたままであり、ゆえに彼はユングの基本的なポイントをつかみそこなった。気高い努力をしたのはユングの側である」と述べているが、これは少々ユング贔屓にすぎるであろう(Edinger, 1996, 51)。
(43)また、Dourley, 1994も参照。
(44)渡辺学『ユングにおける心と体験世界』春秋社、一九九一年、一四二頁など。

第九章　結　論

以下に、本書の論点を振り返りながら結論としたい。ユングが自らの立場を「経験科学」であるとしているにもかかわらず、ユングあるいは彼の思想が、しばしば「宗教的」であると評されるという事実がある。本書の出発点は、その「宗教的」の内実を検討することであった。シンポジウム「分析心理学は宗教か？」の議論などから、分析心理学が宗教的であるとされる場合は、概して内面的体験を重んじる治療実践が念頭に置かれていることがわかるが、こうした意味での宗教性は、ユングも肯定的に自覚していた。すなわち、心理学的語彙を用いて、宗教が担ってきた治療的機能を現代において積極的に継承するのが分析心理学である。

しかし、ユングの心理学が「宗教的」であるという印象は、必ずしも分析心理学の治療内容を踏まえて広まったわけではなく、むしろ、ユングの晩年のキリスト教に関する著作、また死後に出版された自伝によるところが大きいと思われる。なかでも賛否両論の焦点として際立っているのが『ヨブへの答え』（一九五二）であるが、この著作が批判的に言及される場合、その批判がユング派の内部からであれ、外部からであれ、キーワードとなるのは「宗教的」ではなく「神学的」である。こうして、本書の課題は、心理学者であるユングが、批判を受けながらもあえて神学的議論に深入りしていったのはなぜか、それは分析心理学の「応用」にすぎないものなのか、それとも分析心理学は本質な問題として「神学的傾向」を内在させているのか、という問題を検討することとなった。

第三章では、ユングの治療論と神学を架橋する概念として「世界観」という概念に注目した。論文「心理療法と世界観」において論じられているのは、人間の心を全体として治療するためには、本能的な極と同様に、精神的な極からもアプローチすることが必要であるということであり、そこに、治療的観点からいかなる世界観が有効かを心理学者が検討する余地が出てくる。ユングの観点では、伝統的にこうした世界観を提供してきたのが、宗教の教義や神話である。教義や神話は人間の心理的経験が定式化され、痕跡をとどめたものであると同時に、人間の内的経験を喚起し、方向付けるという機能を持っている。

これにユングの意識の進化論を重ね合わせると独特の神話論が出来上がる。すなわち、個人心理における と同様に、人類全体においても、無意識的な状態から徐々に意識が強化され、その意識に無意識の内容が再統合されてゆくという意識化の過程が想定される。個々の神話は、この意識化のそれぞれの段階において生み出されてきたものであり、その痕跡をとどめている。もしも人類の意識化が今後も継続するのなら、さらなる発展段階にふさわしい象徴や神話が新たに生まれるはずである。そして、今度はその新しい神話が人類の意識化を導く手がかりとして機能することになる。

西洋において、こうした地位を独占してきたのが、聖書の物語を核とするキリスト教の神話である。ユングによれば、聖書には人類の意識の発達の歴史が書き残されているし、今後の発展についても書かれている。しかし、旧態依然たるキリスト教は、人類の意識の発達に応じて神話を発展させることを怠っており、現代人の魂の救済にふさわしくないものになりつつある。したがって、治療的観点からも、より有益な世界観を提供するものとして、キリスト教の神話は発展させられなければならない。こうして、分析心理学は魂の治療を第一の課題としながら、神学の領域に接するのである。

ユングの自伝『思い出・夢・思想』を読むと、右のような主張の根幹には、実はユング自身の内的体験が据えられていたのだと分かる。とりわけ重要なのが、少年時代の、バーゼル大聖堂を神が糞便で破壊するというヴィジョンである。グロテスクで破壊的な神の姿に救いを感じて涙を流したという体験が、晩年に至るユングの宗教論、さらには、分析心理学そのものを決定づけている。後のユングが現代人の心理的体験を云々するとき、まず第一に念頭にあるのは自らの体験であり、分析心理学が目標として掲げる個体化過程もその上に構築されていたことになる。そして、心理学的観点に貫かれているとはいえ、私的な神秘体験や死後の世界への確信とともに、キリスト教神話の発展を論じるユングの自伝そのものが、まさに現代の神話として差し出されていると言える。ユングの生涯自体が個体化のモデルであり、それは現代の一キリスト教徒の経験として、キリスト教の神話が発展する必然性を裏付けるものでもある。

第四章では、最晩年の宗教論のルーツとして、ユングの学問的経歴の最初期にさかのぼり、一九世紀のドイツ・プロテスタンティズムをユングがどのように受け止め、批判したのかを概観した。ユングの父親は牧師でありながら、当時の合理主義的風潮の中、信仰と懐疑の狭間で疲れ果て、救われることなく死んでいったとされる。ユングは父親の苦悩を「信仰」対「体験」（「信じること」対「知ること」）という図式で理解しており、自分自身に訪れたような神の直接体験の裏付けのない盲目的信仰によっては救いはもたらされないと考えていた。

大学生時代の講演においては、キリスト教を代表する人物として、父親にかわってアルブレヒト・リッチュルが批判の標的に選ばれた。ここでも「信仰」対「体験」という対立軸はそのままに、「倫理」対「神秘」という対立が語彙に加わっている。キリストのメッセージを倫理に還元するのではなく、キリストが神人であったことを積極的に認めることをユングは主張し、神秘なき宗教は生き残れないとした。この時期のユングは、いまだ心理学的な語彙を身につけておらず、「神秘」という言葉で指し示す体験は十分に分節化されていないが、若きユングのキリスト教に対する態度は、批判と期待が相半ばしている。

第五章では、フロイトとの協力と決別という周知のエピソードにそって、ユングの宗教観の特徴を検討した。フロイトとの関係が良好であった間も、ユングは一貫して「神秘」によるキリスト教の再生というテーマにこだわり続けていたことがうかがえる。フロイトの影響によってユングの宗教理解に特に変化が生じたという形跡はない。しかし、宗教や神話というトピックはフロイトとの対立のひとつの焦点であり、フロイトから離れて独自の心理学を確立するという課題は、同時に、宗教を肯定的に位置づける心理学の構築という課題であったとも言える。この章では、フロイトとの関係が破綻した後の「危機時代」に注目し、とりわけ「情動をイメージに変換する」ことによって救われたという自己治癒体験を分析心理学の核になるものとしてとりあげた。「情動をイメージに変換する」ということは、ユングの大聖堂のヴィジョンによる救いの体験の分析心理学の枠組みにおける解釈でもあり、積極的に神体験の意義を認めるという意味において、分析心理学の神学的傾向の一要素となっている。意識が何ものかに脅かされ、不安定な状態であるときに、無意識からわき上がってくるイメージを回復への手がかりと見なすことは、さまざまな擬人的イメージをそれ自体として尊重し、意味を考えるという姿勢につながる。(1) もちろん、このイメージは擬人的である必要はなく、草木やその他の無機物でも構わないのだが、とりわけ神をはじめとする神話的イメージこそが、内的体験を喚起する力、すなわち治癒力の強力な象徴であると認めるところに分析心理学の特徴がある。「宗教は治療体系である」というユングの発言は、宗教は「情動をイメージに変換する」ための体系であると読める。

第六章では、しばしばユングに与えられる「グノーシス主義者」という肩書きを手がかりに分析心理学の特質を検討した。漠然とした、秘教的、エリート主義的宗教のイメージはおくとしても、たしかに、ユングの提唱する「個体化」というアイディアには、グノーシス主義の救済観との共通点が見出せる。すなわち、無意識内のさまざまなイメージを探求し、究極には自己を見いだそうとする個体化の理想と、内なる神性の認識による救済を求めるグノーシス主義は、その内面志向において一致する。

しかし言うまでもなく、分析心理学は歴史上のグノーシス主義と同一次元に立つものではなく、一致点とともに相違点も指摘できる。分析心理学の無意識概念は、意識の根源的母体であり、一面的意識を補償する全体性であるという意味において、グノーシス主義のプレーローマと対応する。しかし、グノーシス主義者がプレーローマ回帰を最終目標とするのに対して、分析心理学の個体化過程においでは、無意識の諸内容を意識に統合することが目標であり、無意識状態に回帰することは退化でしかない。この相違は、キリスト教の神話の評価にもつながってくる。現世の肉的なものを拒否するグノーシス主義が、イエス・キリストへの神の受肉をもっぱら否定的に見るのとは逆に、ユングは、普通の人間への受肉がさらに進み、神の人間化が貫徹するべきであると主張する。

第七章では、やはりユングをグノーシス主義者であるとするブーバーによる批判を手がかりに、分析心理学の性格を検討した。ユングは、「心的現実」の立場を心理学者が神を論じる立脚点としたが、逆にこれが理解されないことによって神学への領域侵犯を非難されるというのが、ユングとブーバーの対立を描く構図であった。ブーバーはユングの思想を、心内的存在を神として宣教する宗教として批判した。他者の問題と善悪の問題がクローズアップされたが、これによって、『ヨブへの答え』で主張されたようなキリスト教論にも批判の射程が及ぶことになる。ユングは、戦慄すべき内なる他者である神の対立性を引き受けることを説き、これによって人間が新たな責任を負う存在になるとした。しかし、この神が内面において出会われる「自己」であるならば、その神体験は他者という項を持たないことになり、それが現代にあって有益な世界観をもたらすのか、本当に有効な倫理の基礎になるのか、善悪という価値観を崩壊させないのか、等が問題となる。

グノーシス主義者である等の批判を受けつつも、ユングの思想を宗教的に信奉する人々がいるという事情からすると、ユングの心理学はたしかに現代人の心理的ニーズの一つの傾向にうまく適合しているといえるだろう。しかし、銘記すべきは、キリスト教の伝統との連続性ということに意識的（コンシャス）であるという点において、ユングは他の多くの現代の新宗教や疑似宗教的心理学思想とは区別されるということである。そして、まさにこのことがユングの言説を神学に接近させることになり、かえって神学からの拒否反応を招くことになったのである。

第八章では、ユングとホワイトの対話を通して、分析心理学と神学の関係のあり方を検討した。際立つのは、「善の欠如（privatio boni）」というきわめて「スコラ的」な問題について、ユングが一歩も譲らぬ構えで主張を行なっていることである。ユングにとってはこの問題は「スコラ的」であるどころか、「実践的」な意味において重要なのであった。つまり、自分の治療の対象である現代人の世界観を形成する要因として、キリスト教の教義を軽視するわけにはいかないとユングは考えるのである。一方、ホワイトは聖職者として信者の魂のケアにも従事しており、心理療法としての分析心理学には学ぶところが大きかったと思われるが、心理学的知見を教義の解釈に応用しようという意図はなく、この問題をめぐってユングと対立するとは想定していなかったはずである。しかも、心理療法の局面に限定しても、悪の自覚は必要であるが、その統合は不必要であるというのがホワイトの見解であり、重要な部分で分析心理学の人間観を受け容れていない。ここからすると、現代人の救済には善悪の対立物の結合という神の像がふさわしいというユングの観点はましてや認められるものではなかった。結局、『ヨブへの答え』をめぐってホワイトとユングの関係は破綻するが、それは心理学と神学の協働の失敗を示したというよりは、むしろ、分析心理学には、神学と競合・対立するような神学としての一面があるということを示している。キリスト教側からの拒否反応も、この作品がすぐれて神学的な著作であることの証左であろう。

ユングにとっては、こうした「神学的傾向」を発達させたことにはしかるべき必然性があった。すなわち、対立物の結合としての神の像がキリスト教の中に受け容れられることは、自らの少年時代の神体験をキリスト教の文脈の中に救い出すことであり、また、分析心理学そのものをキリスト教の発展の延長上に位置づけることを意味するのである。ユングのこのような意図が、『ヨブへの答え』として表現されたというのが本書の基本的観点である。

したがって、第二章で言及したような、この作品をもっぱらユングの外傷体験や問題のある家庭環境に還元しようとする精神分析的なアプローチ（Slochower, 1981；Marcovitz, 1982；MacKenna, 1999；Newton, 1993, etc.）は、一定の説得力を持っているにしても、非難を予測しながらもユングがあえて神学的な著作を世に問うたことの意味を十分に汲み取っているとは言えない。逆に、この作品を聖典視するような立場には、この作品がユングの少年時代以来の自己治癒の試みとつながっているという視点が欠落しがちであり、また、神話としてのユングの思想の新しさに目を奪われるあまり、ユングのキリスト教へのこだわりを正しく捉えそこなってしまう。

ユングの思想を内在的に理解しつつ、『ヨブへの答え』を客観的に評価するのは困難な課題であるが、ハイジックは次のように述べている。

「思想の基本線はユングにとってほとんど新しいものではない。また、それが『ヨブへの答え』の中でとりわけ明快に示されているとは思えない。しかし、本書は神との内的な格闘におけるユングの自画像としての証言であり、彼の議論が聖書の釈義上歪曲されていたり、論理的に疑わしかったりするにも関わらず、魅力と成熟とを保持している。」(Heisig, 1979, 88. 一〇七頁)

目新しいところがないというのは、逆にそれまでのキリスト教論が凝縮されているという風に理解してもよいであろう。そして、「自画像」という表現は、ヨブの体験を通して自らの神体験の意味をキリスト教の文脈上に位置づけようとするユングの意図をうまく表現している。

ライス-メニューインの次のような指摘がある。「ユングは『ヨブへの答え』の全体を通じて、ヨブが仲介者や聖職者なしで神を見、また直面しているという点において、プロテスタントの立場を表明している。」(Ryce-Menuhin, 1994, 121) このコメントは、ユングの思想がプロテスタントのキリスト教の文脈から生まれてきたことを正しくつかんでいる。ティリッヒによる高いユング評価をはじめ、ユングの思想とプロテスタントが親和的であるという見解には、本書でも随所で言及してきた。ヒルマンはユングにおける心理学とキリスト教の融合を「プロテスタント的方向」と名付け、チャレットは分析心理学が現代のプロテスタント神学と多くを共有していると指摘した。

ホーマンズが、ユング的人間という人間像を提示したことはすでに述べた。伝統的キリスト教をそのまま受け容れないほどには近代的であり、心理学的にキリスト教を再解釈する準備がある点では伝統的でもあるというこのユング的人間も、プロテスタントの伝統と切り離して考えることはできない。ホーマンズは「プロテスタント心理 (the Protestant psychologic)」――正確にはその中断――が分析心理学を生み出したと論じている (Homans, 1995, 194ff. 二七九頁以下)。すなわち、プロテスタントのキリスト教は、理想化と融合 (idealization and merger) という信者の心理的欲求をともに充たすシステムであるが、ユングにおいてこれが機能しなかったために、それに代わるものとして分析心理学が作り出されたとされる。

これは、次のような逆説として理解することができるだろう。ホーマンズが「プロテスタント心理の中断」と呼ぶ事態は、ユングがしばしば、個人の内的体験を喚起するような神話や象徴、儀礼が貧困化し、教義の解釈においても柔軟性を欠いているとしてプロテスタントを批判することに現われている。象徴が貧困化すれば、無意識の諸内容は適切に表現を与えられず、情動は自然に水路づけられることなく行き場を失ってしまうというのが、ユングの象徴論であった。ユングの「回心」が、大聖堂を神が破壊するヴィジョンという極端できわめて不自然な形でしか与えられなかったのはこのためである。とすれば、ユングの神体験と救いは、ユングがプロテスタントでなかったら恵まれなかったということになる。したがって、『ヨブへの答え』は、プロテスタントならではの神体験を根拠にカトリックを評価するという逆説的な主張を含むのである。(2)

ユングはプロテスタンティズムの空白を神話で埋めようとしたと表現してもよいだろう。それが、ユングが『ヨブへの答え』において試みた、キリスト教の神話を発展させることであり、ユングの「神学的傾向」の帰結である。キリスト教の伝統との関係についてのユングの自己認識を表わす書簡を引いておく。

私が、「ユング主義」、あるいはより適切に「ユング教会」と言うべき、新しい宗派に人々を改宗させているというのはまったくの中傷です。かなりの数の人々が、私の分析を受けた後でカトリックに改宗しました。人数的にはより少ないのですが、すでに教会に無関心になっていたカトリックの人々が、完全に教会に愛想を尽かしてだいたい私に近い立場を取っているということはあります。私の立場はプロテスタント左翼だと思っています。私ははっきりとキリスト教の内部におります。そして、私が自己判定し得るかぎりにおいてですが、キリスト教の歴史的発展の直接の線上におります。（1956.10.26）

本書では一貫して、このユングの言葉を額面通りに受け止めようとしてきた。『ヨブへの答え』についての最新の研究書の著者であるポール・ビショップは、次のように問いかけている。『ヨブへの答え』が我々に語るのは、ユングがキリスト教徒をやめて新しい宗教の信者になったということなのだろうか（Bishop, 2002, 164.）。本書の答えは、否である。『ヨブへの答え』はカトリックにもプロテスタントにも受け容れられなかったが、そこに結晶したユングの神学的傾向とは、キリスト教徒として、キリスト教の神話を発展させるのだという自負の現われに他ならないのである。

(1)これがフロイトの還元的方法、リクールが「懐疑の解釈学」と呼んだものと対照をなすことは言うまでもない。
(2)ユングが「なぜ私はカトリックでないか」を説明した文章が残されているが、プロテスタントとの対比が論じられているわけではなく、経験主義に立つ心理療法がカトリックの教条主義となじまないというお馴染みの主張が繰り返されている（GW18：1466–1472）。

あとがき

本書は、二〇〇三年一二月に、「ユングの宗教論――分析心理学の神学的傾向について」として東京大学大学院人文社会系研究科に提出した博士論文に加筆、修正を加え、再構成したものである。本書のもとになった主な論文の出典は次の通りである。各論文は本書において原形をとどめていない部分が多いので、本書の各章との厳密な対応は示さない。

・「神話を発展させる――『ヨブへの答え』におけるユングのキリスト教再解釈」『東京大学宗教学年報』一四号、一九九七年三月。
・「ユング心理学とグノーシス主義」『グノーシス　異端と近代』大貫隆・島薗進・高橋義人・村上陽一郎編、岩波書店、二〇〇一年一一月。
・「ユングの宗教心理学再考――ヒルマンの多神教的視角を手がかりに――」『〈宗教〉再考』島薗進・鶴岡賀雄編、ぺりかん社、二〇〇三年一二月。
・「C・G・ユングの「神学的傾向」について」『宗教研究』三三八号、二〇〇三年一二月。
・「生と死の神話としてのユング心理学」『生と死の神話学』松村一男編、リトン、二〇〇四年六月。

・「近年のユング批判の諸相――宗教思想としての分析心理学をめぐって」『東京大学宗教学年報』二二号、二〇〇五年三月。

本書が完成するまでには長い時間がかかった。思えば、河合隼雄氏の著書や、林道義氏の翻訳書を手がかりとしてユングに出会い、学部の卒業論文のテーマにユングを選んでから、約一二年が過ぎている。一九九六年に博士課程に進むと、指導教授となられた金井新二先生との最初の面談で、「かたいユング研究をしてください。」と言われた記憶がある。本書が先生のご期待にそうような「かたい」ものになったかは心もとないが、とにもかくにも、当時は他人事のようにしか思えなかった博士論文が完成し、ここに出版という区切りを迎えられてほっとしている。

とはいえ、本書において論じ切れなかったことも多く、心残りがないわけではない。たとえば、ユングへのグノーシス主義の影響について論じながら、それに劣らず重要な錬金術については扱えなかった。また、神学についての知識が絶対的に不足していることも否定できない。本書のような研究は、神学の専門家が行なったほうが有益なのではないかとも考えられる。しかし、実際問題として、神学の立場からは、本書のようにユングの自己理解を尊重しながら議論をたどる研究は生まれないのではないかとも思われる。さらに、ユングの自己理解といっても、筆者には臨床心理の経験があるわけでもなく、その意味では、手枷足枷がはまっているとも言えるが、そこは、かえって神学からも心理学からも自由な立場での論述が可能なのだと開き直るしかない。

本書では、あくまでもキリスト教徒として、キリスト教の神話にこだわったユングを描こうと試みた。それはユングの限られた一面にすぎないという見方も可能であろう。たとえばユングの「共時性（シンクロニシティ）」の議論などを読むと、ユングがキリスト教の伝統的世界などとうの昔に関心の外に置き去りにして、はるか先に進んでいってしまっているという印象も受ける。しかし、たとえ一面的なものであっても、神学や心理療法等、それぞれの専門領域に属する方々が、本書から何がしかの刺激を受け取ってくだされば、それ以上の幸いはない。

さて、この場を借りて感謝を捧げなければならない方々は数え切れない。指導教授として、足取りの定まらない不肖の弟子を温かく見守ってきてくださった金井新二先生には第一にお礼を申し上げなければならない。博士論文の審査に当たってくださったのは、主査をつとめていただいた金井先生をはじめ、東京大学宗教学研究室の島薗進先生、市川裕先生、池沢優先生、南山大学の渡辺学先生である。ちょうど第一九回国際宗教学宗教史会議世界大会（IAHR2005）の開催が一年後に迫り、連日の会議でお疲れのところ、審査の労に当たっていただいたことに、あらためて感謝を申し上げる。島薗先生には、筆者の現在の勤務先である財団法人国際宗教研究所においてもご指導をいただいている。また、専修大学出版局の上原伸二さんが、拙い博士論文に目をとめて出版を勧めてくださることがなければ本書は生まれなかった。上原さんからは本書の内容についても、さまざまな助言をたまわった。初めての単著の出版に際して、よき編集者とめぐりあえた幸福に感謝しなければならない。その他、多くの先輩、同僚、友人、家族等、公私にわたるさまざまな出会いのひとつひとつに研究生活を支えられて今日に至っている。すべての人に感謝を申し上げたい。最後に、私事で恐縮ながら、かつて修士論文を書いたときに、祖母が、「ちっともわからない」と言いつつ、最初から最後まで読んでくれたことが思い出される。もし生きていれば、本書もまた同じように読んでくれたことと思うが、残念ながら昨年八九歳で他界してしまった。祖母の遺体は遺言により献体されたので、今はどこにいるやら、まだ墓も空っぽのままだが、いずれ本書を祖母田中みち子の墓前に捧げたい。

二〇〇五年　夏　著者記す

高橋　原（たかはし・はら）
1969年生。東京都出身。
1994年、東京大学文学部宗教学宗教史学科卒業。
2004年、東京大学大学院人文社会系研究科博士課程修了。
博士（文学）。
現在、財団法人国際宗教研究所研究員。東京女子大学、
　日本女子大学、立正大学で非常勤講師を務める。
共著書『近代日本における知識人と宗教――姉崎正治の軌
　跡』（深澤英隆・磯前順一編、東京堂出版）。
共訳書『ユングとスピリチュアリズム』（第三文明社）、他。

ユングの宗教論――キリスト教神話の再生――

2005年10月15日　第1版第1刷発行

著　者　高橋　原
発行者　原田敏行
発　行　専修大学出版局
〒101-0051　東京都千代田区神田神保町3-8-3
(株)専大センチュリー内
電話　03-3263-4230(代)
印　刷
製　本　藤原印刷株式会社

ISBN4-88125-164-3

人名索引（五十音順）

あ行

入江良平 Irie, Ryohei 21,22,200
ウィニコット Winnicott, D. W. 38,39, 89,95,161,165
ウィルバー Wilber, Ken. 189,222
ウェーバー Weber, Max. 23,124
ウスペンスキー Ouspensky, P. D. 33
ウルフ Wulff, David. 16,80
エックハルト Eckhard, Johannes (Meister). 69,87,110,186,208
エディンガー Edinger, Edward F. 41, 42,45,214,227,284,286
エレンベルガー Ellenberger, Henri F. 137,163
大貫隆 Ohnuki, Takashi. 220-222
オットー Otto, Rudolf. 13,109

か行

カッツ Katz, Fanny Bowditch. 33
金井新二 Kanai, Shinji. 124
カロテヌート Carotenuto, Aldo. 29
河合隼雄 Kawai, Hayao. 21,22
カント Kant, Immanuel. 126
キャンベル Campbell, Joseph. 80,108, 109
クィスペル Quispel, Gilles. 199
クラーク Clarke, J.J. 162
クライン Klein, Melanie. 40
グルジェフ Gurdjieff, George Ivanovich. 33
グロース Gross, Otto. 34
グローズベック Groesbeck, C. Jess. 37
ゴールドバーグ Goldberg, Jonathan J. 36,37

さ行

サミュエルズ Samuels, Andrew. 44
サルトル Sartre, Jean Paul. 204
シーガル Segal, Robert A. 49,50,189, 193,194,196
ジェイムズ James, William. 47,140, 151
シャムダサニ Shamdasani, Sonu. 32, 33,47,48,52
シュトラウス Strauss, David Friedrich. 122
シュピールライン Spielrein, Sabina. 29,30,67,161,165
シュライエルマッハー Schleiermacher, Friedrich Daniel Ernst. 121-123
ショーペンハウエル Schopenhauer, Arthur. 133
ジョーンズ Jones, Ernest. 162
スターバック Starbuck, Ediwin Diller. 97
スタイン Stein, Murray. 55,56,68,279
ストー Storr, Anthony. 47,48

スミス Smith, Robert C. 39,227
スロッホヴァー Slochower, Harry. 35, 37

た行

ダウアリー Dourley, John P. 64,65, 195,214,216,279
田中公明 Tanaka, Kimiaki. 163
チャレット Charet, F. X. 15,41,43,44, 60,277,297
ティリッヒ Tillich, Paul. 61-63,70, 124,125,297

な行

ナジー Nagy, Marilyn. 131
ニュートン Newton, Kathleen. 39
ノイマン Neumann, Erich. 219
ノル Noll, Richard. 30,32-34,44-47,68

は行

ハイジック Heisig, James W. 173,224, 235,257,296
ハイデガー Heidegger, Martin. 180, 204
バウワー Bockus, Frank M. 50
ハバック Hubback, Judith. 172,173
林道義 Hayashi, Michiyoshi. 23
ビーデルマン Biedermann, Alois Emanuel. 117
ピウス12世 Pius XII. 87,261,275
ビショップ Bishop, Paul. 52,299
ヒルマン Hillman, James. 53-55,68, 227,297
ブーバー Buber, Martin. 4,203-227, 279,283,294
フィルプ Philp, Howard Littleton. 178
深澤英隆 Fukasawa, Hidetaka. 138, 162
フルールノア Flournoy, Theodore. 47
ブレンナー Brenner, E. M. 181,199
フロイト Freud, Sigmund. 4,24,29,30, 34,36,38,44,55,67,75,78,85,137-165,169,205,225,233,278,283,292
ブロイラー Bleuler, Eugen. 137,163, 226
フロム Fromm, Erich. 68,94,95,109, 161,211,219
ベーメ Bohme, Jakob. 87,102
ヘッセ Hesse, Hermann. 179
ホウラー Hoeller, Stephan A. 43,192
ホーマンズ Homans, Peter. 23,24,63, 64,88,115,145,147,163,200,297,298
ホール Hall, Granville Stanley. 140
ホワイト White, Victor. 4,25,58,60,69, 231-286,295

ま行

マッケンナ MacKenna, Christopher. 39,40,95,96,98
マルコヴィッツ Marcovitz, Eli. 36
マレー Murray, Henry A. 33
ミュラー Muller, Max. 79
村本詔司 Muramoto, Shoji. 21,22,161
ヤッフェ Jaffe, Aniela. 82,258
ヨアキム Joachim da Fiore. 87,110, 235

ヨナス Jonas, Hans. 183,186,220

ら行

ライス-メニューイン Ryce-Menuhin, Joel. 297
ラディン Radin, Paul. 54
ラマーズ Lammers, Ann Conrad. 231, 232,259,276,278,282
ランバート Lambert, Kenneth. 69
リーフ Rieff, Philip. 13,14
リッチュル Ritschl, Albrecht. 4,60, 121-131,133,137,142,292
ロング Long, Constance. 33

わ行

渡辺学 Watanabe, Manabu. 22,57,94, 108,212,226
ワッツ Watts, Fraser N. 57,282
ヴント Wundt, Wilhelm Max. 226

文　献

ユング全集邦訳対照表

使用文献の邦訳があるものについて全集との対応を以下に記す。

GW4 : 768-784　「フロイトとユングの対立」磯上恵子訳、『ユング研究』3、名著刊行会、1990年。

GW5　『変容の象徴』野村美紀子訳、筑摩書房、1985年。

GW6　『タイプ論』林道義訳、みすず書房、1987年。

GW7 : 202-406　『自我と無意識』松代洋一・渡辺学訳、第三文明社、1995年。

GW8 : 343-442　「心の本質についての理論的考察」『元型論　増補改訂版』林道義訳、紀伊國屋書店、1999年。

GW8 : 570-600　「霊への信仰の心理学的基礎」『オカルトの心理学』島津彬郎・松田誠思編訳、サイマル出版会、1989年。

GW8 : 796-815　「魂と死」『こころの構造』江野専次郎訳、日本教文社、1970年。

GW9I : 1-86　「集合的無意識のいくつかの元型について」『元型論　増補改訂版』

GW9I : 87-110　「集合的無意識の概念」『元型論　増補改訂版』

GW9I : 259-305　「児童元型――神話に見られる」『元型論　増補改訂版』

GW9I : 384-445　「精神（ガイスト）元型――お伽噺に見られる」『元型論　増補改訂版』

GW9I : 489-524　「意識、無意識、および個性化」『個性化とマンダラ』林道義訳、みすず書房、1991年。

GW9II　『アイオーン』野田倬訳、人文書院、1990年。

GW10 : 148-196　「現代人の魂の問題」『現代人のたましい』高橋義孝・江野専次郎訳、日本教文社、1970年。

GW10 : 825-857　「心理学から見た良心」『心理療法論』林道義編訳、みすず書房、1989年。

GW10 : 858-886　「分析心理学における善と悪」『心理療法論』

GW11 : 1-168　「心理学と宗教」『心理学と宗教』村本詔司訳、人文書院、1989

年。
GW11 : 169-295 「三位一体の教義にたいする心理学的解釈の試み」『心理学と宗教』
GW11 : 296-448 「ミサにおける転換象徴」『心理学と宗教』
GW11 : 471-474 「修道士クラウス」『元型論 増補改訂版』
GW11 : 488-538 「心理療法と牧会の関係について」『心理学と宗教』
GW11 : 553-758 『ヨブへの答え』林道義訳、みすず書房、1988年。
GW12 『心理学と錬金術』1・2、池田紘一・鎌田道生訳、人文書院、1976年。
GW13 : 1-84 『黄金の華の秘密』湯浅泰雄・定方昭夫訳、人文書院、1980年。
GW16 : 1-27「臨床的心理療法の基本」『心理療法論』
GW16 : 66-113 「心理治療の目標」『心理療法論』
GW16 : 175-191 「心理療法と世界観」『心理療法論』
GW17 : 284-323 「人格の形成について」『こころの構造』江野専次郎訳、日本教文社、1970年。
GW18 : 608-696 「シンボル的生」葛西賢太訳、『ユング研究』6、名著刊行会、1993年。
CW A 83-142 「心理学をめぐる諸考察」礒前順一訳、『ユング研究』6
CW B 「生命力の発展」中村古峡訳、春秋社、1931年。

参照文献（著者名アルファベット順、邦人著者五十音順）

Agassi, Judith Buber (ed.) *Martin Buber on Psychology and Psychotherapy : Essays, Letters, and Dialogue, N. Y.* : Syracuse Univ. Press, 1999.
Barbour, Ian G. *Religion in an Age of Science*, San Francisco : Harper & Row, 1990.
Bernhardt, W. H. "Review of Answer to Job." *Journal of Religious Thought*, 12, 1955, pp. 127-128.
Bishop, Paul. *Jung's Answer to Job : A Commentary*, Hove and N.Y. : Brunner-Routledge, 2002.
Bockus, Frank M. "The Archetypal Self : Theological Values in Jung's Psychology", in : *Jung and Christianity in Dialogue*, N. J. : Paulist Press, 1990.

Bower, Frances. "Metaphor, Mysticism and Madness : A Response to the Three Papers on 'Is Analytical Psychology a Religion?' by Storr, Shamdasani and Segal." *JAP*, 1999, vol. 44, pp. 563-570.

Brenner, E. M. "Gnosticism and Psychology : Jung's Septem Sermones ad Mortuos", *JAP*, 1990, vol. 35, pp. 397-419.

Buber, Martin. *Gottesfinsternis : Betrachtungen zur Beziehung zwischen Religion und Philosophie*, Zurich : Manesse Verlag, 1953. (『かくれた神』三好・山本・水垣訳、みすず書房、1968年。)

Campbell, Joseph. *Myths to Live by, N. Y.* ; Toronto : Bantam, 1973. (『生きるよすがとしての神話』飛田茂雄、古川奈々子、武舎るみ訳、角川書店、1996年。)

______. (with Bill Moyers), *The Power of Myth*, Doubleday, 1988. (『神話の力』早川書房、1992年。)

Capps, Donald. "'A Little Sun in his Own Heart' : The Melancholic Vision in Answer to Job." Capps, *Men, Religion and Melancholia : James, Otto, Jung and Erikson*, Yale Univ. Press, 1997, pp. 127-151.

Carotenuto, Aldo.アルド・カロテヌート『秘密のシンメトリー』入江良平・村本詔司・小川捷之訳、みすず書房、1991年。(原著 Diario di una segreta simmetria : Sabina Spielrein tra Jung e Freud ; or A Secret Symmetry : Sabina Spielrein between Jung and Freud, 1984.)

Charet, F. X. "A Dialogue between Psychology and Theology : The Correspondence of C. G. Jung and Victor White", *JAP*, January 1990, vol. 35, pp. 421-441.

______. *Spiritualism and the Foundation of C.G.Jung's Psychology*, State Univ. of New York Press, 1993. (『ユングとスピリチュアリズム』渡辺学・葛西健太・堀江宗正・高橋原訳、第三文明社、1997年。)

______. "Understanding Jung : Recent Biographies and Scholarship." *JAP*, 2000, vol. 45, pp. 195-216.

Christopher, Elphis. and Solomon Hester McFarland. *Jungian Thought in the Modern World*, London ; *N. Y.* : Free Association Books, 2000.

Clarke, J.J. *In Search of Jung : Historical and Philosophical Enquiries*. London ; *N. Y.* : Routledge, 1992. (『ユングを求めて　歴史的哲学的探求』若山浩訳、富士書店、1997年。)

Culianu, Ioan Petru. "Gnosticism from the Middle Ages to the Present", *Encyclopedia of Religion*, vol.5, *N. Y.* : Macmillan, 1987, p. 577.

Dehing, Jef. "Jung and Knowledge : From Gnosis to Praxis", *JAP*, January 1990, vol. 35, pp. 377-396.

Dourley, John P. "Trinitarian Models and Human Integration : Jung and Tillich Compared." *JAP*, 1974, vol. 19, pp. 131-150.

______. *The Psyche As Sacrament : A Comparative Study of C.G. Jung and Paul Tillich*, Toronto : Inner City Books, 1981.

______. *The Illness That We Are : A Jungian Critique of Christianity*, Toronto : Inner City Books, 1984.

______. "The Challenge of Jung's Psychology for the Study of Religion", *Studies in Religion* 18, 1989.

______. "Jung, Tillich, and Aspects of Western Christian Development" *Jung and Christianity in Dialogue*, N. J. : Paulist Press, 1990.

______. "Jung's Impact on Religious Studies", *C. G. Jung and the Humanities : Toward a Hermeneutics of Culture*, ed. by K. Barnaby and P. D'Acierno, N.J. : Princeton Univ. Press, 1990.

______. "The Jung, Buber, White Exchanges : Exercises in Futility", *Studies in Religion* 20, 1991, 299-309.

______. "In the Shadow of the Monotheism : Jung's conversation with Buber and White", 1994, *Jung and the Monotheisms : Judaism, Christianity and Islam*, ed. by Joel Ryce-Menuhin, London and N.Y. : Routledge,1994.

Edinger, Edward F. "Trinity and Quaternity." *JAP*, 1964, vol. 9, pp. 103–115.

______. "Depth Psychology as the New Dispensation : Reflections on Jung's 'Answer to Job'". *Quadrant*, 1979, 2-12, pp. 4-25.

______. *Transformation of God-Image : An Elucidation of Jung's Answer to Job*, Toronto : Inner City Books, 1992.

______. *The New God-Image : A Study of Jung's Key Letters Concerning the Evolution of the Western God-Image*, Illinois : Chiron Publications, 1996, pp. 32-34.

Ellenberger, Henri F.『無意識の発見　力動精神医学発達史』上・下、木村敏・中井久夫監訳、弘文堂、1980年。(原著*A la Decouverte de l'inconscient : Histoire de la Psychiatrie Dynamique* ; or *The Discovery of*

the Unconscious : The History and Evolution of Dynamic Psychiatry, 1970.)

Fordham, Michael. "An Appreciation of C. G. Jung's Answer to Job." *JAP*, vol. 28, 1955. (reprinted in Fordham, *Freud, Jung, Klein-The Fenceless Field : Essays on Psychoanalysis and Analytical Psychology*, London and N.Y. : Routledge, 1995, pp. 236-241.)

Franz, M. L. "Introduction." *The Zofingia Lectures*, Collected Works of C.G. Jung, Supplementary Vol. A, N.J. : Princeton Univ. Press, 1983.

Friedman, Maurice S. *Encounter on the narrow ridge : a life of Martin Buber.* モーリス・フリードマン『評伝マルティン・ブーバー』黒沼凱夫・河合一充訳、ミレトス、2000年。

Fromm, Erich. *The Heart of Man : Its Genius for Good and Evil*, London : Routledge & K. Paul, 1964.（『悪について』鈴木重吉訳、紀伊國屋書店、1965年。）

______. *Psychoanalysis and Religion*, New Heaven and London : Yale Univ. Press, 1978(0rig. 1950).（『精神分析と宗教』東京創元社、1971年。）

Gilby, Thomas. "Review of White's Soul and Psyche." *Blackfriars* XLI, 5/60(a).

______. "PERSONAE : Victor White" *Blackfriars* XLI, 7-8/60(b).

Goldberg, Jonathan J. "A Jungian Critique of Harry Slochower's Paper", *American Imago* 38, No.1, 1981, pp. 41-55.

Graf, Friedrich Wilhelm.「文化プロテスタンティズム——神学的暗号の概念史について——」『トレルチと文化プロテスタンティズム』聖学院大学出版会、2001年。

Groesbeck, C. Jess. "A Jungian Answer to 'Yahweh as Freud'", *American Imago* 39, No.3, 1982, pp. 239-254.

Heavener, E. S. P. "Review : Answer to Job. By C. G. Jung." *Scottish journal of Theology*, vol.20, 1967, pp.120-121.

Heisig, James W. "The VII Sermones : Play and Theory." *Spring*, 1972, pp. 206-218.

______. "Jung and Theology : A Bibliographical Essay." *Spring*, 1973, pp. 204-55.

______. *Imago Dei : A Study of C. G. Jung's Psychology of Religion*, Lewisburg : Bucknell Univ. Press, 1979.（『ユングの宗教心理学——神の像をめ

ぐって』渡辺学・纐纈康兵訳、春秋社、1985年。)
______.「人生後半と宗教体験——ユングにおける宗教の必須条件」『プシケー』２号、思索社、1983年。
______.「マンダラの中心における《自己》」、立川武蔵編『マンダラ宇宙論』、法蔵館、1996年、18-44頁。
______.「ユング心理学と公的自己」『南山宗教文化研究所研究所報』9号、1999年。
Hillman, James. "Psychology : Monotheistic or Polytheistic", *Spring*, 193-208, 1971.
______. "Psychology : Monotheistic or Polytheistic", David L. Miller (ed.), The New Polytheism : Rebirth of The Gods and Goddesses, Spring Publications, 1981. (『甦る神々——新しい多神論』桑原知子, 高石恭子訳、春秋社、1991年。)
______. "The Pandaemonium of Images : Jung's Contribution to Know Thyself", *Healing Fiction*, N.Y. : Stanton Hill Press, 1983.
______. *Archetypal Psychology : A Brief Account*, Dallas : Spring Publication, 1983. (『元型的心理学』河合俊雄訳、青土社、1993年。)
______. *Re-Visioning Psychology*, Harper Perennial, 1992.
______. *Soul's Code : In Search of Character and Calling, N. Y.* : Random House, 1996(a). (『魂のコード——心のとびらをひらく』鏡リュウジ訳、河出書房新社、1998年。)
______. "'Psychology——Monotheistic or Polytheistic?' : Twenty-Five Years Later", *Spring*, 60, 1996(b).
Hiltner, Seward. "Review : Answer to Job. By C. G. Jung." *Pastoral Psychology*, vol.6, 1956, pp. 82-83.
Hoeller, Stephan *A. The Gnostic Jung and the Seven Sermons to the Dead*, The Theosophical Publishing House, Wheaton, Ill. , 1982.
Homans, Peter. (ed.) *The Dialogue between Theology and Psychology.* Chicago Univ. Press, 1968.
______. "Toward a Psychology of Religion : By Way of Freud and Tillich." *The Dialogue between Theology and Psychology.* Chicago Univ. Press, 1968.
______. "JUNG, C. G." *Encyclopedia of Religion, N. Y.* : Macmillan, 1987, vol.8, pp. 210-213.

______. "C. G. Jung : Christian or Post-Christian Psychologist?" *Jung and Christianity in Dialogue*, N. J. : Paulist Press, 1990(c1985).
______. *Jung in Context : Modernity and the Making of a Psychology*, 2nd Edition, Chicago : Univ. of Chicago Press, 1995. (『ユングと脱近代』村本訳、人文書院、1986年。)
Hood, Ralph W., Jr. [et al.]. *The Psychology of Religion : An Empirical Approach*, 2nd ed. New York : Guilford Press, 1996.
Hubback, Judith. "VII Sermones ad Mortuos." *JAP*, 1966, vol. 11, pp. 95-112.
James, William. *The Varieties of Religious Experience*, 1902. (ウィリアム・ジェイムズ『宗教的経験の諸相』舛田啓三郎訳、日本教文社、1988年。)
Jonas, Hans.ハンス・ヨナス『グノーシスの宗教』秋山さと子、入江良平訳、人文書院、1986年。
Jones, Ernest. *The Life and work of Sigmund Freud, N. Y.* : Doubleday & Co., Inc., 1963. (『フロイトの生涯』竹友安彦・藤井治彦訳、紀伊國屋書店、1964年。)
Jung, C. G. *Die Gesammelte Werke von C. G. Jung.* Olten : Walter, 1971-. in 20 Bande.
______. *The Collected Works of C. G. Jung*, N.J. : Princeton Univ. Press, 1967-78. in 20 vols.
______. *Erinnerungen, Traume, und Gedanken*, Walter Verlag, 1971.
______. *Memories, Dreams, Reflections*, N.Y. : Vintage Books, 1989
______. *C. G. Jung Letters I &II*, edited by Gerhard Adler, N. J. : Princeton Univ. Press. 1973&1975.
______. *C. G. Jung Briefe I-III*, Walter–Verlag, 1989-1990.
______. "Foreword", White, Victor. *God and the Unconscious*, The World Publishing Company, 1961(orig. 1952).
______. "Is Analytical Psychology a Religion?" *Spring*, 1972.
______. *C.G. Jung Speaking*, N.J. : Princeton Univ. Press, 1977.
Lambert, Kenneth. "Answer to Job by C. G. Jung. " *JAP*, 1955, vol. 1, pp. 100-108.
______. "Can Theologians and Analytical Psychologists Collaborate?" *JAP*, 1960, vol. 5, pp. 129-145.
______. "Critical Notice on Jung and the Problem of Evil by H. L. Philp." *JAP*,

1960, vol. 5, pp. 170-176.

Lammers, Ann Conrad. *In God's Shadow : The Collaboration of Victor White and C. G. Jung*, N. J. : Paulist Press, 1994.

Lotz, David W. "RITSCHL, ALBRECHT", *Encyclopedia of Religion*, Ed. By Mircea Eliade, N. Y. Macmillan, 1987, Vol.12, p. 403.

MacKenna, Christopher. "Jung and Christianity : Wrestling with God". *Jungian Thought in the Modern World*, Ed. by Elphis Christopher, Hester Solomon, Free Assn Books, 1999, pp. 173-190.

Mackintosh, Hugh Ross. *Types of Modern Theology : Schleiermacher to Barth*, N. Y. : 1937, p. 139.

Marcovitz, Eli. "Jung's Three Secrets : Slochower on 'Freud as Yahweh in Jung's Answer to Job'", *American Imago* 39, No.1, 1982, pp. 59-72.

McGuire, William. *The Freud/ Jung Letters : The Correspondence between Sigmund Freud and Carl Gustav Jung*, 1974. (『フロイト/ユング往復書簡集』上・下、平田武靖訳、誠信書房、1979年、1987年。)

Moore, Robert L. and Meckel, Daniel J. (ed.), *Jung and Christianity in Dialogue*, N. J. : Paulist Press, 1990.

Nagy, Marilyn. "Self and Freedom in Jung's Lecture on Ritschl", *JAP*, January 1990, vol. 35, pp. 443-457.

Neumann, Erich. *Tiefenpsychologie und Neue Ethik*, Fischer Taschenbuch Verlag, 1999[orig. 1964]. (『深層心理学と新しい倫理』石渡隆司訳、人文書院、1987年。)

Newton, Kathleen. "The Weapon and the Wound : The Archetypal and Personal Dimensions in Answer to Job", *JAP*, 1993, vol. 38, pp. 375-394.

Noll, Richard. *The Jung Cult : Origins of a Charismatic Movement*, N. J. : Princeton Univ. Press, 1994. (『ユング・カルト』月森左知・高田有現訳、新評論、1998年。)

______. *The Aryan Christ : The Secret Life of C. G. Jung*, N.Y. : Random House, 1997. (『ユングという名の〈神〉――秘められた生と教義』老松克博訳、新曜社、1999年。)

Oeri, Albert. "Some Youthful Memories", *C. G. Jung Speaking*, ed. By McGuire and Hull, N.J. : Princeton Univ. Press, 1977, p. 8.

Philp, Howard Littleton. *Jung and the Problem of Evil*, London : Rockliff,

1958.
Quispel, Gilles. “Gnosticism from Its Origins to the Middle Ages”, *Encyclopedia of Religion*, vol.5, *N. Y.* : Macmillan, 1987, p. 574.
______. “Gnosis and Culture” *C. G. Jung and Humanities : Toward a Hermeneutics of Culture.* ed. by K. Barnaby and P. D'Acierno, N.J. : Princeton Univ. Press, 1990.
______. “Gnosis and Psychology”, *The Allure of Gnosticism : The Gnostic Experience in Jungian Psychology and Contemporary Culture*, Segal, Robert A.(ed.), Opencourt Publishing Company, 1995
Ricketts, Mac Linscott. “The Nature and Extant of Eliade's ‘Jungianism’”, *Union Seminary Quarterly Review*, 25, 2, 1970, pp. 211-234.
Rieff, Philip. *Freud ; the Mind of the Moralist.* Garden City : Doubleday, 1961. (『フロイト――モラリストの精神』宮武昭・薗田美和子訳、誠信書房、1999年。)
______. *The Triumph of the Therapeutic.* N.Y. : Harper & Row, 1966, p. 41.
Rollins, Wayne G. “Psychology, Hermeneutics and the Bible”, *Jung and the Interpretation of the Bible*, David L. Miller(ed.), NY : Continuum Publishing Company.
Rosenzweig, Saul. *Freud, Jung, and Hall the King-Maker : The Historic Expedition to America (1909), with G. Stanley Hall as Host and William James as Guest.* St. Louis, MO : Rana House Press, 1992.
Ryce-Menuhin, Joel. ”Jung's Answer to Job in the Light of the Monotheisms”, *Jung and the Monotheisms : Judaism, Christianity and Islam*, ed. by Joel Ryce-Menuhin, London and N.Y. : Routledge, 1994.
______. “Jung's Father, Paul Achilles Jung, and The Song of Songs : An Introduction”, 1994, *Jung and the Monotheisms : Judaism, Christianity and Islam*, ed. by Joel Ryce-Menuhin, N. Y. : Routledge, 1994.
Scopello, Madeleine.マドレーヌ・スコペロ『グノーシスとは何か』入江良平・中野千恵美訳、せりか書房、1997年。
Segal, Robert A. *Gnostic Jung*, Princeton Univ. Press, 1992.
______. (ed.), *The Allure of Gnosticism : The Gnostic Experience in Jungian Psychology and Contemporary Culture*, Opencourt Publishing Compay, 1995.

______. "Jung's Fascination with Gnosticism." *The Allure of Gnosticism : The Gnostic Experience in Jungian Psychology and Contemporary Culture*, Opencourt Publishing Compay, 1995, pp. 26-38.

______. "Is Analytical Psychology a Religion? : Rationalist and Romantic Approaches to Religion and Modernity." *JAP*, 1999, vol. 44, pp. 547-560.

Seltzer, Robert M. "Introduction", in M. Buber, *Eclipse of God*, Atlantic Highlands, N.J. : Humanities Press International, 1988, p. xviii.

Shamdasani, Sonu. "Memories, Dreams, Omissions." *Spring* 57, 1995.

______. *Cult Fictions : C. G. Jung and the Founding of Analytical Psychology*. NY : Routledge, 1998.

______. "Is Analytical Psychology a Religion? : In Statu Nascendi." *JAP*, 1999, vol. 44, pp. 539-545.

______. *Jung and the Making of Modern Psychology : The Dream of a Science*, N.Y. : Cambridge Univ. Press, 2003.

Slochower, Harry. "Freud as Yahweh in Jung's Answer to Job", *American Imago* 38, No.1, 1981, pp. 3-39.

Smith, Robert C. *The Wounded Jung : Effects of Jung's Relationships on His Life and Work*, Illinois : Northwestern Univ. Press, 1996.

Steele, Robert S. *Freud and Jung, Conflicts of Interpretation*, London ; Boston : Routledge & K. Paul, 1982.（『フロイトとユング』上・下、久米博・下田節夫訳、紀伊國屋書店、1986年。）

Stein, Murray. "C. G. Jung, Psychologist and Theologian", *Jung and Christianity in Dialogue*, N. J. : Paulist Press, 1990.

______. "Introduction", *Jung on Christianity*, N.J. : Princeton Univ. Press, 1999.

Stephens, Barbara D. "The Martin Buber -Carl Jung Disputations : Protecting the Sacred in the Battle for the Boundaries of Analytical Psychology." *JAP*, 2001, vol. 46, pp. 455-491.

Storr, Anthony. "Is Analytical Psychology a Religion? : Jung's Search for a Substitute for Lost Faith." *JAP*, 1999, vol. 44, pp. 531-537.

Tacy, David. (1998), "Twisting and Turning with James Hillman : From Anima to World Soul, from Academia to Pop", Ann Casement (ed.), *Post Jungian Today*, N. Y. : Routledge.（『ユングの13人の弟子が今考えていること』ミ

ネルヴァ書房、2001年。)

Tillich, Paul. "The Impact of Psychotherapy on Theological Thought." *Pastoral Psychology*, vol.11, 1960, pp. 17-23.

______.「カール・グスタフ・ユング――彼の逝去にさいして試みる一つの評価」『ティリッヒ著作集10』武藤一雄・片柳栄一訳、白水社、1978年。

______.「アルブレヒト・リッチュル生誕百年記念日によせて」『ティリッヒ著作集10』武藤一雄・片柳栄一訳、白水社、1978年。

Ulanov, Ann. *Religion and the Spiritual in Carl Jung*, N. J. : Paulist Press, 1999.

Watts, Fraser N. "Psychological Science and Christian Thought." Alister Mc-Grath(ed.), *The Blackwell Encyclopedia of Modern Christian Thought*, Oxford [UK] : Blackwell, 1993. (『現代キリスト教神学思想事典』299－300頁。)

______. *Theology and Psychology*, Hampshire : Ashgate Publishing Ltd., 2002.

Wehr, Gerhard.『ユング伝』村本詔司訳、創元社、1994年。(原著 *Carl Gustav Jung : Leben, Werk, Wirkung, Kosel-Verlag*, 1985.)

Weisstub, Eli. "Questions to Jung on 'Answer to Job.'" *JAP*, 1993, vol. 38, pp. 397-419.

White, Victor. "Some Notes on Gnosticism", *Spring*, 1949.

______. "Jung on Job", *Blackfriars*, Vol. 36, 1955, pp. 52-60. Reprinted in *Major Issues in the Life and Work of C. G. Jung*, William Shoenl(ed.), Univ. Press of America, 1996., pp. 69-75 ; also reprinted in White, *Soul and Psyche.* London : The Harvill Press, 1960.

______. "Critical Notice on Religion and Psychology of Jung by Raymond Hostie." *JAP*, 1959, vol. 3, pp. 59-64, 73-78.

______. "The Christian Revolution" *Blackfriars* , Feb, 1934.

______. "Some Recent Contributions to Psychology." *Blackfriars* XXXII, 9/51.

______. *God the Unknown, N. Y.* : Harper and Brothers, 1956.

______. *Soul and Psyche : An Enquiry into the Relationship of Psychotherapy and Religion.* London : The Harvill Press, 1960(a).

______. "Theological Reflections." *JAP*, 1960(b), vol. 5, pp. 147-154.

______. *God and the Unconscious.* The World Publishing Company, 1961(orig. 1952).

Wilber, Ken. *The Atman Project : Transpersonal View of Human Development*, The Theosophical Publishing House, 1980.

Winnicott, D. W. "Review of Memories, Dreams, Reflections", *International Journal Psychoanalysis*, 45, 1964, reprinted in *Carl Gustav Jung : Critical Assessments*, ed. by Renos K. Papadopoulos, London : Routledge, 1992.

Wulff, David. *Psychology of Religion : Classic and Contemporary*, 2nd ed., *N. Y.* : John Wiley & Sons, 1997.

______. "Psychologists Define Religion : Patterns and Prospects of a Century-long Quest", *The Pragmatics of Defining Religion : Contexts, Concepts and Contests*, ed. by Jan G. Platvoet and Arie L. Molendijk, Brill, 1999.

入江良平「グノーシス的ユングと個性化過程の一側面」、ベネット『ユングが本当に言ったこと』鈴木晶・入江良平訳、思索社、1985年。

______「ユング心理学とグノーシス」『現代思想』1992年２月号、青土社。

______「訳者あとがき」、マレイ・スタイン『ユング　心の地図』青土社、1999年。

大貫隆「ないないづくしの神」、宮本久雄・山本巍・大貫隆『聖書の言語を超えて：ソクラテス・イエス・グノーシス』東京大学出版会、1997年。

______「グノーシス主義」『新カトリック大辞典　２』上智学院新カトリック大事典編纂委員会編、研究社、1998年。

______『グノーシスの神話』岩波書店、1999年。

小田垣雅也『キリスト教の歴史』講談社、1995年。

______『現代のキリスト教』講談社、1996年。

小野泰博「創造性の病い——ユングにおける宗教心理の展開」『講座宗教学２　信仰のはたらき』東京大学出版会、1977年。

金井新二『「神の国」思想の現代的展開——社会主義的・実践的キリスト教の根本構造』教文館、1982年。

______『ウェーバーの宗教理論』東京大学出版会、1991年。

島田裕巳「神話としての回心」『現代宗教学２』東京大学出版会、1992年。

高橋豊「ユングの『精神的危機』と個性化過程」、湯浅泰雄・高橋豊・安藤治・田中公明『ユング心理学と現代の危機』河出書房新社、2001年。

竹下節子『聖母マリア』講談社、1998年。

田中公明「ユングとマンダラ、チベット密教」湯浅泰雄・高橋豊・安藤治・田中公明『ユング心理学と現代の危機』河出書房新社、2001年、174頁以下。

垂谷茂弘「ユングの転移観における宗教的次元」『宗教哲学研究』19、2002年。

林道義『ユング心理学の方法』みすず書房、1987年。

＿＿＿「訳者解説」『ヨブへの答え』みすず書房、1988年
＿＿＿『ユング思想の真髄』朝日新聞社、1998年。

深澤英隆「ロマン主義心理学のパラダイム」『ユング研究２』、名著刊行会、1991年。

町沢静夫「精神医学者の精神病理」『岩波講座精神の科学９　創造性』1984年。

村本詔司『ユングとゲーテ――深層心理学の源流』人文書院、1992年。

＿＿＿『ユングとファウスト――西洋精神史と無意識』人文書院、1993年。

＿＿＿「訳注」、ピーター・ホーマンズ『ユングと脱近代』村本詔司訳、人文書院、1986年。

森田雄三郎「解説（リッチュル）」『現代キリスト教思叢書１　シュライエルマッハー　リッチュル』白水社、1974年。

湯浅泰雄『ユングとキリスト教』人文書院、1978年。

＿＿＿『ユングとヨーロッパ精神』人文書院、1979年。

渡辺学『ユングにおける心と体験世界』春秋社、1991年。

＿＿＿『ユング心理学と宗教』、第三文明社、1994年。

＿＿＿「ポスト・ユンギアンと宗教心理」島薗進・西平進編『宗教心理の探究』東京大学出版会、2001年。

（別表） ユング／ホワイト書簡日付一覧

ユング発書簡（J）は *Jung Letters I & II* の該当日付に所載。

ホワイト発書簡（W）は *Jung Letters I & II* の脚注と Lammers（1994）の各所で言及されている。

便宜のために所載ページを記したが、必ずしも網羅的なものではない。

	450803	W	Lammers, p35
J	450926		
J	451005		
	451009	W	Lammers, p46
	451023	W	Lammers, p282n.
J	460213		
	460401	W	Lammers, p279
J	460413		
	460827	W	Lammers, p91
	461013	W	Lammers, p37,157,279-80n
	461016	W	Lammers, p288 n26
J	461106		
	461211	W	Lammers, p285n
J	461218		
	470119	W	Lammers, p282 n11
	470204	W	Lammers, p279 n37
J	470327		
J	470423		
J	471219		
	471227	W	Lammers, p86, 90, 288 n24
	480103	W	Lammers, p56, 85-88, 134, 152, 247, 286n
J	480130		
J	480521		
J	480924		
J	481216		
J	490108		
J	491231		
	500210	W	Lammers, p99
	500504	W	
J	500512		
J	501125		
	501203	W	Lammers, p99
	511023	W	Lammers, p107
	510717	W	Lammers, p288 n28
J	510921		
	520330	W	Lammers, p92,108,288 n28
	520405	W	Letters II, p51, p52
J	520409		
	520420	W	Letters II, p58, 59, 72
J	520430		
J	520630		
	520709	W	Lammers, p289
J	520807		
	520810	W	Lammers, p45
	531108	W	Lammers, p113etc Letters II, p94, 95, 134.
J	531124		
	540304	W	Lammers, p95f.
J	540410		
	540515	W	Lammers, p95
	540925	W	Lammers, p100, 105
	550108	W	Lammers, p93, 198. Letters II, p213
J	550119		
	550317	W	Lammers, p102, 106, 108. Letters II, p238
J	550402		Letters II, p238
J	550506		
	550509	W	Lammers, p106
	550510	W	Lammers, p106, 109-110
	550519	W	Lammers, p107
	550521	W	Lammers, p107
	560825	W	Lammers, p109
	580601	W	
	580726	W	Lammers, 109
	591018	W	Lammers, p101etc. Letters II, p518
J	591021		
	600318	W	Lammers, p110
J	600325		
J	600430		
	600506	W	Lammers 2, 292n, Letters II, 555n.
	600508	W	Lammers, p111. Letters II, 555n.
J	600522		Letters II, p555